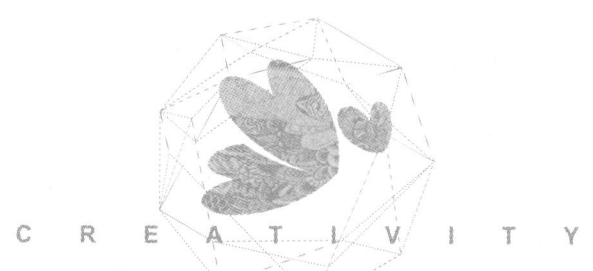

创智聚慧 点亮未来

北京市东城区史家教育集团 编著

图书在版编目（CIP）数据

创智聚慧　点亮未来/北京市东城区史家教育集团编著.
北京：中国发展出版社，2018.8
ISBN 978－7－5177－0888－9

Ⅰ.①创… Ⅱ.①北… Ⅲ.①活动课程—教学经验—小学　Ⅳ.①G622.3

中国版本图书馆 CIP 数据核字（2018）第 191799 号

书　　　　名：创智聚慧　点亮未来
著作责任者：北京市东城区史家教育集团
出 版 发 行：中国发展出版社
　　　　　　（北京市西城区百万庄大街16号8层　100037）
标 准 书 号：ISBN 978－7－5177－0888－9
经　销　者：各地新华书店
印　刷　者：三河市东方印刷有限公司
开　　　本：710mm×1000mm　1/16
印　　　张：21.5
字　　　数：350 千字
版　　　次：2018 年 8 月第 1 版
印　　　次：2018 年 8 月第 1 次印刷
定　　　价：55.00 元

联 系 电 话：（010）68990642　68990692
购 书 热 线：（010）68990682　68990686
网 络 订 购：http://zgfzcbs.tmall.com//
网 购 电 话：（010）68990639　88333349
本 社 网 址：http://www.develpress.com.cn
电 子 邮 件：fazhanreader@163.com

版权所有·翻印必究

本社图书若有缺页、倒页，请向发行部调换

本书编委会

编委会主任:
王 欢 洪 伟

编委会副主任:
范汝梅 金 强 南春山 陈凤伟 王 伟 金少良

主编:
陈 纲

编委: (按姓氏笔画排序)
马 岩 王 华 王 佳 王 滢 王燕红 化国辉
孔宪梅 史亚楠 付 航 白 雪 刘 岩 李 娟
李 婕 吴 玥 张昕怡 张欣欣 范 鹏 范晓丽
赵 晶 祖学军 隗晶晶 温 程 路 莹 鲍 虹
鲍 彬

参与: (按姓氏笔画排序)
王 丹(史家小学)　　　王 丹(史家七条小学)
王 红 王 映 王 晔 王 雯 王 静 王 瑾
王秀军 王建云 王香春 王熙嵘 车 雨 孔炳彰
孔继英 左明旭 叶 楠 田春丽 田晓洁 史亚楠
史宇佩 付 蕊 付莎莎 付燕琛 朱 玲 乔 艳
乔 浙 乔龙佳 刘 丹 刘 迎 刘 静 刘力平
刘玲玲 刘冠廷 刘晓珊 闫 旭 闫仕豪 闫春芳

关斌	安然	祁冰	许觊潘	许爱华	孙金艳
苏芳	苏浩男	杜欣月	杨京	杨文佳	杨华蕊
杨昕明	杨春娜	李文	李静	李宏华	李晓桐
李梦裙	李超群	李惠霞	吴丽梅	吴金彦	谷莉
谷思艺	沙焱琦	宋宁宁	迟佳	张伟	张聪
张书娟	张艾琼	张怡秋	张春艳	张倞然	张海蒂
张婉霞	张景奇	张鑫然	陈璐	陈玉梅	范欣楠
金琳	金少良	金利梅	金朝霞	单博文	赵苹
赵朋秋	郝磊	郝俊英	胡雅涵	胡媛媛	侯琳
祖楹	祖学军	秦月	夏卫滨	顾国威	徐莹
徐艳丽	高金芳	高梦妮	郭海平	海琳	陶淑磊
曹芸	崔旸	崔敏	阎冬	梁彤	彭霏
葛攀	韩凯旋	景立新	满文莉	蔡琳	黎妍
黎童	潘锶	魏晓梅			

目　录

引言 / 1

第 1 章　创·智汇从这里起航 / 3
一、课程开发背景 / 4
二、课程理念与目标 / 8
三、课程内容安排 / 11

第 2 章　创·智汇在这里生长 / 13
四、课程实施 / 14
五、课程评价 / 56
六、实践效果 / 58
七、成果特色及创新 / 63

第 3 章　创·智汇升起远航的帆 / 71
八、社会反响 / 72
九、案例分享 / 75
校园生活案例 1　小智 & 小爱智能语音机器人 / 85
校园生活案例 2　爱眼宝 / 107
校园生活案例 3　跳绳集线器 / 118
校园生活案例 4　智能发音地球仪 / 138
校园生活案例 5　拼插日程笔筒 / 152
校园生活案例 6　智能送饭机器人 / 161

居家创意案例 7　二十四节气树脂挂钟／174

居家创意案例 8　杀菌抑菌芳香剂／184

居家创意案例 9　百变萌柜／196

居家创意案例 10　百变智能颈枕／208

城市安全案例 11　"i 动"——微动能自发电可穿戴设备／218

城市安全案例 12　无人水质检测船／236

城市安全案例 13　城市积水监测预警系统／245

健康养生案例 14　老人跌倒报警器／259

健康养生案例 15　自加热水杯／268

健康养生案例 16　自动翻书器／282

环境保护案例 17　鹦鹉螺造型无源音箱／288

环境保护案例 18　秒变环保伞包／296

环境保护案例 19　楼宇绿肺系统／310

附件　管理文件／323

引 言

"创·智汇"课程是面向史家小学 3~6 年级开设的跨学科、跨年级综合实践课程,每一轮为期一个学年。

"创·智汇"课程旨在引导学生从日常学习生活、社会生活或与大自然的接触中发现真实问题,综合运用各学科知识,认识、分析和解决现实问题,鼓励学生创造出"具有一定科技含量的自造品",从而培养学生具有价值体认、责任的担当、问题解决、创意物化等方面的意识和能力。学生们聚焦生活,发现问题,自发组建由同学、老师、家长、专家、社会人士等构成的学习共同体,展开基于问题的学习、基于项目的学习和基于设计的学习。

"创·智汇"课程自 2016 年开始实施,由最初的校本活动开发与实施,逐步提炼为综合实践课程校本化实施的资源成果。

创新是引领教育发展的第一动力。本门课程的开设,是社会发展对人才培养的需要,是深化课程改革的需要,是基于史家小学独特资源优势生成的具有学校特色的综合实践校本化课程。

第 1 章

创·智汇
从这里起航

一、课程开发背景

创新是引领教育发展的第一动力。本门课程的开设，是社会发展对人才培养的需要，是深化课程改革的需要，是基于史家小学独特资源优势生成的具有学校特色的综合实践校本化课程。

(一) 社会发展的需要

创新能力是民族的灵魂，是国家兴旺发达的不竭动力。在科学技术和全球经济迅猛发展的今天，创新人才的培养是国家可持续发展战略的重要内容。而今，十八大的召开为创新发展营造了新形势，提出了新要求，党和国家明确提出要实施创新驱动发展战略，科技创新是提高社会生产力和综合国力的战略支撑，必须摆在国家发展全局的核心位置。为了贯彻落实党的十八大关于全面深化改革的战略部署而发布的《中共中央关于全面深化改革若干重大问题的决定》中明确指出"深化教育领域综合改革。增强学生社会责任感、创新精神、实践能力"。在《国家中长期教育改革和发展规划纲要（2010－2020）》中也提出"坚持能力为重，强化能力培养。着力提高学生的学习能力、实践能力、创新能力，促进学生主动适应社会"。科学素养、创新能力、合作意识对当今开放的中国，对一个民族的振兴，对每一个人的发展尤其重要。而创新能力不是一蹴而就的，必须从小学抓起，在学校教学中有目的的培养学生的创新能力。

(二) 深化教育改革的需要

2016年9月，《中国学生发展核心素养》总体框架正式发布。2017年9月，中共中央办公厅、国务院办公厅又印发了《关于深化教育体制机制改革的意见》，明确提出"关键能力"，指出："要注重培养支撑终身发展、适应时代要求的关键能力。在培养学生基础知识和基本技能的过程中，强化学生关键能力培养。"并进一步指出要培养四种关键能力即认知能力、合作能力、创新能力、职业能力。无一例外的，创新能力都涵盖其中，成为核心素养中的核心。

2017年10月31日，为全面贯彻党的教育方针，坚持教育与生产劳动、社会实践相结合，教育部发布《中小学综合实践活动课程指导纲要》。其中明确指出："综合实践活动课程是一门培养学生综合素质的跨学科实践性课程，是一门必修课程，与学科课程并列设置。该课程由地方统筹管理和指导，具体内容以学校开发为主，自小学一年级至高中三年级全面实施。"

现阶段，迫切需要对原有课程进行统整，强调课程融合与跨学科实践，设计出富有时代感、从学生真实生活和发展需要出发的、符合学生认知发展规律的、激发学生探索兴趣的、体系化的跨学科实践性课程。

（三）史家小学独特的资源优势

1. 依托学校的育人目标设计"创·智汇"课程

"家国情怀"是中华民族特有的精神基因，个人成长与家国命运紧密相连、休戚与共，这是中国人特有的价值逻辑。学校构建起以培养"具有家国情怀的和谐的人"为目标的"种子计划"，将学生视为一颗颗种子，厚植家国情怀基因，统合成长要素，开放发展环境。史家"创·智汇"课程鼓励学生观察生活，发现问题，并创造出"具有一定科技含量的自造品"以解决问题，从而培养学生的创新精神、实践能力和社会责任感。在这个过程中，孩子们的视野从对个人、小家庭、小集团的关注扩及对他人、对城市、对国家、对世界以至到对人类共同命运的关注，踏上了自由与无限的生命航程。

2. 基于学校的课程体系设计"创·智汇"课程

学校在"和谐教育"引领下，逐步构建了两级三层的"无边界"课程体系，旨在突破传统教育的方法、方式、方向，突破条线育人的边界，突破符号学习的边界，突破单向成长的边界。

基于"立德树人"的教育根本任务和"社会责任感、创新精神、实践能力"的人才基本属性，史家小学的课程目标将致力于让每一名孩子成为持有完全人格和价值伦理的独立思想者、具有批判思维和创新精神的终身学习者、拥有社会责任和实践能力的世界参与者。培养创新能力是实现学校课程目标的重要组成部分。

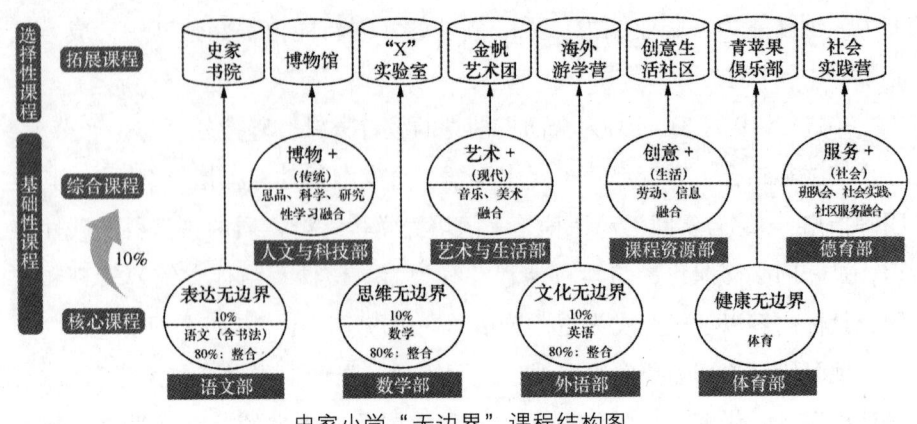

史家小学"无边界"课程结构图

3. 基于史家小学学生的需求设计"创·智汇"课程

史家小学学生知识面宽,学科学习能力较强;视野开阔,批判性思维能力和逻辑思维能力水平较高;喜欢科学,善于观察与体验生活;对于实践性研究有很强的兴趣。

但同时,学生缺乏将其所学知识综合运用到实践过程中,将创意进行物化的机会;缺乏解决学生真实生活及发展需要的推动力;缺乏对团队间合作分工、责任意识与规则的正确认识;同时,对于实际生活中的科学研究缺乏系统性的认知,严谨性有待提高。

因此,"创·智汇"课程设计与学生的成长紧密结合。尊重学生的能力和他们的选择,最大限度地给学生提供选择自己喜爱的学习内容的机会,每位学生依据兴趣与生活经验选择学习内容,建立个性化的知识体系。

4. 基于独特的资源优势设计"创·智汇"课程

在创新教育中,如何使孩子在成才过程中达到成人目的,是我们认真思考的问题。创新教育的价值在于让每一个孩子的生命在个性发展中丰盈,在教育唤醒中完善。我们在创新教育中强调"务本育人,每个孩子都一样;致用育才,每个孩子都不同",也就是说,史家学子不仅都要成为创新人才,而且要成为不同的创新人才。基于此,我们在和谐育人实践中,以"种子计划"为行动坐标,在培养"独立思想者、终身学习者、世界参与者"的"无边界"课程总目标的引领下,聚焦学生核心素养指标,重点关注学生的创造意识和表达能力培养,着力提升每一个孩子的创新素养,着力构建史家小学"创意生活社区"的创新教育生态体系。

"创意生活社区"聚焦生活,将创新与生活联系,让创意源于生活,改变生活，这也是在贯彻史家"无边界"课程"活动课程化，课程生活化"的重要理念；紧扣创意，充分尊重不同孩子的多元智能，充分考虑全体学生的兴趣和需求，放手让孩子去设计、去发挥，去想象、去"创做"。史家创新教育的维度，不是单纯的工艺加工、科技发明，还包括非物质文明产品，具有人文性、社会性等特点；打造一个学习社区，旨在构建一个交互协作、开放创新的学习共同体，让更多孩子、家长、老师参与进来。学习社区是史家创新教育的课程形态，它突破了传统的课堂教学，由不同类型的学习者及其助学者（包括教师、家长、专家、社会人士等）共同构成。在这个社区中，教学的内容不再局限于书本，不再是固定的内容，而是与真实的生活息息相关，处于不断地迭代与更新中；教学不再是由教师独立完成，而是包括学生、教师、家长、社会各领域不同身份人群担任的学生导师；教学的场域也不再局限于教师，而是充分借助互联网和社会各界的补充资源。通过学习社区，创新教育不再是学校单方面发力，而是汇聚多方的力量，链接学校、家长和社会，打造三方合力，基于共同的兴趣和目标，建立基于"创意生活社区"的创新教育生态体系。

二、课程理念与目标

（一）设计理念

在新一轮的课程改革中，强调核心素养。核心素养所强调的恰恰是在面对复杂的现实情境中，能够综合运用跨学科的观念、思维模式和探究技能。以学生为中心、跨学科和基于真实情境下的学习是我们设计课程内容的重要原则。

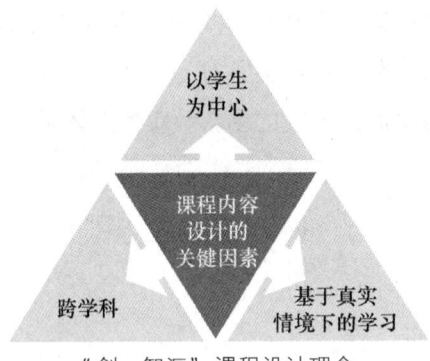

"创·智汇"课程设计理念

源于真实世界的问题往往是复杂且需要综合应用各学科知识才可以解决的，天然具有跨学科的优势。而且这个问题应该由学生自己发现并提出，是学生感兴趣的，最终也由学生在真实情境下解决。引导学生发现并解决生活中的真实问题正是基于以上的设计原则，鼓励学生基于现实的问题和行事方法解决生活中的实际问题，而不是脱离现实坐在书桌前学习。学生体验了自己获得的知识是怎样被应用到现实世界中去的，这样的学习就变得和他们自己息息相关了。

同时，学生的经验和能力也影响着项目设计和实施的范围。学生的自主性是本课程学习的重要特点之一。教师是否能够鼓励学生提出自己的想法，学生是否能够自我选择项目主题、定义学习目标、确定项目进度、决定项目作品等因素，都决定了学生参与的范围和积极性。

项目设计与学生角色

有限的学生参与　　　　　　　　　　　　　　　　最大化的学生参与
教师选择项目主题　　教师鼓励学生提出自己的想法　　学生选择项目主题
教师定义学习目标　　教师与学生共同协商学习目标　　学生定义学习目标

项目实施与学生角色

有限的学生自主　　　　　　　　　　　　　　　　最大化的学生自主
教师确定项目的作　　教师鼓励学生提出自己的想法　　学生确定项目的作
品和实施　　　　　　　　　　　　　　　　　　　品和实施
教师控制项目进度　　　　　　　　　　　　　　　学生决定项目进度

项目设计、实施与学生角色

教育者最大的任务是帮助学生找到相对复杂又力所能及的真实问题，然后在学生的研究过程中提供各种帮助，不断提出新的要求，促使学生在"设计－实现－评价"的循环中螺旋上升。

因此，史家小学"创意生活社区"课程设计的总体思路就是设计基于生活中真实问题的课程内容，引导学生探索和解决实际生活中的真实问题。

（二）设计思想

"三维度"小学生创新能力是史家小学在对小学生的心理、生理、知识水平和创新能力进行系统研究后，提出的创新能力模型，是史家创新教育的指导思想。

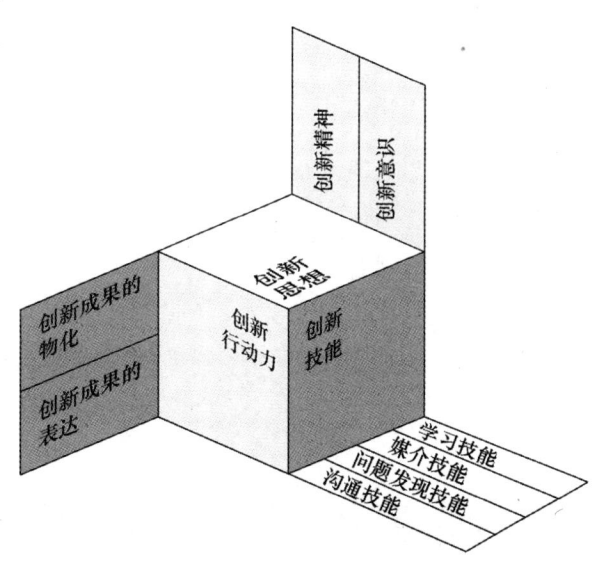

"三维度"小学生创新能力模型

在"三维度"小学生创新能力中，史家小学创新性地提出了"创新行动力"。针对学生想、做分离的实际问题,强调创新成果的物化和表达两个方面。

(三) 设计目标

1. 创意指向明确

让学生设计并营销一款"具有一定科技含量的自造品",激发学生的想象力和创造力。

2. 知识学习转化为实践应用

鼓励学生不仅仅将创新局限于"想",而更多的"做",努力将自己的想法变为现实。在项目开展过程中,以应用引领学习,在实践中拓宽学习领域,构建个性化的知识体系。

3. 经历真实场景

引入国际上流行的公司制学习模式,经历一个公司的创业全过程,打通学校教育与社会生活之间的联系,增加其职业生涯体验。

三、课程内容安排

(一) 课程内容

"创·智汇"课程的内容分为三大板块,即:

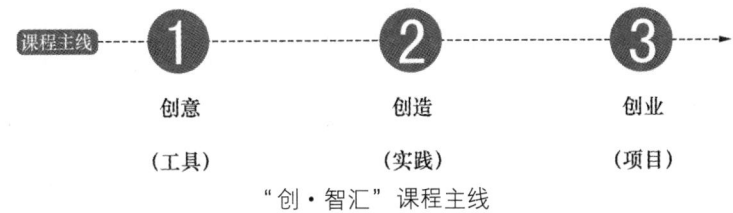

"创·智汇"课程主线

(二) 课程设置

以"创意""创造""创业"为课程主线,对"创·智汇"课程进行了整体构建,针对不同年级的特点,开展相应的创新工具的学习,综合运用创新工具进行不同主题的创新实践。最后以每学期的"校园 MAKER 分享会"作为创业项目,进行整体的创新能力展示。

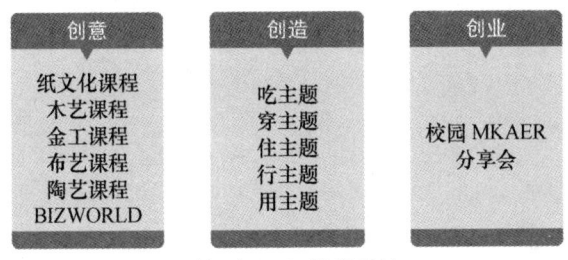

"创·智汇"课程结构

第 2 章

创·智汇
在这里生长

四、课程实施

（一）创意课程

作为"创·智汇"的基础类课程，以工具的使用、材料的应用为主要的教学目标，采用通识普及的国家课程与"选修走班"的校本课程相结合的方式进行学习。

校本课程因其设计的针对性和实施的灵活性，成为培养学生创意、创新能力的主阵地。但对于占据学生绝大多数校园学习时间的国家课程，更不应忽视其作用，经过精心的设计，学生的创新能力能够得到长足的发展。

以劳动技术学科为例。

1. 案例《从模仿到创新》赵晶

从模仿到创新

赵 晶

劳动技术课程标准中指出：劳动技术教育对深入推进素质教育，重点增益学生的创新精神和实践能力，培养当代社会需要的高素质人才和创新型劳动者有着重要意义。如何切实通过劳技课堂，培养和发展学生的创新精神和实践能力呢？一节日常的劳技课带给我一些启发和思考。

三年级的剪纸系列课程遵循我设计的教学目标按部就班地进行着。学生们已经完成了对称图形、二方连续对称图形、团花的学习。我在剪纸系列课程的最后安排了《双喜字》一课，作为对学生知识的理解和综合能力的考察。

我先指导学生完成了教材中基本囍的剪制，总结出制作方法是：折——对折两次；画——设计半个图形；剪——按图剪制。之后，我出示了三类有变化的双喜字，让学生观察并思考制作方法。

第一类：改变喜字中的某一部分。

这种变化最简单，所有制作步骤与基础喜字完全一样，只是把喜字中的"口"变化成各种美好寓意的图形。

第二类：改变喜字外形。

这种改变使双喜字只有一条对称轴，所以只需对折一次即可。由于少对折了一次，因此在设计时要写出一个完整的喜字。

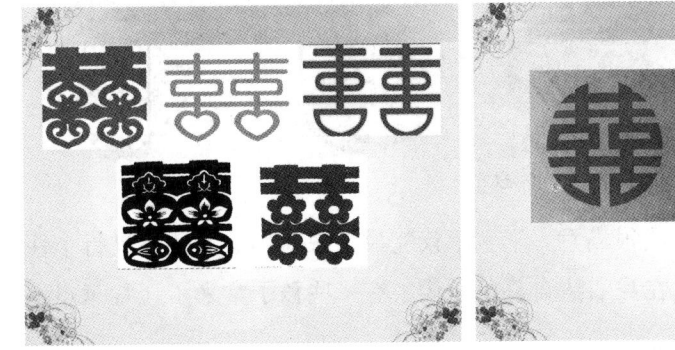
改变字中某一部分

改变字的外形

第三类：对称图形的组合。

组合分两种，一种如左图所示，两个对称的字对应两个对称的图。这种组合与基本喜字制作方法一样。另一种就比较难了，花篮是一次对称的图形，而中间的双喜字却是两次对称。这就要求学生要思考先完成花篮部分，还是字的部分？花篮部分在设计的时候怎样预留出字的部分？学生必须做到既把图与字看成一个整体，同时在设计时，还要能分开设计。能做到这些，说明学生不仅掌握了轴对称图形的特点，而且可以灵活运用了。

对称图形的组合

学生在观察思考后,能够把每一类双喜字的制作方法都说得清楚明白,并且能把他们的想法在课堂上剪出来。

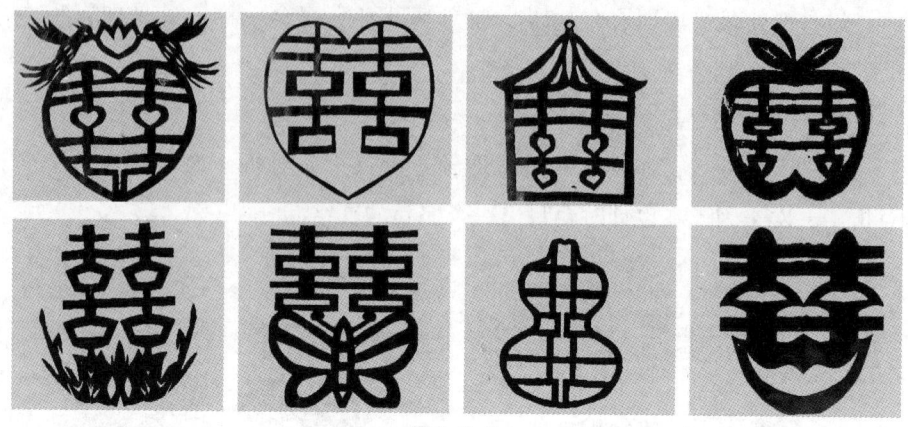

学生作品

看到这些作品,我很满意。学生不仅完成了教材内容,还能进行个性化的设计与创作。就在我沾沾自喜的时候,有一些孩子拿来了让我意想不到的作业。

学生作业

如果要给这些作品归类的话,那它们完全不在我划分的三类之中。我定义的三种类型都属于轴对称图形,而学生们把团花和双喜字结合在一起,就是轴对称图形与中心对称图形的组合了。要知道,中心对称图形的折纸规律与轴对称图形是完全不一样的!孩子们的作品让我惊喜万分,我知道他们对对称图形的理解已经超出了我预想的水平,因此他们设计的作品必然也超出了我的预设。这些作品在证明了他们创造力的同时,也填补了我备课中的空白。这些孩子,既是我的学生,此时也是我的老师。他们能把双喜字研究得这么深、这么透,给我上了漂亮的一课。

回忆我刚教他们的时候，他们还只是单纯羡慕教材和老师的作品；而今他们却能够按照自己的想象进行设计与创造，这是为什么呢？通过反复深入的思考，我觉得有以下一些原因。

（1）学好基本功，为创新奠定基础。

"万丈高楼平地起"，地面上的高楼各有各的造型，但地下的地基却是一样的。地基打得牢固，才会有地面上各式各样的高楼。

（2）让思考真实发生，为创新积攒能量。

创造是需要能量的，就像火箭发射需要助推器的道理一样。而这种能量是通过每一堂课、对每一个问题的深入思考逐渐累积起来的。教师所要做的是寻找并设计好的问题，引领学生进行深入的思考，让头脑风暴真实发生，而不是停留在讨论时分组的形式上。厚积就一定能薄发！

（3）在不断重复的过程中，为创新养成习惯。

我的课堂有一个特点，那就是把同一领域的知识串联在一起，形成一个小的体系，就像把散落的珍珠串成项链。在学习每一个知识点时，我都会尽量按照相同的学习步骤来进行。每节课、每个知识点都在不断重复这些步骤，学生很快就形成了基本的思维模式，一旦接到任务自然而然地就会用这种惯性思维来分析思考。

综合上述三点，学生终于完成了由模仿到创新的华丽转变。这些鲜活的事例让我更加相信，创造力是可以培养的。同时也更加坚定了小学劳技课在培养学生创新能力上是大有可为的。只要我们不断提高自身素质，勇于创新，大胆实践，就一定能为孩子的发展打好坚实的基础，为素质教育贡献自己的一份力量。

2. 教学设计《自制刮鳞器》 张欣怡

教学基本信息					
课题	自制刮鳞器				
学科	劳动技术	学段	小学	年级	五年级
教材	书名：北京市义务教育课程改革实验教材《劳动技术》五年级（下） 出版社：北京教育科学研究院、北京出版社合编 出版日期：2014年7月				

续表

指导思想与理论依据

技术课程标准中指出：技术课程应紧密联系学生的生活实际选择技术内容，并在解决技术问题的过程中，重视对学生进行技术思想和方法的学习指导，并把它贯穿在整个教学过程中。

众所周知，建构主义的学习观是由学生自己建构知识的过程，在这个过程中，学生根据自己的经验背景，对外部信息进行主动的选择、加工和处理，从而获得自己的意义。同时，建构主义的知识观也指出，知识不是对现实的纯粹客观的反映，它是人们对客观世界的一种解释、假设，它不是问题的最终答案，它必将随着人们认识程度的深入而不断地变革、升华和改写。

技术课程标准和建构主义的共同主张就在于，学习要结合学生的生活，结合自身经验在不断的同化和顺应的过程中，完成从一个平衡到另一个平衡的过渡。

教学背景分析

1. 学习内容分析

木工项目的主要内容包括：了解木材的来源和用途，认识常用的工具，掌握木工工具的使用方法，知道木制品的连接方法，能进行简单的木制品的设计与制作。

《刮鳞器》一课是五年级下学期的实践项目。在此之前，教材内容主要以介绍木材和木工工具为主，如《木材的来源、种类与用途》《画线工具》《锯割工具》《锤子和木锉》等，这些内容为本课的学习奠定了知识基础。

自《自制刮鳞器》一课开始，教材内容由认识工具转向对项目的实施，安排了《小汽车的制作》《小挂件的制作》《工艺小茶几的制作》《小笔筒的制作》等一系列操作内容，这些实践项目无一例外的将设计理念加入进来。可以说《刮鳞器》一课是教材的分水岭，在本课之前，教材侧重点在认识工具和学习工具的使用技能。但是从本课开始加入了设计活动，开启了用设计引领活动的学习模式。学生要在多次的设计活动中完成对知识的同化和顺应。因此，在《刮鳞器》一课中，设计活动就变得十分重要，它将作为后续一切学习的基础。所以我将本课的教学重点设计为：根据使用需求设计刮鳞器。

通过上述分析，我们不难发现，作为正式加入设计环节的第一课，《自制刮鳞器》这一教学内容既要继续练习巩固工具的使用技法，同时还要引导学生能够根据使用需求和使用中出现的问题对刮鳞器进行设计和改进，这么丰富的内容无法在短短40分钟内完成，因此我将这一教学内容安排为两课时。第一课时巩固练习锤子、木锉、砂纸的使用方法，打好技术基础；第二课时设计并制作刮鳞器。这里向大家介绍的是第二课时的设计。

2. 学生情况分析

（1）知识水平

通过一学期的学习，学生对学具中涉及的木料特性有一定的了解，能够认识常用木工工具，在理论上知道这些工具的使用技法和注意事项。这些知识储备为本课的学习奠定了基础。

（2）技能水平

学生会使用锤子、砂纸、小手工锯，能够用这些工具进行简单的加工，如将木料锯断、用锤子把钉子钉进木料，这些技能为本课的实践活动提供了可能。

续表

（3）心理发展水平

五年级的学生已经能够进行简单的抽象逻辑思维活动，但这种思维活动在很大程度上还依赖于他们的生活经验和知识储备。对于符合他们原有认知的内容，学生们的思维将表现得很活跃；而一旦遇到超出原有认知和生活经验的事情，他们就不知道该怎么办了，此时学生们想的法子往往缺乏可行性。就《自制刮鳞器》一课而言，简单地设计一个刮鳞器的样子是比较容易的，但是在铁钉排列方向上需要考虑刮鳞器使用时的受力方向，这对于学生来说光凭想象就很难理解了。针对学生目前的认知水平，我将教学难点设计为：合理安排铁钉排列方向。

教学方式：

在"建构主义"理论的指导下，本课采用了"抛锚式"教学。以刮鳞器在实际生活中的应用入手，根据使用需求逐一抛出问题，通过讨论、交流、试验、修正等自主学习过程，解决实际问题。

教学手段： 多媒体课件　实物展示台　实物教具

技术准备：

（1）老师准备：课件、教具、刮鳞器成品、制作刮鳞器材料和工具。

（2）学生准备：木板、铁钉、锤子、尖嘴钳、塑料瓶、剪刀。

教学目标（内容框架）

知识与技能：

（1）根据需要设计刮鳞器及防溅罩。

（2）开孔的方法。

（3）背钉的处理方法。

（4）制作刮鳞器。

过程与方法：

（1）学生经历讨论、试验、改进的活动，完成刮鳞器以及防溅罩的设计。

（2）学生通过观察教师演示，学习开孔以及背钉的方法。

（3）学生通过亲身实践，体验完整的刮鳞器制作过程。

情感态度与价值观：

通过学习培养学生的设计意识和思维以及做事精益求精的态度；能让学生做到废物利用，变废为宝，形成绿色环保意识，增强对生活的体验。

教学重点：

根据使用需求设计刮鳞器。

教学难点：

合理安排铁钉排列方向。

问题框架（可选项）

1. 刮鳞器由几部分组成？
2. 做什么样子的刮鳞器？
3. 怎么防止溅鱼鳞？
4. 怎样才能让防溅罩适合不同弧度的鱼？

续表

教学流程示意（可选项）

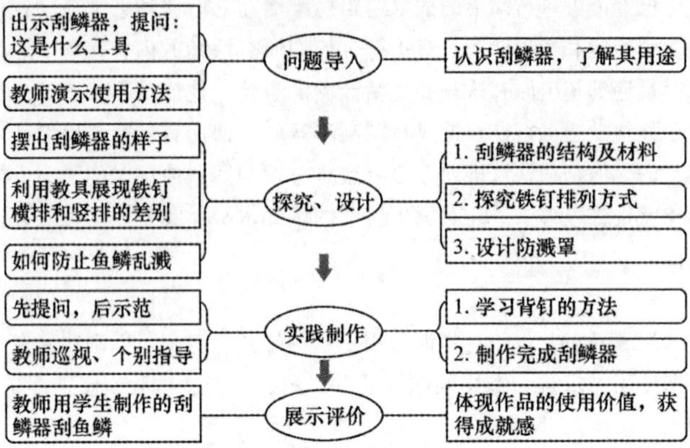

```
出示刮鳞器，提问：
这是什么工具             ┐
                        ├──→ 问题导入 ──→ 认识刮鳞器，了解其用途
教师演示使用方法          ┘
                              ↓
摆出刮鳞器的样子          ┐                  1. 刮鳞器的结构及材料
利用教具展现铁钉          ├──→ 探究、设计 ──→ 2. 探究铁钉排列方式
横排和竖排的差别                             3. 设计防溅罩
如何防止鱼鳞乱溅          ┘
                              ↓
先提问，后示范           ┐                  1. 学习背钉的方法
教师巡视、个别指导       ├──→ 实践制作 ──→ 2. 制作完成刮鳞器
                        ┘
教师用学生制作的刮       ──→ 展示评价 ──→ 体现作品的使用价值，获
鳞器刮鱼鳞                                 得成就感
```

教学过程（表格描述）

教学阶段	教师活动	学生活动	设置意图	技术应用	时间安排
问题导入	出示实物、提问： 同学们，你们见过这个工具吗？知道他是做什么用的吗？ 过渡语： 这是一个刮鳞器，今天我们就来一起学习制作一个刮鳞器。 板书"自制刮鳞器"	学生观察刮鳞器，回答教师问题	通过实物导入课题，激发学生好奇心	实物教具	1
探究设计	一、刮鳞器的结构及材料 1. 展示实物提问 刮鳞器由哪几部分组成？我们需要准备哪些材料？ 2. 拼摆活动 用木条、瓶盖拼摆出刮鳞器的样子。	观察刮鳞器的结构，回答：由手柄和刮头这两部分组成；要准备木条、瓶盖、钉子。 进行拼摆，可能出现以下几种： 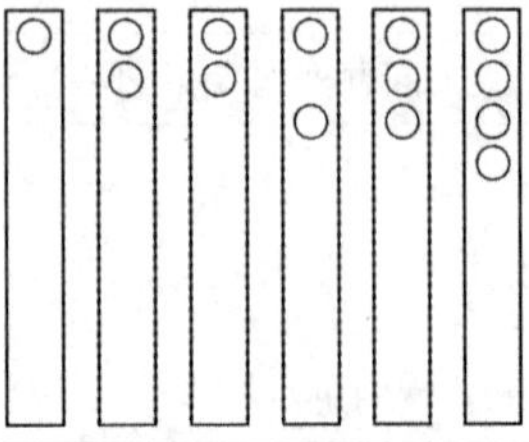	通过观察了解刮鳞器结构及材料	鱼的图片	5

续表

教学阶段	教师活动	学生活动	设置意图	技术应用	时间安排
	用自己拼摆的刮鳞器模仿刮鳞，引导学生对结构进行探究。 提问：这么多款式的刮鳞器中，哪种最好用？ 提问：为什么这样的位置排列最好？ 3. 教师总结：刮鳞器由手柄和刮头组成，刮头应与鱼身宽度相仿，手柄长度应与手掌宽度相仿。（教师提供手掌宽度值） 二、探究铁钉排列方式 （一）铁钉数量 1. 请学生在瓶盖中画出铁钉的数量及位置。 2. 提问：哪种方案最好？ 3. 教师总结：一枚铁钉无法固定瓶盖；三枚及以上铁钉不仅过多消耗材料，更为背钉增加难度。 （二）铁钉排列方式 教师提问，引导学生关注铁钉排列方式。横向和竖向两种排列方式哪种更好？ 教师利用教具模仿刮鳞动作，让学生观察两	学生用自己设计的刮鳞器模仿刮鳞，从而思考自己设计的结构是否便于使用。 学生思考后回答：2~3个瓶盖集中在木条一端的结构便于使用。 根据模仿活动的经验回答：2~3个与鱼身宽度相仿，集中在一段便于单手操作 学生可能出现以下几种情况： ◯ ◉ ◉ ◉ ◉ 学生讨论。 学生讨论，无法给出明确答案。 学生通过观察发现：铁钉横向排列更好。	通过拼摆，确定瓶盖的位置以及数量 通过两次探究活动，知道铁钉的数量以及排列方式		2 5

续表

教学阶段	教师活动	学生活动	设置意图	技术应用	时间安排
	种排列方式在实际使用中的情况。 教师总结：铁钉的排列方向应与刮鳞器受力方向一致。			鱼的图片及纸质刮鳞器教具	
	（三）教师实操：开孔 1. 标注开孔位置。 2. 在瓶盖下垫木块。 3. 一只手持白铁钉，手指与钉帽保持一定距离，钉尖对准定位点；另一只手持锤柄前端，对准钉帽垂直用力向下敲击，穿透瓶盖即可。	学生按要求，规范操作给两个瓶盖开孔	学习开孔方法		5
	三、设计防溅罩 （一）播放视频，引出鱼鳞飞溅的问题。提问如何解决？ （二）讨论 1. 防溅罩的材料、大小、位置。	看视频，思考后回答：可做一个防溅罩。 学生用拼摆组合的方式进行研究。 第一次探究结果： 第二次探究结果：	通过对防溅罩的三次探究及修改，使其结构更加完善	实物教具 视频	1

续表

教学阶段	教师活动	学生活动	设置意图	技术应用	时间安排
	2. 利用仿真鱼检验。发现问题：防溅罩前端阻碍了瓶盖。提问：如何改进？	如学生无法解决，则观看视频，回答：可将防溅罩剪出开口。		刮鳞器和仿真鱼	1
	3. 设计情景，引出新问题，鱼身的弧度影响刮鳞效果。如何解决？根据学生情况播放视频			视频	2
实践制作	一、视频演示 1. 刮鳞器完整制作过程。 2. 演示背钉方法。 二、制作完成刮鳞器，教师指导	观看视频 学生进行制作	对学生的制作进行指导。通过制作刮鳞器检验学生学习成效	视频	2 3
展示评价	一、制作工艺 1. 是否牢固美观。 2. 操作是否规范。 二、实操检验 使用学生制作的刮鳞器，进行真实刮鳞操作。 三、总结	学生对作品进行点评。学生用审视的角度，观察实操成果	检验刮鳞器的效果，同时获得制作的成就感		2
板书设计	自制刮鳞器 步骤： 1. 开孔 2. 钉接 3. 背钉				

学习效果评价设计				

评价方式:

本课采取形成性评价与总结性评价相结合的方式。学生在设计活动中所进行的思考、讨论、修改等活动都是形成评价的体现,其目的在于诊断设计的成效和缺陷,从而进一步改进完善。在课程结束时,教师用学生制作的刮鳞器来刮鱼鳞,这就是对作品最直观的总结性评价。

评价的最终意义在于检验教学目标是否达成,因此本课评价设计如下。

对学生的评价:

评价项目	会使用锤子、尖嘴钳等工具	制作工艺规范、较美观	刮鳞器结构合理	防溅罩造型合理
达成程度	☆☆☆	☆☆☆	☆☆☆	☆☆☆

对教师的评价:

评价项目	教师演示规范、正确	语言规范、准确、精炼	对学生发言反馈及时、到位	关注到学生闪光点
达成程度	☆☆☆	☆☆☆	☆☆☆	☆☆☆

课后反思

本课设计的亮点体现在以下两方面。

一、防溅罩造型设计合理且有新意

很多老师都会想到给刮鳞器增加防溅罩,这已经不再是本课的创新点了。但是,在刮鳞器外面简单地加上一个透明罩就能很好地解决鱼鳞乱溅的问题了吗?我带着这个疑问,自己动手制作了一个。最开始,我用矿泉水瓶的一半来做防溅罩,通过试验我发现,这种造型的防溅罩不仅达不到防溅的目的,反而会使鱼鳞飞溅得更加厉害。因此这种半圆形造型是不符合实际使用需求的。

根据出现的问题,把防溅罩前端部分去掉,只保留后端,果然,这种造型的防溅罩确实起到了防溅的作用。

这种刮鳞器是否具有普适性呢?为此,我又买来不同品种的鱼进行尝试。在验证刮鳞器普适性的同时,出现了新问题,那就是鱼身的弧度不同,而防溅罩的弧度却是不变的,从而导致防溅罩的普适性降低。怎样才能解决这个问题呢?我受到地铁安检机的启发,将防溅罩剪出开口,很好地解决了上述问题。

一个小小的防溅罩看似不起眼,里面却大有乾坤。我对它的三次改造都是本着解决实际问题为出发点而进行的,成为本课与众不同之处。

二、总结性评价生动,有激励性

评价的目的之一就是要激励学生不断探索。为了实现这个目的,就要让学生感到我们课堂上所学所做在生活中是真的可以使用的工具,让他们有成就感。因此,我采用了真的刮鱼鳞活动作为最终的检验与评价,不仅实现了评价的目的,也成为本课中一个引人入胜的小环节。

我是一名刚参加工作的老师,在备课时肯定有一些不够深入和精湛的地方,我相信这份教学设计实施后,也会暴露出需要改进的问题。我会在教学中反思、改进,不断完善。

编程作为培养学生逻辑思维和创新能力的主要途径，也深受学生喜爱。以下案例是以编程教学为例。

3. 案例《使用"ScratchJr"在低段教授编程的效果》张欣欣

使用"ScratchJr"在低段教授编程的效果

张欣欣

一、每个人都应该学习编程，了解编程思想

我们置身于互联网的时代，人们的手机上每天都会有新的软件出现。数理化能够帮助我们理解这个世界，而编程能够帮助我们实现梦想。编程是将人的想法"实体化"的过程，这要求我们进行更深入、更细致、更全面地思考。为了实现一个需求，你必须对其原理和运转流程了解得十分透彻，否则就无法用编程语言精确地描述出来让机器去执行。在实体化的过程中，想法的结构缺陷和逻辑漏洞会显出来，你总会发现存在没有考虑到的可能性，以及需要进一步思考的细节。在编写正确、高效、优雅的程序的同时，我们也在不断塑造自己的大脑，让它能思考得更清楚、运转得更高效。

编程要求我们能够对事物和流程进行各种维度上的拆分，并在不同的抽象层次上进行完整自洽的思考，这使我们有可能去解决那些规模无比庞大的问题。通过在抽象层次上的划分，我们能做到在宏观上考虑整体的同时，也能在微观上考虑每个细节。经过合理拆分后，细化的模块需求简单明了，更适合团队协作，其成果还可以在不同场景下进行复用。编程是不断解决问题的过程，也是不断完善解决问题的方法论的过程。一个优秀的程序员总是解决问题的高手。

其实学习编程也不是说将来一定要做程序员，编程思想是一种思维模式，如果将这种思维模式运用于日常学习生活中，可以让很多事情变得系统化，有条理性。正如乔布斯所说的，每个人都应该学习编程。

二、低年级段的孩子也可以学习编程

根据皮亚杰的《认知发展阶段论》，低年级的学生处于前运算阶段后期和具体云端阶段初期，学生的思维活动相对具体，抽象运算思维对学生还比较困难，思维的可逆性逐步形成。基于此，可视化编程软件"ScratchJr"特别适合低年级学生学习编程。

"ScratchJr"是针对5~7岁学生学习编程的一款软件，能够让学生亲手参加制作动画和程序。学生可以将可视化的模块拼接到一起使得场景中的人物完成移动、跳跃、舞蹈等动作，还可以修改人物的颜色，加入自己的声音甚至加入自己的头像。能够使用可视化的编程模块将场景中的人物变得栩栩如生。

　　"ScratchJr"中的界面以及编程的模块是特别设计，符合孩子们的认知方式，其中的素材也是根据孩子们的情感、态度和价值观来设计的。

　　编程是信息化时代的一种新型写作方式，就像作文一样，它会帮助你梳理思维并能够表达你的思想。以前人们总是认为编程是一项高深的技术，现在每个人都能够学习编程。当孩子们使用"ScratchJr"编程的时候，他们学习如何使用计算机技术进行创造，如何使用计算机技术表达自己的思想。在他们使用"ScratchJr"解决问题，设计动画的过程中学习到的方法、技巧和思维方式，为以后的高阶学习打下坚实的基础。

　　"ScratchJr"中涉及的数理逻辑是直观生动的，符合低年级学生的思维特点。学生并不仅仅是在学习编程，而是在编程中学习。

　　三、在低年级段使用"ScratchJr"进行编程教学的效果

　　1. 从绘画入手，认识"ScratchJr"软件

　　在学生刚开始接触"ScratchJr"软件的时候，应该从已经掌握的知识入手。以学生喜爱的绘画为基础，配合"ScratchJr"中具备的编辑素材的功能，可以成为一个很好的切入点。在"ScratchJr"中可以对素材中的人物和背景进行编辑，也可以自己创建新的人物或者背景，其中的操作界面类似于Windows中的画图软件，学生并不陌生。在此过程中学生可以熟悉用手指进行触控的操作，同时可以训练如何添加删除人物或背景，了解在"ScratchJr"中组成动画的基本元素，掌握在"ScratchJr"中作画的技能。

　　2. 通过制作动画，认识编程模块

　　当我们把几幅画链接起来或者让一幅画中的人物动起来，就成为了一个小动画。在此之前，要将"画"的概念转换成为场景或者舞台。我会让学生使用默认的人物"小猫"加上动作模块去测量场景从左到右一共是多少步，从上到下是多少步。这样可以激发学生探索的欲望，并且在探索的过程中，小猫从右边走出场景时，又会从左边出来，这会给学生确立两个概念：其一，一个场景中的人物只属于这个场景，无法走到另一个场景中；

其二，一直向右走会回到左边起始位置，这是在"绕圈"，是给学生渗透编程中的循环思想。

当我们在制作动画的时候，是有一个故事主线的，有明确的先后顺序，逻辑上是一条直线。这样有助于学生在学习初期可以集中掌握各个动作模块的作用，同时体会动作模块执行的顺序，而不用过多关注模块执行的逻辑顺序。

最后，会让学生做一个拥有四个场景，每个场景有不同人物的连续动画，讲述学生一天的生活。学生应该明确地理解场景、人物、动作模块之间的关系，如下表所示。

场景1		场景2		场景3		场景4	
人物1	动作	人物1	动作	人物1	动作	人物1	动作
人物2	动作	人物2	动作	人物2	动作	人物2	动作
人物3	动作	人物3	动作	人物3	动作	人物3	动作

3. 运用编程思想解决问题

编程中最简单也是最重要的两个基本思想就是循环和分支。需要让学生理解的是，动作模块是顺序执行的，而人物的动作可以是因为某种条件触发的。我给学生设计了一个制作跳绳动画的任务，下图即为学生作品，先和学生一起分析跳

跳绳动画编程

绳动画，什么时候上面的绳子出现或消失，什么时候下面的绳子出现或消失，小猫跳起和落地的时候，绳子应该是什么状态，这是一个简单又典型的循环中嵌套分支的结构。

学生应该逐步了解到当程序执行到某一点时，可以触发另外两段程序同时执行，并不一定是像动画一样简单的直线型的结构。

4. 编写交互式程序，体验编程的乐趣

如果是按下开始按钮，就开始播放一直到结束，那只是一个动画。要让学生体会到编程的乐趣和成就感，就要给程序注入交互性。带领学生制作一款小游戏和同伴之间玩，既可以激发学生的想象力，又可以展现竞争

意识。

如右图所示,这是学生制作的一款迷宫游戏,按下方的上下左右键来控制小猫在迷宫中行走,同时要避开中间的小怪兽,触发条件后会赢得游戏或者失败"GAME OVER"。按下不同按钮,小猫可以执行不同的指令,体现了很强的交

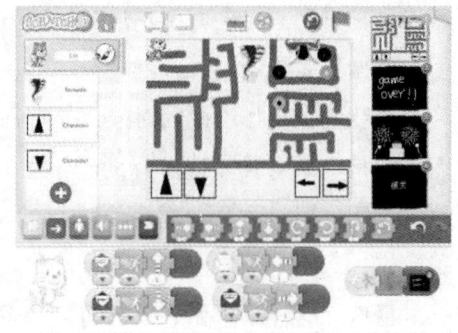

互动游戏编程

互性,并且输赢都会给玩家直接的反馈。要完成这个程序,首先,学生需要一定的绘画能力;其次,要合理设定输赢的条件,太难太简单都不好玩;最后,也是最重要的,学生需要多维度的逻辑思维。当然,并不是每一个学生都能够完成这么复杂的游戏。

5. 培养逆向思维

在大多数情况下,都是带着学生逐步制作动画或者程序。在课程的后期,我也会培养学生逆向思维的能力。遇到一个问题,能不能用编程的思想去解决,是我们教学的一个终极目标。下图是一款很成功的手机小游戏《像素鸟》和学生制作的小游戏之间的对比。

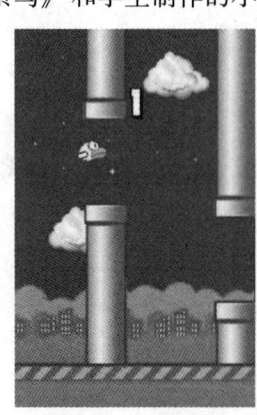 

手机小游戏《像素鸟》与学生制作的游戏对比

学生的作品简单了很多,但是学生充分理解了游戏作者的思路,并运用自己学到的知识和技能基本还原了游戏的规则,体现了学生逆向思维的能力。

本文阐述了在低年级使用"ScratchJr"开展编程教学的意义和效果。在低年级开展编程教学是必要的、可行的,也是适应时代发展的。对在低年

级开展编程教学有一定的借鉴意义。最后,希望越来越多的孩子们能够从小有机会接触编程,爱上编程。

4. 教学设计《弹球游戏——广播与接收命令》隗晶晶

教学基本信息			
课　题	《弹球游戏——广播与接收命令》		
学　科	信息技术	授课对象	五年级
教　材	《信息技术》第三册	出版社	北京出版社
姓　名	隗晶晶	学　校	史家小学
指导思想与理论依据			
指导思想: 本课以《小学信息技术学科新课标 2012(试行版)》中指出的:在讲授程序设计时应重点讲解程序设计的基本思想和基本原理,使学生对程序设计的基本结构和思路有一定的了解为指导思想。 理论依据: 依据"学习支架"理论。利用表格分析作为学生学习的脚手架,不断引导学生根据编程目标,分析、理解、编写程序。在学习活动中渗透编程思想,掌握编程方法。			
教学背景分析			
教学内容分析: 本课选自北京版《信息技术》第三册第三单元第 20 课《传递角色信息》。广播与接收命令是学生从针对一个角色自身变化编程到多个角色互动变化编程的重要手段。在程序编写中占有很重要的位置,因此将广播与接收命令及其相关知识作为本课的重难点。使学生能够通过本课的学习对多个角色间协调互动有初步的认识和理解。 学生情况分析: 学习对象:五年级学生 已有知识与技能:学生通过之前的学习,已经初步理解顺序、循环、分支三种程序结构。能够使用重复执行、如果( )、碰到颜色等命令编写简单程序,但在具有多角色的复杂程序中,针对角色间的互动编程尚有欠缺。			
教学目标			
1. 熟练使用 广播 、 当接收到 编写程序,实现多角色间的协调互动。 2. 理解 广播 、 当接收到 的作用。 3. 通过分析问题→明确规则→编写程序→调试运行的过程,学习编程方法,深化编程思想。 4. 体验成功的乐趣,提高学习兴趣,收获自信。 教学重点:熟练使用 广播 、 当接收到 ,实现多角色间的协调互动。 教学难点:理解 广播 、 当接收到 的作用。			

教学资源、教学方法	
教学资源：课件、板书教具、scratch 基础程序 教学方法：游戏教学法、逆向教学法、讲演结合、任务驱动	
教学过程	

教学阶段	教师活动	学生活动	设置意图
游戏导入 激发兴趣	借助游戏、激发兴趣 师：同学们，老师为每位同学准备了一个小游戏，请你阅读游戏说明，快打开玩一玩吧！ 【板书】弹球游戏	体验游戏	用小游戏引起学生注意、激发学习兴趣
学习新知 实践操作	1. 添加、分析新规则 师：通过体验，你们觉得游戏的难易程度怎么样？怎样能够降低游戏的难度呢？ 【板书】分析问题 师：将挡板增大，确实能够减小游戏的难度。老师编写了用按钮控制挡板变大的程序，请你看一看。 【课件】按下变大按钮，挡板变大效果演示。 师：你能说一说这部分的游戏规则吗？ 【板书】明确规则 【课件】 | 按下变大按钮 | 将角色大小增加 10 |	思考、发言 观看演示 思考、总结 游戏规则	引导学生分析问题，提出解决办法，培养学生解决问题的意识。 在教学过程中渗透体会编程步骤。
	2. 初识新模块 师：在以往的学习中，我们为角色编写脚本时往往只控制角色本身产生变化。今天我们遇到的情况为一个角色对另外一个角色的变化产生影响。如何解决这个问题呢？今天我们学习事件模块库中的两个新命令：广播与当接收到广播。我们能使用广播与接收命令传递消息，协调角色间的互动。	听讲 思考 理解	初步理解广播与接收命令的作用和意义。

续表

教学阶段	教师活动	学生活动	设置意图
	【板书】弹球游戏——「广播」与「当接收到」作用：协调角色间互动 3. 概念渗透 师：这两个命令模块是如何建立角色间的联系呢？ 【课件】 广播：（一个角色）在一定条件下，广播一个消息。 当接收到广播：（另一个角色）接收到特定消息后，运行后面的程序。 师：在程序中哪个角色广播消息？哪个角色接收消息？ 4. 完善游戏规则 师：通过学习，你能将游戏的规则补充完整吗？根据规则，你能说一说我们会用到哪些命令模块吗？ 【课件】 	按下变大按钮	广播"变大"消息
---	---
当角色被点击时	当接收到 变大
当接收到"变大"消息	将角色大小增加10
广播 变大	将角色的大小增加 10 | 5. 操作演示 【板书】编写程序 【演示】编写程序 【板书】调试运行 6. 实践操作 任务要求： （1）请你打开"任务一"文件。 （2）分别为变小按钮和挡板角色编写程序。	听讲 思考 回答问题 完善游戏规则 选择命令模块 观看演示	学生初步感知两个命令模块的使用方法。 根据所学明确广播与接收命令添加条件及添加位置。 学生学会新建消息。 学会使用广播与接收命令模块编写程序。 自主体验感知编程步骤，深化编程思想。

续表

教学阶段	教师活动	学生活动	设置意图
	消息名称：变小 【板书】编写程序不盲目 认清角色再动手 7. 展示学生程序、处理学生问题	实践练习	处理学生问题，巩固新知。
巩固练习 内化新知	1. 完成游戏结束部分 师：为了使游戏更加完整，下面我们为游戏增加结束部分。 【课件】粉球碰到红色，GAME OVER 角色出现、程序停止。 师：你能说一说游戏结束部分的游戏规则吗？ 【板书】 如果碰到红色广播"结束"消息　　当接收到"结束"消息 显示 程序全部停止 2. 实践操作 任务要求： （1）请你打开"任务二"文件； （2）分别为粉球和 GAME OVER 角色编写程序。 消息名称：结束 【课件】分层教学任务 如果碰到红色，广播"结束"消息 隐藏　　当接收到"结束"、消息、显示，程序全部停止　　当接收到"结束"、消息隐藏 3. 展示学生程序、处理学生问题	观看程序 分析游戏规则 实践练习 根据自身情况选择任务	在教学过程中不断渗透编程方法，培养学生编程思维。 通过练习巩固新知，使学生能够熟练使用广播和当接收到广播模块。 因材施教，设置分层任务，使每个学生都得到成功的体验。 巩固深化新知。

续表

教学阶段	教师活动	学生活动	设置意图
自主创作 拓展提高	1. 头脑风暴、交流创意 师：你还有其他的好创意，把游戏设计得更有意思吗？ 2. 自主创新，实践操作 任务要求： （1）请你自主设计新规则，使游戏变得更有意思。 （2）请你至少用到一次广播和当接收到广播命令！ 提示：①内容积极②规则合理③运行正常	交流创意 自主设计 编写程序	巩固广播与接收命令的使用方法。 培养学生的创新意识和实践能力。
展示分享 交流评价	师：下面我们一起来看一看同学们的作品！请你为同学们介绍自己的作品。 师：你觉得他的作品好在哪？你还有什么修改建议？	运行程序 讲解程序 互评作品	自主设计编写程序，获得成功的体验。 相互学习收获更多创意。
归纳总结 深化思想	师：你能说一说今天你的收获吗？ 师：今天我们学习了广播和当接收到广播命令，并使用它们实现了多角色间的协调互动。希望以后你们能够按照分析问题→明确规则→编写程序→调试运行的步骤设计编写程序。相信你一定能成为编程小高手！	总结所学	归纳总结所学，深化新知。

板书设计

弹球游戏——广播 ▼ 、当接收到 ▼

作用：协调角色间互动

分析问题

明确规则　　编写程序不盲目
　　　　　　认清角色再动手

编写程序

调试运行

学习效果评价设计

1. 学生在学习过程中以贴纸的方式对自学效果进行评价。
2. 在展示分享环节，学生通过欣赏同学作品的方式相互评价。
评价标准：①内容积极②规则合理③运行正常

教学设计特点
1. 教学目标明确，任务设计巧妙，充分突出本课重难点。 本课共设计一个基础任务、一个分层任务和一个拓展任务，三个任务层层递进充分体现了使用广播与接收命令编写程序的必要性及其作用。 2. 教学过程层次分明，搭建编程思路、深化编程思想。 在教学实施过程中，注重引导学生通过分析问题→明确规则→编写程序→调试运行的过程达成编程目标。在整个教学过程中不断为学生搭建编程思路、深化编程思想，培养学生养成良好的编程习惯。 3. 教学过程体现了"学思联系、知行统一"的特点。 通过游戏激发学生学习兴趣，使学生爱学编程；通过课堂中的环节设置，学生学会编程方法，深化编程思想，使学生会学编程；通过表格分析作为学生学习的脚手架，使学生能够想明白、想透彻；通过教师引导学生学习完成任务到学生自主创作完成任务，学生能够根据所学举一反三，学以致用。整个教学过程体现了学思联系，知行统一的特点。

从以上案例不难看出，"创意"不是天生的，而是可教可学的，只要教师精心设计教学内容、教学方案，孩子们的创新意识、创新能力就能一点一点得到锻炼和积累。

（二）创造课程

以项目制引导学生学习综合运用创意工具，从吃、穿、住、行、用几大方面寻找生活中的问题，学习设计思维方法，对找到的问题提出解决的办法，是从创意课程到创业课程进阶的脚手架。

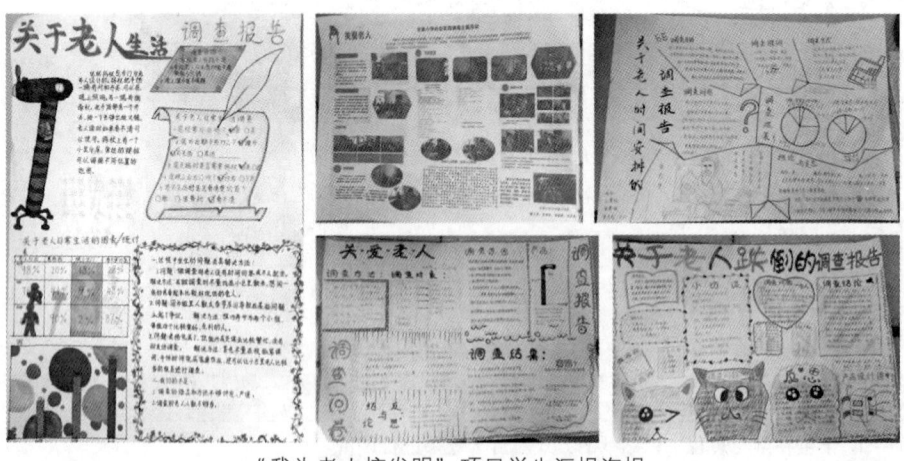

"我为老人搞发明"项目学生汇报海报

譬如"我为老人搞发明"项目，就是希望孩子们能通过自己的考察探究对老年人的生活多一份了解和关注，身体力行地去解决老年人生活中的困难。在项目实践中，学生从老人的生活习惯、老人的时间安排等不同的方向进行社会调查，提出不同的问题，最终设计制作了跌倒报警器、语音拐杖等多件解决老人生活实际问题的创意作品。

而在这个过程中，将设计思维理念、思维导图、问卷调查等方法教与学生，在项目的实施中进行实践。

1. 案例《手把手教你做问卷教学实例》王佳

《手把手教你做问卷》教学实例

王　佳

一、教学准备

案例选择："创·智汇校园 MAKER 分享会"在史家小学备受欢迎，在完成创意产品的过程中，学生需要针对所遇到的问题进行市场调研，过程中许多低年级学生困惑如何设计、处理调查问卷。

综合实践课程选题强调从现实生活出发，六年级学生经过几个长周期大主题的研究，对问卷的设置、发放以及回收处理等有了一定的基础和自己的见解。因此，我将六年级综合实践课程的一个主题确定为"手把手教你做问卷"。

手把手教你做问卷课程，目的在于指导六年级学生为低年级弟弟妹妹绘制绘本，生动形象地将调查问卷设计、发放、回收、数据处理以及调查报告的书写进行呈现。在这个过程中，学生对问卷调查的目的、如何进行有针对的调查等问题进行重新梳理，并加以自己的感悟与思考，用孩子们喜欢的方式呈现。

教学前的提示：回忆调查问卷设计、发放、处理数据的过程及注意事项。

二、教学过程

（一）介绍主题背景

"校园 MAKER 分享会"作为史家小学"创·智汇"课程的重要组成部分，每年都在三至六年级中开展创意产品的开发。在完成创意产品的过程中，学生需要针对所遇到的问题进行市场调研，在此过程中许多低年级学生困惑如何设计、处理调查问卷。针对于此，我们将以哥哥姐姐的身份，向他们讲解问卷的设置、发放、回收、数据处理以及书写调查报告，最终以绘本形式呈现。

（二）探究绘本模块

绘本的作用在于以故事的情景呈现所需承载的知识。通过组内、组间探究、讨论，最终确定每一页绘本内容：封皮、目录、问卷一般构成、如何编写引导语、如何编写问题、如何编写结束语、回收数据处理、如何完成调查问卷。

（三）确定情境及每页具体内容

绘本是以故事情景出发，故组内确定情境。确定每页内容，问卷一般构成：标题、引导语、问题、感谢语；如何编写问题：开放性问题、半开放性问题、封闭性问题；问题的选择注意选项间类别一致性、选项间不重复、选项间包含所收回问卷有可能性、语言书面化、5~8个问题；如何编写结束语：感谢、回收方式；如何进行统计：回收率＝收回问卷数量/发放问卷数量；如何完成调查报告：调查报告、调查对象、调查时间、调查地点、调查内容、数据分析与统计、结论与分析。

三、学生作品展示

（一）喵星人情境

（二）佩奇情境

（三）北京小吃情境

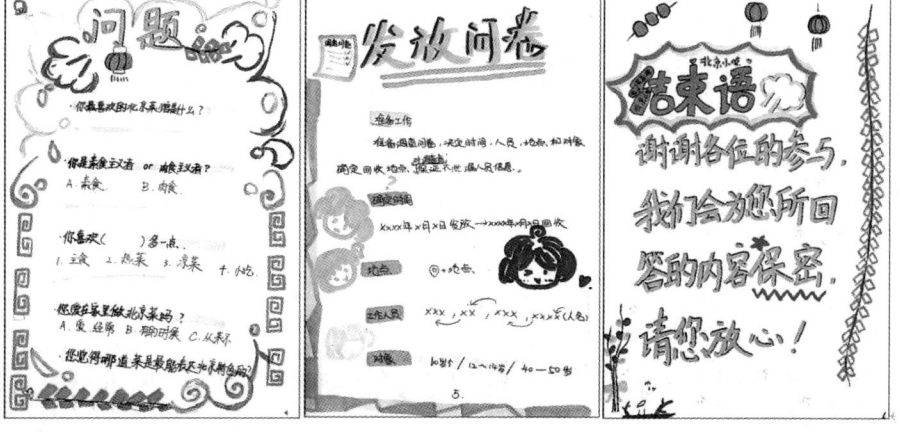

2. 教案《X 物质的探索与应用》付航

教学基本信息						
课　　题		X 物质的探索与应用				
是否属于 地方课程或校本课程		否				
学　　科	综合实践	学　段	高年级	年　级		六年级
相关领域	科学　设计					

指导思想与理论依据

　　《中小学综合实践活动课程指导纲要》指出，问题解决是小学阶段的目标之一：能在教师的引导下，结合学校、家庭生活中的现象，发现并提出自己感兴趣的问题；能将问题转化为研究小课题，体验课题研究的过程与方法，提出自己的想法，形成对问题的初步解释。另外创意物化也是小学阶段的目标之一：要求学生能通过动手操作实践，初步掌握手工设计与制作的基本技能；学会运用信息技术，设计并制作有一定创意的数字作品。运用常见、简单的信息技术解决实际问题，服务于学习和生活。

　　"设计思维"发源于设计界，后来被各行各业借鉴，斯坦福大学设计学院把它归纳成一套科学方法论后，迅速风靡全球高校和中小学。引导孩子们以"人的需求"为中心，通过团队合作解决问题，获得创新。

教学背景分析

　1. 教学内容分析

　　本节课实验使用的"X 物质"是"非牛顿流体"的一种，具有遇强则硬、遇弱则软的特性。它来源于生活，用玉米淀粉和水以2:1的比例混合就能很容易得到。它安全无害，适于学生实验、探究。基于"X 物质"的以上特性，本课的教学内容以探索 X 物质的特性，设计创意产品为第一主线。学生们应用科学课上学过的实验知识，自主探究物性，为创意设计打好基础。

　　创·智汇校园 MAKER 分享会是我校的传统项目，深受学生喜爱。本课的内容是创·智汇校园 MAKER 分享会活动的有机组成部分。将设计思维作为本课的第二主线，引领学生经过"探索"——"理解"——"创意"——"思维可视化"——"原型制作"等环节设计创意产品应用于生活。

　　在本课中学生遇到了一种"新材料"——X 物质。通过自主探究，逐步掌握材料的特性。同时我们鼓励学生发现生活中的实际问题，尝试把所学知识运用到生活中去解决问题。

　2. 学情分析

　　上课学生是六年级学生，属小学高年级学段。在之前的综合实践课上经常参与实验、制作等活动，具有较强的动手操作能力及逻辑思维能力。在综合实践课上经常采用小组合作的形式进行活动，有一定的合作意识及合作能力。在此前的综合实践课上开展了"鸡蛋撞地球"活动，学生们自己动手设计、制作鸡蛋保护装置。以此作为本课的导入点，建立与已有知识的联系。

　3. 教学方式

　　合作学习、自主探究。

续表

4. 教学手段 动手实验、多媒体演示。 5. 技术准备 多媒体课件、学习单、护目镜、X 物质、不锈钢盆等。
教学目标
1. 教学目标 （1）知识与技能 　1）了解"X 物质"的配制方法，掌握其特性。 　2）根据"X 物质"的特性，设计产品，解决生活中的实际问题，实现创意物化。 （2）过程与方法 　1）在探究"X 物质"的特性时采用了小组合作和实验探究的方法。 　2）在设计产品的活动中，采用了小组合作的方法。 （3）情感态度价值观 　1）在小组合作探究活动中培养合作精神与合作能力，做到责任担当。 　2）鼓励学生采用建设性反馈，以友善的态度对其他组的设计方案提出反馈。 2. 教学重点 （1）运用科学的方法和手段探究"X 物质"的特性。 （2）根据"X 物质"的特性，设计创意产品，解决生活中的实际问题。 3. 教学难点 （1）把"X 物质"的特性与生活中的实际问题联系起来。 （2）运用设计思维的方法和技巧设计创意产品，解决生活中的实际问题。
教学流程示意
激趣导入 ↓ 动手实验，探究物性 ↓ 产品设计，创意物化 ↓ 交流分享，携手共进 ↓ 总结反思
教学过程
一、激趣导入（2 分） 　　设计意图："鸡蛋返回舱"是学生非常喜爱的实践活动，以此导入激发学生的学习兴趣，与所学知识构建联系。 　　师：同学们，在之前的学习中我们开展了"鸡蛋撞地球"的活动，我们从三层楼的高度让鸡蛋撞击地球。在我们设计的装置保护下，8 个小组有 5 个小组的鸡蛋安全返回，看看同学们灿烂的笑脸吧……

续表

PPT：六10班进行鸡蛋撞地球活动现场照片。

师：受到同学们的启发，老师也制作了一个保护装置，请看视频。

PPT：X物质保护鸡蛋实验视频。

师：在老师的方案中使用了一种神秘物质，暂且称之为X物质吧。今天我们一起来探索神秘的X物质。

板书课题：X物质的探索

二、讲授新课

（一）动手实验，探究物性（14分）

设计意图：本课的目标是面对一种"新材料"，要通过科学实验的方法探究物性，再依据探究结果寻找与现实生活的结合点，设计创意产品解决生活中的实际问题。提倡学生使用科学课上学过的知识进行探究，归纳理解X物质的特性。

1. 实验探究

师：神秘的X物质有什么特性呢？这就需要我们动手实验进行探究。

PPT：设计思维流程：探索

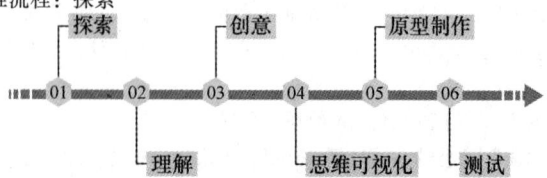

师：我们在科学课上学过很多科学实验的方法，请你想一想，你准备用什么方法进行探究呢？

预设：看一看、闻一闻、摸一摸……

师：同学们的想法不谋而合，稍后请你们按照实验单的项目依次进行探究。

PPT：实验记录单。

实验项目	实验结果
看一看	
闻一闻	
摸一摸	缓慢搅动：
	快速搅动：
	拳头轻轻浸入：
	拳头用力击打：

师：请一位同学为大家朗读实验要求。
PPT 实验要求：

> （1）将 X 物质搅拌均匀后再进行实验。
> （2）按项目依次进行实验。
> （3）做好实验记录。
> （4）注意安全，佩戴好护目镜。
> （5）听从指挥，快速停止。
> （6）实验时间 6 分钟。

师：请组长带领大家进行实验。
（启动倒计时器，定时 6 分钟）
学生开始实验探究，教师巡视指导。

2. 归纳、理解物性

师：请大家分享你们的研究成果，归纳、理解 X 物质的特性，揭开 X 物质的神秘面纱。
PPT：设计思维流程：理解

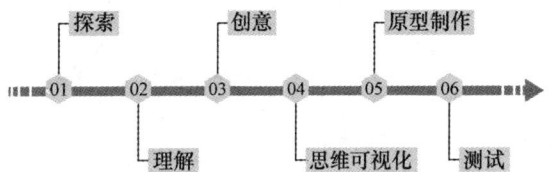

师：X 物质有着遇强则强、遇弱则弱的特性。
师：第一个"强"字你怎么理解？
预设：速度快、力量大
师：第二个"强"字你怎么理解？
预设：硬
板书：遇强则强　遇弱则弱

3. 介绍 X 物质的配制方法

PPT 配制方法：

> （1）将玉米淀粉与水按照 2∶1 的比例混合。
> （2）充分搅拌。

师：X 物质由两种成分组成：淀粉和水。淀粉是烹饪中常用的一种材料，常由小麦、玉米、绿豆、马铃薯、红薯、木薯制成，加入菜品中可以使汤汁浓稠、有光泽。

（二）产品设计，创意物化（16 分）

设计意图：创新活动和创意设计并不是一时的"灵光一现"，使用设计思维的方法、依据设计思维的步骤逐步推进有助于创意的激发。本课试图引导学生体验设计思维的过程，形成初步经验。在今后的学习中，特别是正在进行的创·智汇活动中提供可行的解决方案。

1. X 物质应用于生活中的实例

师：我们刚刚合作进行了非常有意义的探索，并且归纳、理解了 X 物质的特性。它来自于生活之中，我们也要利用它来解决生活中的实际问题。
板书：应用

续表

师：科学家们已经应用这种物质开发出了产品——新型减速带，请观看视频并思考以下几个问题：

（1）新型减速带解决了生活中的哪些问题？
（2）它采用了什么结构，运用了什么科学原理？
（3）新型减速带有什么优势？

PPT：视频：X 物质在减速带中的应用。

2. 创意设计

师：X 物质"遇强则强、遇弱则弱"的这种特性除了新型减速带以外可以解决生活中的哪些问题？请同学们安静地思考 30 秒，思考生活中哪些场景中可以应用到 X 物质。

师：下面需要进行创意和思维可视化的过程。

PPT：设计思维流程：创意、思维可视化

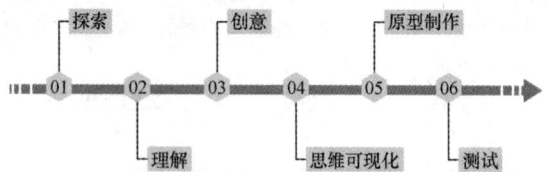

师：请同学们带着自己的创意参加小组讨论，把自己的想法表达出来，并通过头脑风暴聚焦一个能够解决生活中实际问题的可行性方案。思维可视化是把我们的想法用文字、草图、示意图、思维导图等方式有条理地呈现出来。

PPT 讨论要求：

1. 通过头脑风暴聚焦一个创意。
2. 用文字、草图、设计图将创意表达出来。
3. 完成学习单的任务。
4. 讨论结束后请推选代表把你们的想法在全班分享。
5. 时间 10 分钟。

3. 设计创意产品

师：请小组的组长主持产品的研发工作，填写产品信息表。

产品名称	
生活中的场景：	产品设计图：
运用了 X 物质的部分：	
设计的优势：	
待解决的问题：	

（三）交流分享，携手共进（5 分）

设计意图：我们提倡"建设性反馈"，培养学生高阶思维能力。对同学们的发言，不是简单的评价"好"还是"不好"，而是给出有建设性的意见。

续表

三、本课小结（1 分）
师：在这节课中我们使用科学课学习的技能，通过探究解开了神秘 X 物质的面纱。还了解了设计的一般步骤，解决了生活中的实际问题，你们真棒！今天的课虽然结束了，但是我们对于产品的研发才刚刚开始。我们在今后的课程中还要制作原型、对产品进行测试、对收集的数据进行分析……希望同学们把学到的知识运用到创·智汇活动中，期待你们的精彩表现！

教具：设计思维流程：探索—理解—创意—思维可视化……

板书设计：　　　　　　　　×物质的探索与应用

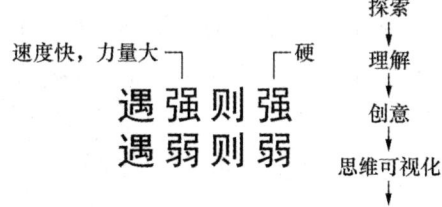

学习效果评价设计
评价方式： 采用过程性评价，关注学生学习的全过程。

评价量规	
教学环节	评价内容
动手实验 探究物性	超出期望：完成规定的实验项目并自主设计其他实验项目。归纳总结 X 物质的特性，并能准确、有条理地表达出来。 符合期望：完成规定的实验项目。归纳总结 X 物质的特性，并能表达出来。
创意设计 创意物化	超出期望：能够依据 X 物质的特性，设计创意产品解决生活中的实际问题，设计新颖、合理，并能通过文字、设计图准确表达设计意图。 符合期望：能够依据 X 物质的特性，设计创意产品解决生活中的实际问题。能够通过文字、设计图表达设计意图。
交流分享 携手共进	超出期望：准确、有条理地表达自己的创意，对其他人的发言进行建设性反馈。 符合期望：能够表达自己的创意，对其他人的发言进行中肯的反馈。

本教学设计与以往或其他教学设计相比的特点（300~500 字数）
创·智汇校园 MAKER 分享会是我校的传统项目，深受学生喜爱。2018 年已有 119 家"公司"报名参加活动。本课的内容是创·智汇校园 MAKER 分享会活动的有机组成部分。将设计思维作为本课的第二主线，引领学生经过"探索"——"理解"——"创意"——"思维可视化"——"原型制作"等环节设计创意产品应用于生活。创新活动和创意设计并不是一时的"灵光一现"，使用设计思维的方法、依据设计思维的步骤逐步推进有助于创

> 意的激发。本课试图引导学生体验设计思维的过程,形成初步经验。在今后的学习中,特别是正在进行的创·智汇活动中提供可行的解决方案。
>
> 　　我们提倡"建设性反馈",培养学生高阶思维能力。对同学们的发言,不是简单地评价"好"还是"不好",而是给出有建设性的意见。

　　除了"吃穿住行用"几大主题以外,我们还专门开发了一套商业与社会创新课程——《BIZWORLD商业世界》。课程通过大量知名企业的商业真实案例的互动讲解,学习商业中的团队建立、产品设计、营销策略、产品发布等知识,从而引导学生掌握基本的经济学及商业运营规律知识,培养经济学思维,为创造和创业课程打下商业基础。

　　《BIZWORLD商业世界》采用"线上课程+线下实践"的混合式学习模式。每周一小时网络学习,不仅在时间和空间的安排上让学生更轻松,同时可以引入的教师资源也不再受地域的限制。而每周的线下实践作业,督促学生走出家庭和学校,

> 课程大纲:
> 1. 如何组建有战斗力的团队
> 2. 如何建立品牌形象
> 3. 如何设计一款受欢迎的产品
> 4. 如何获得更多的创意点子
> 5. 如何为你的产品进行包装
> 6. 如何为你的产品定价
> 7. 如何让更多人知道你的产品
> 8. 如何红红火火地将产品卖出去
> 9. 如何让消费者成为忠实用户
> 10. 如何发布你的新产品

"BIZWORLD商业世界"课程大纲

大胆进行社会调查,经过调查、分析、归因、总结等系列实践,引导学生更加深入地了解了商业社会。

3. 学生作业范例——李嘉沅

【制作一张专业分工图】

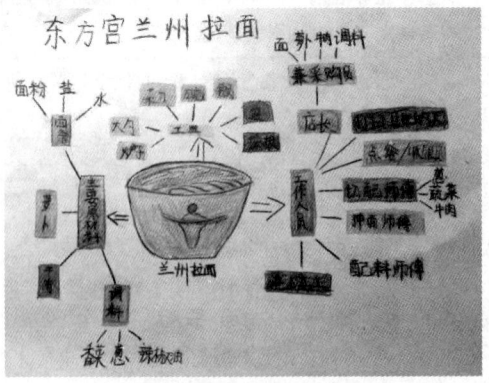

兰州拉面馆专业分工图

导师点评（★★★★☆）

- 观察分析。观察细致入微，好奇心非常强，善于敏锐地观察发现周围事物，并深入思考。
- 知识理解。较好地理解所学到的知识，可以把知识大部分运用在挑战中。
- 图文阐述。图文并茂，非常清晰直观地表达出自己的想法，完成得非常出色。

李嘉沅，你好！

很高兴看到你的挑战作品！

你的兰州拉面画得好像真的，老师看得好想吃呀！

你按照主要原材料、工具、工作人员来分析了一碗拉面背后蕴藏的东西，看似简答的一碗拉面，如果详细分析起来，也是一层层环环相扣的，是众人分工与协作的结果。

你对工作人员的分析很细致，连下面的师傅，也细分成了"切配师傅、抻面师傅、配料师傅"三种。

那么带着经济学的思维来想想看，你们班级里有没有类似的分工与协作呢？

继续努力，用好奇心感受生活！

【组建团队】四叶草股份有限公司

一、SWOT 自我分析

1. 优势（Strenghth）

- 有责任心，做事积极、主动、认真；
- 爱动脑筋，对事情常有自己的想法；
- 擅长说服别人；
- 爱好广泛，知识面较宽，喜爱阅读、音乐、艺术、旅游、体育等；
- 性格开朗，有毅力、能坚持；
- 能看到他人的优点长处。

2. 劣势（Weakness）

- 有时急躁；
- 小粗心；

- 对钱的知识认识不深。

3. 机会（Opportunity）
- 伯父有自己的公司；
- 爸爸技术能力强，工作经验丰富；
- 妈妈工作能力强，社交广泛；

他们都能传授给自己一些经验。

4. 威胁（Threats）

学校乐团和课外班占用时间较多，自主时间较少。

二、团队名称及队员职责分配

团队名称：四叶草股份有限公司

CEO（首席执行官）：李嘉沅　　CFO（首席财务官）：刘清逸

CIO（首席信息官）：夏乐涵　　CTO（首席技术官）：王歆钰

行政经理：谢可欣

成员：马芊蕙、王傲雪、张容睿

三、创意激励措施

1. 评选每周之星。对于表现优秀者，奖励一个涂改带。
2. 得到三个涂改带者，可奖励一个彩色胶带。
3. 得到3个彩色胶带将可得到公司股份的奖励。

导师点评（★★★★☆）

- 创新能力。要不断坚持奇思妙想，这能力会对你很有帮助的。
- 商业思维。可以尝试从观察身边的商业现象开始，思考商业现象背后的原因，这能帮助你更好地完成挑战。
- 知识理解。较好地理解所学到的知识，可以把知识大部分运用在挑战中。

李嘉沅同学，你好！

很高兴收到你的挑战作品！

老师非常欣赏你作出的SWOT自我分析，能够从多个不同方面认识自己，见解独到，很棒！

你们的职务分配也合理、明确！你们把公司取名为"四叶草股份有限公司"，老师想知道你们对股份有限公司有什么认识吗？

你提出的激励措施条理清晰,层层递进,能够不断地鼓舞着成员!但是一家成功的公司,还需要各种惩罚措施来监督工作哦!要是可以完善这些方面的内容,你的作品将会更加出色哦!

加油!老师相信你会有更大进步的!

【市场调查】 水果先生连锁店市场调查

一、调研的地点

水果先生连锁店,悠唐商场二层电梯旁,紧邻商场中心大堂。

二、调研的内容

S:观察连锁店销售的商品,销售方式等;

O:鲜榨果汁、现切果盒、无糖低脂酸奶、甜品等水果产品;

P:店长和点餐收银员;

M:最受欢迎的产品、消费人群、原料供货等;

E:店址选择,店面的装饰布置风格,相邻店铺。

1. 最受欢迎的产品：牛油果系列

原因：牛油果是水果中的极品，营养价值特别高。

（百度搜索的补充信息：牛油果含有丰富的维生素 E、氨基酸、叶酸、胚芽脂醇、不饱和脂肪、叶酸钾和纤维，可以防止高血压、动脉硬化和贫血等。含有的单元不饱和脂肪，能促进新陈代谢。食用纤维在所有水果中含量最高。它还含有大量的维生素 A、C、E、磷、钾、钙、镁、钠、铁、硼等维生素和矿物质，能有效抗癌，预防心脏病、糖尿病和肥胖症。）

2. 环境

（1）小店在商场中心大堂通向二层的电梯附近，醒目、容易发现。

（2）客人消费区布置有小桌和沙发或者座椅。色调非常清新、时尚，很适合聊天休息，甚至有小孩子在写作业。

（3）挨着无印良品、三佰瑞冻酸奶和意大利手工冰糕店铺，它们的产品跟水果先生的类似都是宣扬环保健康的产品，很受欢迎，客流量也比较大。

3. 服务

（1）消费的客人在收款台直接点果汁或甜品/水果，在客人能观察到的操作间里制作人员现场制作。虽然是客人在前台自己取做好的产品，但服务态度很好。

（2）与百度外卖有合作，网上销售；

（3）可以微信支付，方便购买；

（4）有的门店还有简餐供应（本次考察的店面较小，没有简餐）；

（5）本次考察的门店没有自己的 WIFI（悠唐商场有 WIFI），有些门店自己有 WIFI；

（6）产品定价在中等价位（通常32元以内），主要针对有健康消费理念的人群、时尚的年轻人、带孩子的父母等。

4. 其他

到目前为止在北京一共有32家直营店；

原料进货：在昌平有自己的草莓基地，有签约的水果供应商。

月营业额：店员说是商业机密，不能告知。

店铺租金：保密。

连锁店的生意很不错，大都开在王府井、东单、国贸、金源燕莎等一流的商业中心。有一家新店就要开张了。

调查中我和妈妈也买了自己喜欢的果汁，味道很不错哦。

导师点评（★★★★★）

- 商业实战。你勇敢地完成了本次商业实战。希望你能不断拓展思路，观察身边的商业现象，尝试把更多的商业好点子用起来！
- 沟通表达。可以流畅地和人沟通表达，要更多地从别人的角度去理解问题，做好的聆听者。
- 观察分析。观察细致入微，好奇心非常强，善于敏锐地观察发现周围事物，并深入思考。

李嘉沅同学，你好！

很开心再一次收到你的挑战作品！

老师每次都会被你一丝不苟完成的作品吸引住，认真严谨的态度和无可挑剔的内容，都是棒棒哒！

你对课堂上的知识理解透彻，不但融会贯通地使用了POEMS方法进行调研，而且调研目标清晰明确，不局限于基本信息，这一点是相当出色的！

通过自己的仔细观察，你大致了解了这家店最受欢迎的产品、环境和服务后，还条条有序地表达你的看法，学习当中的商业知识，做得非常好！这才是我们此次调研的最大收获呢，相信在专心致志完成调研后你也获益良多哦！

最后，老师给你一个小建议：尝试在作品中加入你在调查后关于商业方面的总结。这样你的作品将会更加出色哦！

继续加油！期待你下次的进步！

【头脑风暴】如何让起床变得有趣？

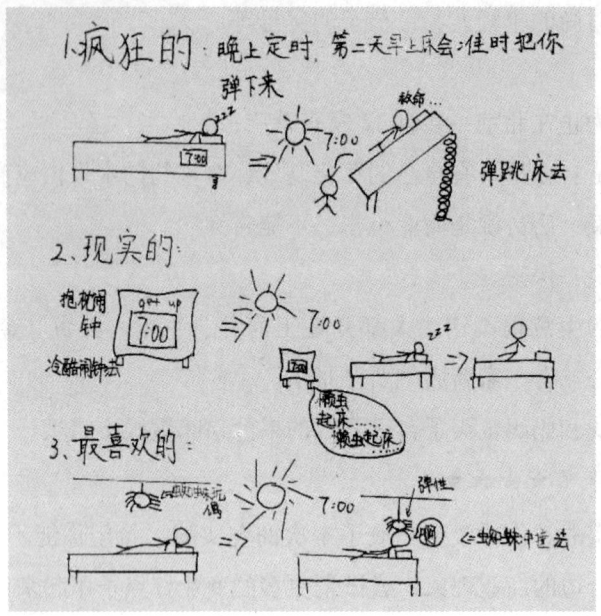

1. 最疯狂的：弹跳床法。设计一种床，在第二天规定起床的时间，整个床能自动倾斜一定的角度把睡觉的人从床上弹到地下。

2. 最现实的：冷酷闹钟法。抱枕闹钟在定好的起床时间准时嘹亮地"喊"出："懒虫起床！懒虫起床！"如果你不按停止，那它会一直喊下去。

3. 最喜欢的：蜘蛛冲撞法。在天花板上做一个会自动移动的滑轨，上面用线吊一个比人脸大两倍的毛绒蜘蛛玩偶。在第二天早晨该起床的时间，大蜘蛛会被弹掉下来并冲撞睡觉的人。

这些方法对懒虫赖床户应该能奏效吧。哈哈！

导师点评（★★★★☆）

- 图文阐述。图文并茂，非常清晰直观地表达出自己的想法，完成的非常出色。
- 想象力。想法特别，具有想象力，可以继续大胆想象！
- 观察分析。观察到位，好奇心强，可以有条理地分析问题。

李嘉沅同学，你好！

很高兴收到你的挑战作品！

哈哈！对啊，确实每一个方法都能奏效，棒棒哒！要是这些方法将来真的可以应用到实际生活中，必定击败不少起床困难户！

你的图画描绘实在是太有趣啦！老师直接看图画还没看你写的内容，就已经大概知道你的想法了！说明你还是非常用心地绘制出来的，老师给你一个 like！

每天都像在睡梦中坐滑滑梯那样从床上滑下来被惊醒，噢不，是痛醒才对，那肯定人人都提前起床了呀！

冷酷闹钟法确实符合现实，可是当人们习惯了这种声音，可以炼就到"两耳不闻闹钟声"该怎么办呀？

你是喜欢被冲撞的刺激感还是喜欢蜘蛛呢？如果大家都能选择自己喜欢的小动物，还是挺有趣的哦！

继续加油啦！老师相信你的表现会一直这么出色！

【产品包装】 三明治包装设计改进

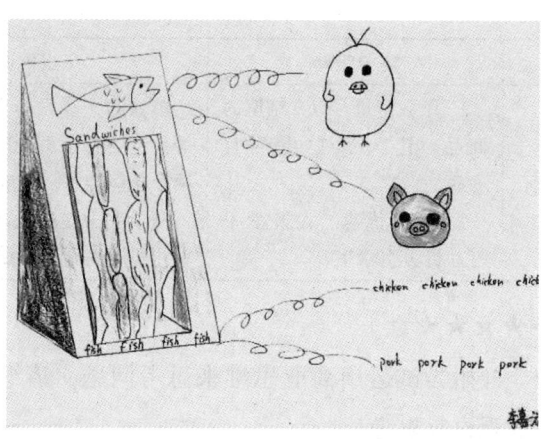

我妈妈买三明治时经常碰到的问题：看不清是鸡肉的还是鱼肉的三明治，要仔细看看价格标签。如果把装三明治的纸盒改成半截透明的就能看到食物，上面的纸盒上再用醒目的图形标志着是什么肉的，这样就清楚多了。

导师点评（★★★★★）

- 创新能力。满脑子都是 Good Ideas，把创意思维很好地运用在了挑战中。
- 图文阐述。图文并茂，非常清晰直观地表达出自己的想法，完成得非常出色。
- 知识理解。融会贯通课上所学到的知识点，并且出色地运用课上知识在挑战中。

嘉沅你好！很高兴再次看到你的挑战作品！虽然已经说过，但是老师忍不住想再说：你的作品实在是太棒了！在没有细看说明之前，你的配色和图画就已经吸引住看客的眼球啦！

通过回顾自己的日常生活，你选择改进一个生活中遇到的包装难题：三明治包装。小小的改动就可以帮消费者节省时间，这就是优秀的设计呀。而且老师想告诉你，这样的包装在国外已经有成品啦，但是他们比你思考的还差一点呢：他们没有想到在包装上用图画代替文字。其实对大部分人而言，图像可以描述的信息更多也更直观。你看，你已经离真实的商业世界里的设计师这么近了！

继续加油哦。迫不及待地想看你下一个作品啦！

【定价策略】 为公司的产品定价

产品/服务	定价	定价策略	定价原因
闹钟枕头	129.9 元	1. 尾数定价。以 9 结尾的商品，让人感觉更便宜一些。 2. 价格优惠。在开学季打八折吸引学生	单独的振动发声闹钟约 60 元，中等价位的枕头约 80 元。闹钟枕头把两个功能合并，比单买便宜一点。开学季为促销采用不同价格销售，在一段时间集中提高销量

导师点评（★★★☆☆）

- 商业思维。开始尝试运用商业思维来思考问题，请继续坚持对身边商业现象的观察与思考！
- 创新能力。不墨守成规，会不断尝试用各种方法来解决问题。
- 图文阐述。可以言简意赅地表达自己的想法，图片的使用也能帮助读者更好地理解你的内容。

嘉沅你好，很高兴看到你的作品！闹钟枕头，听起来就可以知道产品的功用，而且针对的人群也很广泛，不仅是学生，白领也会需要呢。你调查了单独产品的售价，在这个基础上为你的产品进行定价，对比中就会让消费者有实惠的感受进而愿意购买。尾数定价也是有帮助的，可以进一步想想，既然要针对学生打折促销，可不可以也运用上尾数定价呢？老师觉得你用表格展示思路很棒，建议你下次可以画出模型来，这样大家肯定就会更加注意到你的产品啦，然后再看定价这么实惠，就会考虑购买了，对吗？继续加油！期待你下一次作品！

(三) 创业课程

"校园 MAKER 分享会"是创业课程的实践场，课程根据学生的年龄和心理特点由浅入深地分为七步流程，分阶段实施。

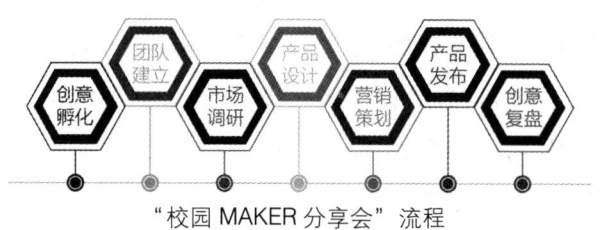

"校园 MAKER 分享会"流程

1. 创意孵化——观察生活，寻找创意生发点

"自己动手，改善生活"是本课程的根本价值，即"源于生活需求，解决现实问题"。因此引导学生回归生活、观察生活，在观察中发现问题，充分建立起细节意识。

2. 团队建立——自我定位，提供构建团队的平台

每位学生进行自我定位，对自己进行 SWOT 分析，包括：S——优势、W——劣势、O——机会、T——威胁，四个方面对自己进行分析、定位，找到自己适合的职业及职位，与志趣相投的小伙伴共同组成一个特长互补的团队。

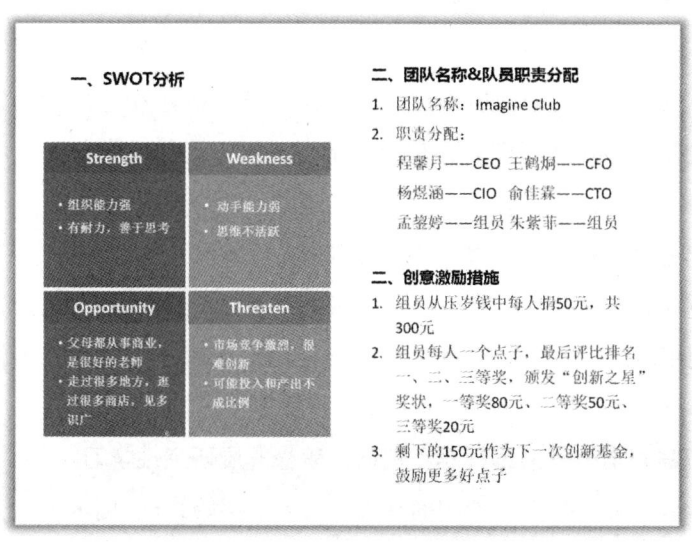

学生进行 SWOT 分析自我定位

3. 市场调研——分析需求，明确研究方向

设计是基于需求的，当面对多个创意的时候如何取舍就需要市场调研来明确研究方向。实地调查、问卷调查、访谈、网络信息的搜集整理、文献书籍的查阅整理……调查问卷设计、调查结果分析，学生运用科学的研究方法明确未来的研究方向。

4. 产品设计——明晰任务，为学生的自我研发留有空间

产品作为整个项目耗时最长的阶段，是创意物化的重要实践阶段。每个月都有相应的项目管理文件，分必填、选填、续填等多种形式，对学生的自主研发进行统一的管理。

二月管理文件：《创意火花》《SWOT 个人分析》

三月管理文件：《团队基本信息》《市场调研表》《计划日程表》《产品确认》《产品信息》《会议研发记录》《实施日程表》

四月管理文件：《必填：产品迭代表》《必填：财务报表》《续填：会议研发记录》《续填：实施日程表》《选填：版权授权书》《选填：破产申请书》

五月管理文件：《团队 1 分钟简介视频》《必填：销售策略》《必填：展板及展台布置方案》《续填：会议研发记录》《续填：财务报表》《续填：实施日程表》《产品专利申请说明》

六月管理文件：《复盘表》

5. 营销策划——定位消费群体，制定营销计划

"只有卖不出产品的人，没有卖不出去的产品"，好的创意和产品也需要找准市场定位，明确消费群体，针对这一群体制定相应的营销计划，这是创新成果表达的重要环节。对于小学生来说，产品的定价、产品的销售口号都展示了他们的智慧。

6. 产品发布——创造真实的学习氛围，历练学生的综合能力

聘请专业人士担任评委，创设真实的创业公司展示的情景。人人站上舞台，利用演讲、表演等各种形式进行公司构成、产品特点、销售策略等内容的路演宣传，回答评委提问。

7. 反思复盘——鼓励反思和追问，积极开展研究性学习

反思是"创·智汇"课程的一大特点，贯穿始终。"创·智汇"项目源自于生活，它自然而然地建立起与所有学科的关联，形成各种跨学科主题，

能够加强并扩展学生的学习，帮助他们更好地达到学业标准。在创意制作的过程中，学生们所遇到的问题和情况是纷繁复杂的，是不能从书本上找到现成答案的。学生在任何时候提出的或遇到的问题都可能自发地形成某些课程关联，这就要求学生打破陈规、积极思考，在反思与追问中不断地进行研究性学习，以找出解决问题的途径与办法。

五、课程评价

（一）强调过程性评价

"创·智汇"课程尤其重视学生在创意创新过程中的学习状态及行为表现，注重学生的个人成长，重视过程性记录，学生将在教师的指导下定期填写不同的学习单，从而全面记录在创意创新过程中的所做、所见、所思、所感，记录学习过程中有意义、有价值的重要经历。老师应在真实的社会生活环境中对学生的表现进行评价，并对学生的记录进行反馈，从而有效地影响学生学习的过程。

（二）坚持多元评价

秉持多元化评价原则。一是坚持评价主体多元，让学生接受来自多方面的评价，包括学生自评、生生互评、教师评价、专业评委评价、家长评价等，从多维度全面测评学生的参与度、贡献度、创新性等。二是坚持评价成果多元，鼓励学生采用展板、实物、演讲、舞台剧等多种形式分享所思所得。

附：《校园 MAKER 分享会展销会评分表》

"创·智汇"史家教育集团校园 MAKER 分享会评分表——创意商品展销会

公司名称：			公司编号：	
产品名称：			评委姓名：	
评价内容	细则说明	权重	满分	得分
创新实践	基于日常生活中发现的问题进行解决，能够详细说明商品对于解决实际问题或为生活带来情趣的方法	30%	30	
	能够确实实践、制作出来的创意产品			
营销方案	对顾客需求和市场竞争有较充分的理解，设计巧妙，实施有力	20%	20	
	展台设计布置内容突出，有整体感，吸引人，运用多元化展现方式（借助服饰道具，附加宣传海报等）			
	展板（台）必备元素：公司名称、产品名称、手绘海报、产品 展板不允许用整版的喷绘			
现场互动	小组全体成员表现出对产品和商业计划的深入理解	15%	15	
	能够准确理解顾客的提问并做出合乎逻辑的回答，演示思路清晰、详细得当，有说服力			
	迎接顾客积极主动，大方、自信、有礼貌、仪表得体，富有激情			
团队协作	分工明确，配合意识清晰，每个人的优势都得到发挥	15%	15	
表格得分	前期表格填写成绩，最后统一填写	10%	10	
订货单数	依据票数排名，每三名相差一分，票数并列，分数从高	10%	10	
卫生评判	只扣分，不加分			
总 分				

评分说明：

1. 请评委直接到展位与参赛学生进行面对面交流，根据学生的反馈进行相应考查项目的评分。最后计算出总分。
2. 每支团队将取各位评委得分的平均分，并由评委集中评议后决定所获奖项。

六、实践效果

(一) 形成了"创·智汇"实践活动课程体系和系列课程资源

自2016年至今,"创·智汇"这门课程深受学生喜爱、家长认同和社会认可。课程由一开始的活动逐步规范和提炼为实践活动系列内容,形成了基于实践的系列课程资源成果,培养出一批有研究意识、合作精神、核心素养的学生,为学生的终身发展打下坚实的基础。

(二) 转变学习方式,促进学生主动学习和综合能力提升

1. "创·智汇"课程不是要求孩子们提供正确的答案,而更看重能否提出好问题

9岁的孩子能干什么?这几个9岁的孩子从每天背着书包上学下学想到的问题:准备学具丢三落四,空气污染雾霾严重,上学路上不安全……这些问题怎么解决呢?孩子们找到了应对的办法——智能书包。一键报警、反光条保护、空气净化器、电子课表提醒、GPS定位,五大功能解决所有困扰。虽然9岁的孩子做出来的智能书包非常粗糙,所谓的GPS定位不过就是拆了块定位手表缝在了书包里,而且这个智能书包也没能在挑战赛中获得最终的优胜,但它却是全场唯一让投资大佬看中的"商品"。洪泰基金的创始人盛希泰先生作为决赛评委,在听完孩子们的路演后感叹:"为什么孩

子们能想到的我们成年人却想不到？非常棒，我后面跟你们对接，我们可以合作起来。"

2. "创·智汇"课程不应是繁难艰深的，而应是有趣好玩的

COOL STORE，这是一家由横跨三至五年级的6个孩子组成的"公司"。为了"六一"那天穿得漂亮，看起来很酷，他们决定研发发光衣服。你能想象几个孩子申请使用家艺教室，花了近半个月的时间给4个女孩每人做了一条不同款式裙子吗？你能想象五年级的男孩子抱着一条糖果色的纱裙研究如何装饰吗？你能想象一开始只懂简单的电路原理的几个孩子，硬是学会了电路焊接、3D建模打印、LilyPad编程控制吗？最后，每个孩子有一件发光衣服，每件衣服的发光原理各不相同。虽然"公司"最终没能进入30强，但是每个孩子都在比赛的时候闪闪发光，引来无数艳羡的目光，成为人群中最闪亮的那颗星！

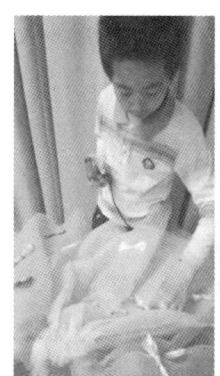

3. "创·智汇"课程要允许孩子大胆想象

在117个产品中，有一个产品很与众不同，也引起了评委的激烈争议。该产品是三年级学生的作品，名称为"分层城市"。这件"产品"造价高昂，规模宏大，为了地面以上能够获得蓝天白云和新鲜空气，它将现有城市分为三层，分别是地上居住层、地下一层的公路系统和地下二层的轨道交通系统，公司的 CFO 计算得出总成本超过 9 亿元/平方公里。孩子们最终完成的是分层城市的模型。对于这个项目能否进入总决赛，评委之间曾经发生过激烈的争论。有些评委认为没有实际操作价值，但大部分评委觉得作为三年级的孩子，敢想这种异想天开的事，说明了孩子们的思想没有桎梏，是自由的。我们一直在说中国孩子缺乏创造力，有多少天才是让老师和爸爸、妈妈一句"别想那么多不靠谱的"给扼杀的啊！我们必须允许孩子们去

大胆想象，但同时也一定不能仅仅停留在想上，要从自己的兴趣点开始，落实到建立个性化的知识体系上，这是最好的学习的动力。在决赛的路演环节，孩子们对项目的缺点还是有很清醒的认识，这包括"雾霾只是得到缓解，并没有根治，还有钢厂、煤厂、发电厂等雾霾来源没有解决""没有考虑改造旧城的成本，尤其是没有计算拆迁费用"等等。当三年级的孩子们站在台上一本正经地说到"拆迁"的时候，台下自然又爆发了一场大笑。

4. "创·智汇"课程不应只是冷冰冰的技术，而应该充满温暖的人文关怀

庄子说"室无空虚，则妇姑勃溪；心无天游，则六凿相攘"，意思是如果局限在拥挤的斗室中，则会陷入婆媳吵架一般的狭隘境界中；如果心中放不下天地，则会无穷无尽地被各种偏见、错见所左右。当孩子们的视野从对个人、小家庭、小集团的关注扩及对他人、对城市、对国家、对世界以至到对人类共同命运的关注时，就踏上了自由与无限的生命航程。

分享会中涌现了很多产品，其创意都来自于对人的关怀。比如刚才提到的"分层城市"的创意源自孩子们对城市命运、人类命运的关切；"自动送饭机器人"，其创意源自孩子们看到每天的午餐是老师们辛苦地从地下厨房搬运到各个楼层，想替老师减轻工作量；"老人跌倒自动报警器"，是因为孩子们观察到老年人的生活不便；"动感手环"是因为舞蹈团的孩子们和听障舞者同台演出后深切地感受到他们对舞蹈的热爱和因身体缺陷带来的困难而产生的创意；"自动翻书器"是送给肢体残障人士的礼物，让每一个

爱读书的人都可以自由阅读;"自动追光太阳能板"则是源自太阳能板固定安装会浪费太阳能的发现……产品的诞生展现着科学与爱的相遇、个体与他者的连通。

5. 创新过程中,要拥有承担失败的勇气和担当

根据分享会的规则,不断地有团队出局,所有参赛团队在参加年级展销会后,只有30家进入校级展销会,而进入发布会的只有10家。当然是有人欢喜有人忧。

有个成功晋级的孩子赛后特别兴奋地对我说:"同学告诉我,我在台上路演的时候,我们班欢呼一分多钟呢!我这是爆红的节奏啊!"

而另一个落选的孩子写道:"我觉得妈妈也不了解我的心情,不断地刺激我,打击我!身边的人也开始有各种冷嘲热讽,甚至公司的员工也开始埋怨我……这对我来说无疑是雪上加霜!生活中一直是一帆风顺的我,第一次受到了如此打击,第一次面对如此之大的失败!我觉得自己不敢面对身边的任何人!"

创新总会面对失败,重要的是引导学生要能够接受失败,承担责任。

在产品设计环节允许团队填写了"破产申请书"宣告破产。在破产申请书中,要求必须写清破产原因,团队中的每个成员都要写破产感言。其中六年级一家公司的破产理由是"所经营项目'太阳能台灯',因同类产品较多,研发成本较高,市场前景堪忧"。CEO的破产感言写道:"项目前期考察调研不够充分,启动比较盲目,导致破产,作为CEO负有领导责任。我会以此次活动获得的经验教训为契机,在做事前把各种因素考虑周全。"这让我们很欣慰。

总决赛的现场,在座观看的所有孩子都是预赛的落选者,但是经过老师和家长的紧急心理疏导,他们都能够勇敢地面对落选,认识到"我坚持到了最后就没有失败""成长比成功更重要"。

那个"不敢面对身边的任何人"的小姑娘在思考了两天之后,终于下定决心,在微信群中给小伙伴们发去了这样的话:"团队所有成员大家好!周五听到我们团队落选的消息后我非常难受!两天来一直在反思苦恼中,甚至无数次想过明天该如何面对大家。说心里话,我是不敢面对大家,觉得对不起大家这段时间的努力和付出!对不起李子昂每天彻夜不眠研究发光体,为大家赶制衣服;对不起陈嘉怡细心地记录各种开支,想方设法设立推销手段；对不起吴雨航带着颈托走进市场买线路，参与布展；对不起邹雨馨为了设计漂亮的衣服一个一个粘珠子，绘制漂亮的海报；对不起蔡欣彤为了公司抽出时间来开会……今天来到学校看到金老师也只是打了个招呼就走开了，因为我真不知道和金老师说什么！金老师为了我们放弃休息时间，一次次参与我们的会议，给予指导，展销会前还设计出精致的宣传卡为公司推销！作为CEO，我应该承担此次落选的所有责任，我没有把握好产品的创新点和创意点，这是我的责任！请大家原谅！和妈妈聊过之后，我也似乎想通了一些：大家回想一下，我们从成立公司到研发产品，再到一起做衣服，一起布展，一起大声推销……虽然我们落选了，大家伤心落泪，但这终究改变不了结果！我们只能接受！但大家也和我一起换个角度想想，活动我们参与了，而且坚持了下来！对于我们来说也是一种成功！公司发展的整个过程我们在一起是快乐的，幸福的！留下的还是美好最多！我觉得大家不要气馁！我们还有机会，继续开发新的产品，没关系，我们明年再战！加油吧，小伙伴！发光吧，少年！"（五3班李佳玥）

　　破茧成蝶是痛苦的，但正是这种痛苦带来了成长，让孩子们拥有了拥抱成功与承受失败的力量。

七、成果特色及创新

课程开始几年来,我们对课程的特色与创新有如下思考。

(一)从课程角度来讲

人是完整的人,但是单纯的学科课程可能会支离了孩子的成长,开发综合学科的创新课程就是为了从碎片化的、分割化的科目课程走向综合、融合,让孩子们在实践的真实情境中发生感悟。

"创·智汇"课程是分科教学的延伸与拓宽,是对学校课程体系的丰富与完善,促进学生核心素养的提升。它具有综合性、融通性、开放性和主体性特点,是对跨学科的学科实践活动的有益探索。"创·智汇"课程有效地链接了各学科课程、地方课程、校本课程,是三级课程整合的较好范例,打破了学科界限、三级课程的界限、资源的界限、课堂内外的界限。课程有效加强了各门各类学科的横向、纵向联系和能力的纵向进阶,有效地利用所学知识解决生活中的实际问题,从而促进学生的认知结构的自助建构和认知迁移,增强了学生的跨学科解决问题的能力。

(二)从学生的学习方式来讲

"创·智汇"课程理念是体验式、探究式的,强调实践性和创新性。在学习方式上有了重大的变革。

1. 基于真实场景的项目学习,让学生真实发生

史家"创·智汇"课程旨在基于真实场景与真实问题,孩子们聚焦生活,发现问题,自发组建由同学、老师、家长、专家、社会人士等构成的"创意生活社区",展开基于问题的学习、基于项目的学习和基于设计的学习。孩子们历经"创意孵化——团队建立——市场调研——产品设计——营销策划——产品发布——创意复盘"等一系列环节,让学习真实发生。

2. 创新学习方式，让学习随时发生

孩子们从构建公司，到目标确定，到产品研发，到宣传推广，整个过程中融汇了数学学科、语文学科、品社学科、劳技学科、美术学科……，也融汇了网络商业课程中所传授的财务运转、营销策略、市场调研、团队建设等，是一个成长和学习的综合过程。

在这个过程中，孩子们经历了各种各样的考验。沟通不畅的时候，孩子们会争吵；产品没有新意的时候，会面临破产的威胁；意见不一致的时候，决策成为一个难题……这是一种学习方式的创新。与以往的学习方式最大的不同，就是创设了真实的情境，学生组成团队共同学习以解决一个真实存在的问题。这种学习方式紧扣中国学生发展核心素养，切实落实了以核心素养为"DNA"的课改六项变化，提升综合素养的目标就不再只是一个口号。

这样的过程还有利于建立孩子个性化的知识体系，实现个性化的发展。而这种个性化的发展是在课程实施的过程中根据学生的自我需要自行生长出来的，不是人为设计出来的，孩子们的很多变化都是我们这些课程的设计者根本没有预见到的，这是一个源源不断地诞生惊喜与思考的过程。

案例：数学小论文

创业大赛引发的数学思考
史家小学三9班　菅子涵

最近我和我的9位同学，参加了史家小学的校园 MAKER 分享会。我们的团队叫做滴滴萌宠科技有限公司，公司的主业是通过我们的网站和公众号，提供宠物租售、宠物用品和与宠物相关的服务。

我们10个人各司其职。我担任总经理，主要任务就是协调各个部门，推动工作进展，以及跟学校主管工作组做好沟通。我的好朋友郝紫臻担任财务总监。我们的比赛从2月开始，到6月底结束。目前我们正在紧锣密鼓地为展销会做准备呢。

从3月份创立公司以来，我们运用数学知识，在财务方面做了一些工作。大体上可以概括成两类，第一类是公司股权分配的计算，第二类为财务收支的记账与核算。

公司成立之初,爸爸垫付了 5000 元启动资金,我和爸爸各占公司股份 50%。

投资金额及股权比例(3 月初)

姓　名	投资金额(元)	股权比例(%)
菅子涵	2500.00	50
菅子涵爸爸	2500.00	50

我们用下表记录了启动资金的花费情况。

启动资金的花费情况

项目名	成本(元)
研发 DiDipets.com 等网站域名	1200
研发智能兔笼(视频监控 + 温湿度监控开发等)	400
研发智能服装(服装 + 智能定位等)	700
采购智能兔笼模型原材料(兔笼 + 视频监控 + 温湿度监控相关电子元件)	400
采购智能服装相关原材料(服装 + 智能定位等)	700
研发机器猫狗、机器鱼(软件开发等)	800
采购机器鱼相关电子元件	70
合计	4270

5000 元的启动资金,基本完成了产品的设计、研发和制造。下一步,我们把精力投入到营销策划当中。此时,我们启动了增资计划。拟在前述启动资金基础上增资,小伙伴们平摊增资款,并占相应份额的股权。

为了方便核算,我们打算采用先垫付、后核算的办法,即小伙伴们先行垫付花费,待 6 月底大赛结束时统一核算。因此,财务总监制定了表格,统计了不同时间、不同小伙伴垫付的资金和结算时每个人应付应收的金额。截至 5 月 9 日,小伙伴们各自开支如下表所示。

下表左半部分统计了同学们已经垫付的金额,合计共有 1400 元。

若不计启动资金,前述垫付金额平均分配,则每个同学需分摊的金额应该是 140 元(1400/10 = 140),并占相应金额对应的股权。之前多付的同学可以收回一些,之前没付或者少付的同学需要补付,使得每个同学都分摊相同的金额。

小伙伴各自开支及应收应付情况

单位：元

姓名	传单设计	礼物采购	服装采购	传单印刷	引导牌制作	合计	平均每人应付	应收(+)应付(-)
菅子涵			220			220		+80
陈思洁		140				140		0
耿湫芃						0		-140
李禹辰				160		160		+20
李婧玙					580	580	140	+440
郝紫臻						0		-140
孙梓萌						0		-140
高子语	300					300		+160
张婧涵						0		-140
谭晋						0		-140
合计	300	140	227	160	580	1400		0

以我为例，之前我已付 220 元，而每个同学分摊 140 元，所以我将收回 80 元。

当我跟妈妈展示我们的计算结果时，妈妈问：同样的出资金额，早出资、晚出资有区别吗？

我想了想，感觉有点区别，却又理不清楚。

妈妈笑着说，资金有利息，出资比较早的人可能损失出资期间的利息。我们简单算算早晚出资的利息差异吧。假设大家不出资，而是把钱拿去作其他投资，可以得到每年 6% 的回报，那么每个月的回报将是 0.5%。

按妈妈的建议，我们补做了下一张表格。

小伙伴因提前垫资损失的利息

姓名	支付金额（元）	出资时间	年利息率	对应期间利息率	因为提前垫资损失的利息（元）
菅子涵	220	2 个月		1.0%	2.2
陈思洁	140	3 个月		1.5%	2.1
李禹辰	160	3 个月	6%	1.5%	2.4
李婧玙	580	1 个月		0.5%	2.9
高子语	300	4 个月		2.0%	6.0
合计	1400	/	/	/	15.6

提前垫资造成的利息损失平均到每位小伙伴为 1.56 元（15.6/10 = 1.56）。考虑此利息损失，则每个同学平均投入的资金为 141.56 元。

所以，我们又在上表基础上，对每位同学的应收应付做如下调整。

考虑到利息因素后小伙伴应收应付情况　　　　　　　　　　单位：元

姓名	支付金额	因为提前垫资造成的利息损失	因为提前垫资造成的平均利息损失	调整前应收（+）应付（-）	利息损失对应应收（+）应付（-）	调整后应收（+）应付（-）
菅子涵	220.00	2.20	1.56	80.00	0.64	80.64
陈思洁	140.00	2.10		0.00	0.54	0.54
耿湫芃	0.00	0.00		-140.00	-1.56	-141.56
李禹辰	160.00	2.40		20.00	0.84	20.84
李婧玙	580.00	2.90		440.00	1.34	441.34
郝紫臻	0.00	0.00		-140.00	-1.56	-141.56
孙梓萌	0.00	0.00		-140.00	-1.56	-141.56
高子语	300.00	6.00		160.00	4.44	164.44
张婧涵	0.00	0.00		-140.00	-1.56	-141.56
谭晋	0.00	0.00		-140.00	-1.56	-141.56
合计	1400.00	15.60	15.60	0.00	0.00	0.00

若不考虑启动资金 5000 元的利息损失（爸爸提议），则基于以上计算，可算出各位成员的投资金额及股权比例如下表所示。

投资金额及股权比例

姓　名	投资金额（元）	股权比例（%）
菅子涵	2641.56	41.17
菅子涵爸爸	2500.00	38.97
陈思洁	141.56	2.21
高子语	141.56	2.21
李禹辰	141.56	2.21
李婧玙	141.56	2.21
耿湫芃	141.56	2.21
郝紫臻	141.56	2.21
孙梓萌	141.56	2.21

续表

姓　名	投资金额（元）	股权比例（%）
张婧涵	141.56	2.21
谭　晋	141.56	2.21
合　计	6415.60	100.00

计算完毕，我有些疑惑地问爸爸：爸爸，为什么你提议不计算启动资金 5000 元的利息损失呢？

爸爸笑着说：作为团队负责人，必须有担当，遇到问题要豁达，对个人得失不要斤斤计较，吃点儿亏也没有关系。

我又问妈妈：妈妈，咱们绞尽脑汁计算，最后只差了几块钱，是不是有点小题大做？

妈妈说：咱们是不想让提前出资的小伙伴们吃亏啊。并且，真正创业时，投资金额往往会大几个数量级，早出资、晚出资导致的利息损失或差额就大了，所以必须考虑。

听到我和妈妈的对话，爸爸向我介绍爸爸同学的一家公司：

2008 年，这位同学投资 50 万元创办公司，股权比例为 100%。

2015 年，该公司上市，这位同学股权比例为 35.99%。上市发行 7000 万股，占总股本的 25%。开盘价 24.36 元。此时投资 50 万元，其股权比例不到总股本的万分之一［50/24.36/（7000×25%）］。

为什么同样投资 50 万元，股权比例会出现这么大的差异？

利息只是一个方面，更大原因在于：商业社会中，风险往往与收益并存。不同时期投资，承担的风险是不一样。投资越早，承担的风险越大，可能有很大收益，也可能有很大亏损，相同投资对应的股权份额往往比较高，如果有收益，收益也会比较高。而投资比较晚，项目前景比较清楚，相同金额的投资对应的股权份额往往比较小，收益往往没那么大，但此时风险也比较小。

对于我们公司而言，初始投入的 5000 元，在做增资计算新股权比例时，可以考虑一定的风险回报率，用高于 5000 元及对应的利息的价值进行计算。因为公司成立之初，投入的 5000 元相比后期在产品设计制造完毕之后投入的资金承担了更大的风险，所以如果要计算，有理由要求获得一个比 6% 利息更高的回报。

社会在不断发展。任何时代、任何团队，都需要有人挺身而出，承担更大责任。作为团队带头人，要平静面对风险、勇于承担责任，把事做好、把团队带好。

爸爸的话让我受益匪浅。我很高兴能在分享会中受到锻炼，也很期待团队能够获得好成绩。从开始到现在，分享会里发生的有趣故事数也数不清，其中的数学计算让我和财务总监都乐在其中。

（三）从教师角度来讲

"创·智汇"课程为教师创造了一个探索多种教学模式的平台，促进教师的专业发展。课程吸引和凝聚了大量一线教师，在这种实践活动中得到了培养，发挥了教师在课程研发和实施中的主体地位，拓展了教师职业发展平台。

第 **3** 章

创·智汇
升起远航的帆

八、社会反响

"原本我以为商业活动离我们小孩儿的世界太远了,而如今我敢自信地说'我们虽然小,但是我们的世界却可以很大!'"

一轮"创·智汇"课程实施完成后,一名学生在自己的周记中写下了这样一段话,孩子小小的身体中迸发出如此强劲的气势,向世界发出了挑战的邀请,这说明了课程建构的意义在于,从课程中凸显出人的成长,并从中生长出对人与世界的更深层的认识,这样的课程才是有价值的,符合"完整的人"的成长需要的。

家长和社会人士也纷纷对课程发表了评价。

校园MAKER分享会,既是一次完美的赛事,又是一堂精彩的课程!从家长的角度,这是一个极具创新,同时我相信也是颇具争议的教育改革实验。我们这些亲历其中的家长,能感受到商业智慧对孩子们的心智启发和激励,孩子们不仅可以站在科学的角度探索科技,还可以从商业的角度思考科技的应用和价值;团队、分工、责任、担当、创意、执行力这些重要的品质和修养,不仅可以在教室值日、品社课堂上培养,还可以用另一种更有趣,更生动,更有张力,更贴近商业社会的形式渗透、呈现……作为整个课程的亲历者家长,我觉得这是有生命力的教育,这是成功的探索!为史家引领这次教育改革鼓掌、点赞!

——学生许敬凡爸爸　许玉道

我觉得成功之处有三:1) 学生、老师、家长积极参与,形成有目的有实践的有技术创新的系列活动;2) 融合了语文的逻辑编创展现,数学和商业实践,科技的创新和实验,团队组织合作的实践等,成为综合教学实践的经典案例;3) 让参与者体验挫折失败,再接再厉,团结奋起,朝着目标不断前进的过程,这也是培养创业精神的一次难能可贵的机会。

——学生刘斯丞爸爸　刘　星

让孩子们体验担当，学会担当是一件伟大的事情！

史家小学不只是成功地筹划和举办了一次里程碑式的校园 MAKER 分享会，更是创造了一个超凡的面向未来的情景教育实践经典！

给孩子们创造了一个终身受益的接受规则、运用规则、创新创业的体验经验！

真心敬佩史家小学这般继承传统，探索未来的创造精神！

感谢史家给孩子们这么好的舞台！

感谢史家给孩子们无限想象的成长空间！

——学生曾敬仁爸爸　曾　毅

今天下午作为评委参加著名的北京史家小学创业项目比赛。

一开始纯粹为捧场，甚至觉得玩闹。但现场两个小时听了看了十几个项目下来，感觉很震撼、感慨甚至感动！

主要是小学三四年级的学生，"00"后的孩子们的综合素质让人惊叹！

项目从关注环保、安全、健康，到关爱老师、妈妈甚至是送饭阿姨等等，全部来源于孩子们的生活体验！是孩子们作为用户细心观察的真实需求！有的项目还真是值得商家思考借鉴！

希望未来一代更比一代强！

——洪泰基金创始人　盛希泰

今天，史家送给孩子们最好的"六一"礼物！孩子们乐翻了，老师、台下的我们，大人们的眼角湿了！家国情怀、团队合作、责任感、换位思考，这些书本上的育人目标，真实、自然而然地浸入孩子的内心。教育的过程，是设计出来的吗？是，但结果一定是内心的自主感知、生根发芽。结果不重要，过程中的收获，才是最大的财富。舞台上的主角，就该是这些自然生成的娃娃们。人生的起点，有这样的体验，真棒！

——《政协报》记者　修　菁

小小的产品，大大的收获。在史家小学这个集市上，有万能的淘宝也见不到的跳绳整理器、环保雨伞包、智能拐杖，还有解决停车问题的共享车位，看起来略显幼稚的自主设计电脑游戏等等。无论做的是什么，都展现着孩子们对美好生活的向往。孩子们从生活中的点滴寻找创意的灵感，调查产品需求人群，动手操作将创意付诸现实，转化为一件件充满童真的产品，并将产品推销。在这个漫长的创意、研发、营销过程中，孩子们不仅融会贯通各类知识和技巧于动手操作之中，将学科世界与生活世界连接。更让他们在细致入微的观察中学会理性思考问题，深刻感受生活的美好，在公司运作中了解基本的经济规律，学会遵守社会规则，感受劳动的艰辛。而这些，正是在《中小学综合实践活动指导纲要》中提出的课程目标。

——中国教育科学研究院研究员　黄琼博士

九、案例分享

经过三年的课程实践，学生们从校园生活、城市安全、健康养生、居家创意、环境保护等方面研发了 339 件产品。

类别	届别	团队编号	团队名称	产品名称
校园生活	第一届	A08	XPER 多功能文具公司	多功能文具
	第一届	A10	源源爱创意有限公司	学趣网
	第一届	A17	创世纪公司	多功能笔
	第一届	A19	W. E.	疯狂黑板擦
	第一届	A28	结靛创意有限公司	防水可折叠书包
	第一届	B13	bast in the world	一体笔
	第一届	B14	IQ 佳文具创意公司	自动削笔笔盒
	第一届	B33	北京史家 UFO 创意有限公司	排兵布阵展示板
	第一届	B34	L-U 科技有限公司	自动送饭机器人
	第一届	B50	??	月亮读书乐园
	第一届	B51	薰衣草有限公司	便捷双头签字笔
	第一届	C01	Dancing Girls	动感手环
	第一届	C28	FIREWORKS	减负背包
	第一届	C29	咪小咪科技有限公司	电动涂改带
	第一届	D06	畅想公司	多功能文具盒文具
	第一届	D12	朝阳红	"小精灵"（Elf）智能书包
	第一届	D22	北京史家新梦想科技有限公司	书包自动雨伞
	第一届	D16	万能公司	多功能写字笔
	第一届	D24	梦想天使	智能黑板擦
	第二届	D0202	创新风暴	智能书包
	第二届	D1011	七全科技文化有限公司	自动黑板擦
	第二届	D1415	北京市大象清洁有限公司	教室智能黑板擦
	第二届	c0101	书集工厂	书籍小车

续表

类别	届别	团队编号	团队名称	产品名称
校园生活	第二届	c0102	百分百公司	声控地球仪
	第二届	c0203	方舟科技有限公司	包书皮及贴膜机
	第二届	c0505	北京梦想飞扬科技有限公司	阅读app
	第二届	c0506	快乐猫咪有限公司	智能书包
	第二届	c0710	创想者	神奇助手–笔盒
	第二届	c1113	青藤有限责任公司	收作业的机器人
	第二届	B0101	twotwo63	再生粉笔机
	第二届	B0510	擦亮未来	自动擦黑板器
	第二届	B0613	Future World	电子智能课表
	第二届	B0714	创想科技公司	DIY创意书包
	第二届	B0715	雪山科技有限公司	多功能黑板擦
	第二届	B0819	悠智科技	地球仪助手
	第二届	B0920	CREATE	粉笔盒
	第二届	A0306	TAE Company（泰尔公司）	DIY日程表
	第二届	A0609	THE MAGNIFENCENT（卓越公司）	自动翻书器
	第二届	A0915	乐创公司	智能黑板擦
	第二届	A0916	蜗牛智能物流机器人公司	智能物流机器人
	第三届	A0708	角端公司	多功能学习板
	第三届	B0409	天行者科技有限公司	方便书包
	第三届	B0511	梦想之巅科技公司	笑绿学习小帮手
	第三届	B0920	朝露公司	自动清洁课桌椅机器人
	第三届	B1429	强者霹雳	智能送书机
	第三届	B1530	SF	粉笔收纳盒
	第三届	B0535	北京梦想飞扬科技有限公司	阅读马拉松
	第三届	C0405	"Super-Duper"英语教育技术公司	Super-Duper单词通
	第三届	C0406	甲壳虫科技有限公司	甲壳虫1号智能笔盒
	第三届	C0912	腾飞科技有限公司	微天科学手机
	第三届	C1013	黑白科技有限公司	智能擦黑板机器人
	第三届	C1014	随园书斋	共享图书平台

续表

类别	届别	团队编号	团队名称	产品名称
校园生活	第三届	C1219	红蚁公司	红蚁史家校服共享公益平台
	第三届	D0104	爱心天使公司	基于深度学习的病虫害识别
	第三届	D0205	FriendWork	智能签到器
	第三届	D0206	TM公司	书包外挂跳绳集线器
	第三届	D0207	小白科技有限公司	小白校园安全卫士
	第三届	D0512	阳光电子技术公司	自动分饭机器人
	第三届	D0716	创想未来科技发展有限公司	花宝宝作业管家
	第三届	D1229	三文鱼科技有限公司	收作业机器人
	第三届	D1635	木马公司	多功能作业宝
城市安全	第一届	D01	百分百集团	夜光公交车牌
	第一届	D05	霸王发明龙	分层的城市
	第一届	D17	英雄工厂	水位光电报警器
	第二届	c0507	梦想之巅科技公司	城市积水全自动监控系统
	第二届	B0304	dBDBd（得贝数据技术有限公司）	水文水质无人监测船
	第三届	A0707	Cold fire	共享平衡车
	第三届	A1218	追梦2018	交通主题乐园
	第三届	A1223	银河创想	共享车位
健康养生	第一届	A27	firefly	空气净化窗
	第一届	B05	中美商业有限责任公司	小学生智能护眼台灯
	第一届	B12	DICA	符合小学生外耳道的耳机
	第一届	B48	EXO智能便民眼镜专卖有限公司	方便滴眼药水的眼镜
	第一届	B54	IFSM	防近视眼镜
	第一届	C06	日晞科技有限公司	小型空气净化器
	第二届	D0403	北京爱思护眼有限责任公司	爱眼宝
	第二届	D0404	RobotWorld公司	空气净化加湿机器人
	第二届	D0807	梦想智能科技有限责任公司	便携式空气净化器
	第二届	D0908	爱呵公司	少儿型智能水杯
	第二届	D1618	海豚公司	坐姿提醒器
	第二届	c0711	水滴石穿公司	多功能保温壶

续表

类别	届别	团队编号	团队名称	产品名称
健康养生	第二届	c0912	生活丝思公司	多功能多口味水杯
	第二届	c1315	天才抗霾公司	多功能雾霾口罩
	第二届	B0305	金鹏公司	智能牙刷
	第二届	B0509	G.A绿色天使环保有限公司	楼宇进风口空气清洁系统
	第二届	B0921	22世纪的创造者有限公司	人机监护智能护眼台灯
	第三届	A0303	红方科技	智能老人拐杖
	第三届	A0913	New Create With Love	定时药盒
	第三届	B1123	助力公司（原青藤公司）	智能腰带和拐杖
	第三届	C1521	熊猫公司	熊猫牌空气净化器
	第三届	C1622	海豚公司	电脑PET
	第三届	D0614	梦想俱乐部	劝阻吸烟装置
	第三届	D0919	创想猫科技公司	好习惯智能提示器
居家创意	第一届	A03	Revolutionary 革命者	遮光板手机壳
	第一届	A04	童心创造未来有限责任公司	感应式折叠椅
	第一届	A06	explorer	explorer 帽子
	第一届	A11	星星之火有限责任公司	小星星荧光夜灯
	第一届	A13	六七梦想团队	机器人吸尘车
	第一届	A14	DIY手机壳工坊	DIY手机壳
	第一届	A15	3D廊	3D打印卡通手办
	第一届	A16	windlight	风扇夜灯
	第一届	A23	金餐具集团	自动削皮机
	第一届	A24	FEF	数据线整理器
	第一届	A18	天启公司	口水糖盒
	第一届	A26	智商感人公司	乐高娱乐皮筋弹射枪、活页夹
	第一届	B02	super girls	扇子发卡
	第一届	B03	锐拓rato公司	BB-8多功能水壶
	第一届	B08	COOL STORE	会发光的衣服
	第一届	B10	铁刀六侠	自动切菜机
	第一届	B11	STAR	梦幻夜灯
	第一届	B16	J.A.公司	fast 厨房
	第一届	B17	FBIT	多功能滑板书包

续表

类别	届别	团队编号	团队名称	产品名称
居家创意	第一届	B18	happy girl	多功能阅读支架
	第一届	B21	凯撒	十字电子手表
	第一届	B22	Touch 创意工作室	Touch 电子宠物系列产品
	第一届	B23	晶鹰智能科技有限公司	智能拖布
	第一届	B25	多啦A梦的百宝箱	多功能组合书架
	第一届	B27	INH 灵感小屋	多功能收纳椅
	第一届	B28	My Originality Aroma（我的原创风格）	可旋转叉子
	第一届	B29	魔幻生活有限公司	多功能纸巾盒
	第一届	B35	向阳花公司	太阳能携带式加热保温水杯垫
	第一届	B36	光之星颖	环保滴水灯
	第一届	B37	The Eagle Of Dawn	多功能外衣
	第一届	B38	北京极客户外用品有限公司	多功能野外探险包
	第一届	B39	整洁与方便	可储藏果皮的削皮刀
	第一届	B40	八色光	多功能荷花灯
	第一届	B44	史家创新时代有限责任公司	多功能伞架/太阳能光控夜灯
	第一届	B45	Book world 公司	电子书签
	第一届	B46	钻石鸭有限公司	卡通多功能台灯
	第一届	B47	雏鹰科技公司	"飞龙"儿童休闲鞋
	第一届	B56	Ascension Tech	折叠的家"Folding House"
	第一届	B58	兄弟造物公司	手机摄影支撑架（手腕版）
	第一届	B59	维多利加娃娃服装相关产品有限公司	娃娃服装&相关产品（定制服务）
	第一届	B60	easy	牛仔笔袋
	第一届	B62	海淘宝	不粘厨具
	第一届	B63	绿色佳萌有限公司	荧光拖鞋
	第一届	B52	创科发展有限公司	擦鞋狗
	第一届	C02	科技鬼影迷踪	桌上谱架
	第一届	C03	BB 公司	衣架的小宝宝：防凸配件
	第一届	C17	风暴小队	悬浮暴走鞋
	第一届	C18	未来的 FUTURE	可活动书架

续表

类别	届别	团队编号	团队名称	产品名称
居家创意	第一届	C20	未来之星198	自动刷杯器
	第一届	C21	改变者公司	智能旅行箱
	第一届	C22	鹰眼科技有限公司	自动报警器
	第一届	C23	37世纪的创造者有限公司	吸尘器 特技飞机 机器船
	第一届	C24	MGCNAM有限工资	智能乐谱架
	第一届	C31	银河创意公司	可调温的水壶
	第一届	C32	奇迹创造	多功能收集器
	第一届	C33	Fire Dragon Craft	太阳能纤维车
	第一届	C35	幻创意	DIY红外线夜灯
	第一届	C40	STAR WARS团队	超压力车
	第一届	C41	木趣创意无限公司	木制饰品（定制版）
	第一届	D07	北京盈合实创公司	多功能急救包
	第一届	D14	快乐猫咪公司	快乐猫咪智能玩具
	第一届	D18	浇花公司	自动浇花器
	第一届	D23	创意未来公司	多功能充电帽
	第二届	D0101	青莲具室公司	多功能柜子
	第二届	D1113	刨花儿公司	毛绒玩具儿童椅
	第二届	D1219	飞翔公司	甩干机
	第二届	D1214	COCO园艺机器人	园艺修剪机器人
	第二届	D0909	滴滴萌宠科技有限公司	宠物寄养
	第二届	C0608	海天有限责任公司	声控坦克
	第二届	C0609	GKJ科技集团	循环小车
	第二届	C1214	宇逸星涵有限公司	折叠水壶
	第二届	C1316	田螺到家	多功能水壶
	第二届	C1417	漫游滑板公司	磁悬浮滑板
	第二届	C0620	wol公司	智能靠垫
	第二届	B0102	日晞科技	自加热杯、暖宝包
	第二届	B0912	Cream	奶油胶手机壳
	第二届	B0817	创想者联盟公司	摩天轮多功能架
	第二届	B1122	BLUESKY PHOTOLOGY CO.，LTD	多功能摄影接环

续表

类别	届别	团队编号	团队名称	产品名称
居家创意	第二届	B1223	7号工坊	肉肉笔筒
	第二届	B1224	银河创想公司	声控窗帘
	第二届	B1325	灵动创新科技有限公司	智能拉杆箱
	第二届	B1427	maker magic	自动浇水机器人
	第二届	B1428	金火龙果 You Are My Sunshine	自动避障扫地机器人
	第二届	B0407	创优公司	智能台灯
	第二届	A0102	天才集结地有限公司	万能提手、变色水杯
	第二届	A0203	琳芋东仔	荧光七件套
	第二届	A0304	BEST PP	防止内页折损书皮
	第二届	A0307	轮胎大改造	全面轮胎
	第二届	A0610	六芒星工作室	陆空运输器
	第二届	A0712	Star 工作室	企鹅浇花器
	第二届	A0813	folding space	折叠桌子
	第二届	A0814	神念公司	多功能太阳能伞
	第二届	A0917	梦儿飞团队	微型吸尘器
	第二届	A1018	鸿鹄科技公司	自行车刹车发电机
	第二届	A1119	绿苹果	智能浇花机器人
	第二届	A1120	飞车公司	万能工具盒
	第二届	A1322	Lumos 公司	太阳能帽
	第二届	A1423	Clover	永生花八音盒
	第二届	A1424	Sky	懒人沙发
	第二届	A1525	白鸽梦想手工店	手指橡皮
	第二届	A1526	魔术幻动公司	碰撞手电筒
	第二届	A0327	光耀太阳能板	自动追光太阳能板
	第二届	A1128	八色光公司	卧室多功能灯
	第三届	A0202	增光伟业有限公司	VR 眼镜
	第三届	A0404	创优公司	智能台灯
	第三届	A0605	future world	花式照片夹
	第三届	A0606	风暴小队	瓜核刀
	第三届	A0809	ERSTE	智能床头饮水机
	第三届	A0810	地心公司	定位徽章

续表

类别	届别	团队编号	团队名称	产品名称
居家创意	第三届	A0811	芒果科技	围棋助手
	第三届	A0912	DREAMER 公司	植物盲盒
	第三届	A0914	新叶科技公司	太阳能智能浇花器
	第三届	A1015	创想科技有限公司	植物保姆
	第三届	A1216	六星逐月	水光灯
	第三届	A1217	中子星创想公司	自动洗碗机
	第三届	A1319	Flash	环保猫窝
	第三届	A0721	枫叶	喷水梳子
	第三届	B0101	百分百	智能水杯
	第三届	B0202	创梦空间有限公司	电子产品防爆膜
	第三届	B0203	方舟科技有限公司	智能清洁机器人
	第三届	B0204	群星众合公司	折叠长椅
	第三届	B0306	冬日之声科技公司	多功能耳罩
	第三届	B0308	盈和实创公司	忆冬·喵屋
	第三届	B0410	飞鸟公司	体育专属智能机器人
	第三届	B0512	快乐猫咪有限公司	百变智能颈枕
	第三届	B0613	海天公司	加热杯垫
	第三届	B0614	好朋友机器人公司	好朋友小车
	第三届	B0615	美味食光	浪漫食光公众号
	第三届	B0818	方块黑科技	超级百宝箱
	第三届	B0819	光宝科技有限公司	太阳能充电宝
	第三届	B1224	北京安盾科技公司	防身神器
	第三届	B1225	多迪科技公司	时尚擦墙车
	第三届	B1326	神奇收纳科技公司	懒人垃圾桶
	第三届	B1427	SOSO	soso 书椅
	第三届	B1332	田螺到家	可伸缩清洁器
	第三届	B1633	无忧	扫地机器人
	第三届	B0134	IR Boys	小白智能机器人
	第三届	C0102	青莲具室	百变萌柜
	第三届	C0203	北京百草洁科技有限公司	百草洁杀菌抑菌芳香剂
	第三届	C0204	风之翼科技公司	暖暖把

续表

类别	届别	团队编号	团队名称	产品名称
居家创意	第三届	C0608	智慧创想公司	多功能便携餐桌
	第三届	C0809	飞跃智能科技有限公司	移动拖布桶
	第三届	C0810	梦想智能科技有限责任公司	液冷服
	第三届	C1115	刨花儿公司	24节气树脂挂钟及衍生品
	第三届	C1216	COCO公司	园艺修剪机器人
	第三届	C1217	安特公益公司	防雨多功能便携书包—安特包
	第三届	C1218	飞翔公司	户外多功能求生手环
	第三届	D0103	享创科技有限公司	婴儿床改造
	第三届	D0309	爱阁文化创意有限公司	多功能环保文件袋
	第三届	D0410	北京科技袋有限公司	神奇的抽屉
	第三届	D0411	创领国际有限公司	智能杯盖
	第三届	D0513	芝麻开门	秒变环保伞包
	第三届	D0715	OVER THE RAINBOW	小小先生智能台灯
	第三届	D0817	飞雁公司	飞雁天气预报瓶
	第三届	D0818	无敌少年科技公司	会发光的运动装
	第三届	D0920	金蚂蚁（北京）创意科技有限公司	微动能自发电穿戴设备
	第三届	D0921	王者机器人公司	智能台灯
	第三届	D1022	SSK公司	多功能野餐箱
	第三届	D1023	X-ten科技公司	超能粑粑清理机
	第三届	D1024	梦想起航公司	贪吃蛇智能节水宝
	第三届	D1125	smart box	Smart box摩天轮书柜
	第三届	D1127	欢乐小象	欢乐小象吸尘器
	第三届	D1128	天空伞叶公司	智能雨伞
	第三届	D1330	未来科技有限公司	智能垃圾桶
	第三届	D1431	北京维尼克斯科技有限公司	太阳能电动削笔刀
	第三届	D1432	星梦天使科技有限公司	3D爱心噪音感应器
	第三届	D1433	隐形天使公司	智能钥匙盒
	第三届	D1534	哆啦梦工厂	美梦之枕
	第三届	D1838	梦想科学公司	超能外套

续表

类别	届别	团队编号	团队名称	产品名称
环境保护	第一届	B07	52科技研究有限公司	酒店专用环保型可换刷头牙刷
	第一届	B20	兄弟创新公司	城市景观水净化
	第一届	B43	生态科技公司	鹦鹉螺扬声器
	第一届	C14	G.A绿色天使环保有限公司	家用易拉罐（饮料瓶）压缩处理回收机
	第一届	C19	创新科技	环保咖啡杯
	第二届	A1001	Dolly公司	厨余肥料机
	第三届	B0921	创客工厂	智能垃圾桶
	第三届	B1428	大嘴怪兽环保科技有限公司	垃圾分类处理器

案例1 小智 & 小爱智能语音机器人

【教师推荐】

我是三（1）班的班主任白雪老师，是"小智"&"小爱"智能语音机器人的指导教师。作为班主任兼指导教师，亲眼见证了产品的诞生过程，更感受了孩子们在整个研发过程中的成长与收获。

"创·智汇校园MAKER分享会"是我们学校近几年来一个非常大型，也是非常有特色的一项学生活动。孩子们自主研发产品，组建公司，并进行销售，这个对于小学生来说真是极大的挑战。我们班是三年级的学生，一开始作为班主任我真是没抱太大希望，无论从年龄上，还是各方面能力上，都远不及五六年级的大学生，而且这又是第一次参加，估计也设计不出什么高含量的产品来。所以，当活动刚刚开始时，我只是鼓励孩子们积极参与，老师和家长都会帮助他们。没想到孩子们的热情非常高涨，一连组建了三个团队，而我则成为其中两个项目的指导教师。智爱科技有限公司成立后，孩子们和家长们立刻召开会议，讨论研发内容。经过反复的商讨，孩子们决定设计一款属于他们自己的智能机器人，就像《超能陆战队》中的大白一样。当孩子和家长把这个产品意向告知我时，我还真有些担心，这么高智能的东西，三年级的孩子可以吗？于是我把我的担心告知了几位家长，但是家长们非常信心十足地说："这是孩子们的创想，咱们一起全力以赴帮助他们去完成，现在开源程序那么多，技术方面您放心。"听了家长们的回答，我觉得很是惭愧。是啊，不去尝试怎么知道行不行呢？何况这是孩子们的梦想与创意，怎么能还没开始，就让它破灭呢？不管结果如何，重要的是让孩子们去思考、去参与、去经历，即使失败了也是值得回忆的，过程比结果更重要啊！随后，孩子们紧锣密鼓地开始了。从上网收集资料，到亲自去有机器人的地方体验；从请教专家的指导，到尝试自主编程；从涂涂画画的纸上设计，到亲手焊接、缝制……孩子们克服了不知多少困难。在信息群中，我能经常看到孩子们为了一个困惑，一起反复商量；做完作业赶紧趴在电脑前查找信息资料;天黑了,还在为机器人手工缝制衣服。在最后产品展销会的期间,团队每个同学都达到了最佳的表现状态,平时人前紧张得说不出话来的队员不见了,每个人都激情澎湃,积极地向所有来访的陌生老师和同学介绍着我们自己的产品,没有一个人违反纪律,没有一个人偷懒,没有一个人去干扰其他人做出不合适的竞争行为。这一切的一切,都源于他们对梦想的追逐。此时,我真切地感受到了这项"创·智汇"活动的意义所在。

通过这个活动,我亲眼见到了孩子们为实现梦想努力的过程和从中收获的成长,更亲身感悟到梦想并不都像我们想象中的那么遥不可及,我也相信未来的世界是属于这些拥有美丽的梦想和创新意识的孩子们的!

推荐教师:白 雪

引 子

"我们是智爱星球的小智王子和小爱公主,我们在一次星际旅行中迷失了航向,误入了地球大气层……我们迫降于北纬39°55′,东经116°25′。这里看上去很漂亮,有很多很多的小孩子,十个善良的孩子救了我们。他们告诉我们,这里叫'史家小学'……他们为我们成立了一家'智爱公司',帮助我们了解和适应地球人的生活……"这是我们智爱公司的产品宣传片的开篇——"星际迷航",我们用自己的方式讲述了一个关于AI芯片的故事。而事实上,我们用了两个多月的时间创造了自己的"智爱星球",用自己的心血和汗水设计和制造出了原本近乎于童话般的智能机器人"小智"哥哥和"小爱"妹妹……

一、创意孵化

在学习生活中我们经常会遇到各种各样稀奇古怪的问题,有时候我们可能也会向家长问出些没头没脑时空穿越的问题。它们常常会让爸爸妈妈都摸不着头脑或不厌其烦,知识再渊博的家长也难以招架我们的"十万个为什么"。这时候,我们往往便会求助于"万能"的互联网。时至今日,互联网已经成为了大家主要的知识分享和获取平台,对于以学习知识启迪智慧为己任的我们来说，开发一个真正能够帮助我们从互联网上获取知识并过滤垃圾信息的智能机器人将会是一件非常有实用意义的事情。我们需要一本活的百科全书、一个陪伴机器人，于是，我们启动了"小智"&"小爱"智能语音机器人项目。

我们的"小智"&"小爱"智能语音机器人是一款小学生伴读机器人，它利用了网络上多家人工智能平台提供的免费语音识别服务、免费自然语言知识库服务、免费语音合成服务等开源程序，自动将"听"到的声音转化成文字，然后利用聊天机器人服务来自动匹配我们预先教会他的各种和学习生活相关的知识，最后将返回的结果利用语音合成服务转化成声音朗读给我们听。我们所有联合创始人一起归纳整理了近500条和我们学校学习生活相关的知识问答，建立了第一套数字史家的语音信息库，实现了史家小百科的功能。此外，它还连接了互联网上的百科知识库，这些都帮助它成为了一本活的百科全书，遇到有什么稀奇古怪的问题，它都会去百科全书中查找最合适的答案来为我们语音解答。它还支持人脸识别功能，能够自动追踪看到的人并主跟你打招呼，增加了交互体验的趣味性。它还有监测空气质量、检测心率和卫星定位功能，它将是我们学习生活的好帮手。

在项目规划过程中，我们了解了当前人工智能技术应用的情况，调研了百度、讯飞、谷歌、图灵等多家公司的网上免费人工智能服务，对语音识别的原理、自然语言理解的原理、语音合成的原理等有了基本的了解，并掌握了互联网上这些免费开源服务的使用方法和技巧。同时，为了完成智能语音机器人能够活动的头部的制作，我们还上网调研了各种控制系统的实现方案，最终找到了利用两个舵机组成双轴云台来作为机器人的脖子控制头部上下左右运动的方案，并运用我们在330课程中学到的Arduino程序设计实现了头部运动控制。从Arduino的各种应用方案中，我们还找到了粉尘检测和心率检测方案，并将软硬件成功组装在了机器人的整个控制系统中。项目进程中，我们还学习了简单的3D建模技术来实现机器人头部的建模；学习了初级的Python语言编程技术，实现了整个机器人各个功能组成部分的调度控制。

二、团队建立

公司基本信息					
届 别	第三届	公司编号	D0101	指导教师	白 雪
公司名称	智·爱科技有限公司（Z i Sci. & Tech.）				
产品名称	"小智"&"小爱"智能语音机器人				
公司口号	我们的智爱，您的挚爱！				
公司 Logo 及含义	由一片片绿叶组成英文字母 Z 和 i，同时又是变形的三 1（象征孩子们的班级）；i 上面的一点幻化作红心，并放大成为背景。整个 Logo 寓意：公司的每一个人，都是一片绿叶，大家团结一致、互相支撑，结出"智"慧与"爱"心的果实；人人甘当绿叶，用自己小小的"智"慧为大家捧出一颗沉甸甸的"爱"心！				
规章制度	第一条【股权分配】公司由 10 名联合创始人共同成立，初始股权分配如下。创始人分别预留 10% 和 5% 原始股给投资机构和众筹平台，由普通合伙人代持。 		姓　名	期初股权
---	---	---
创始人	火宥然	51.00%
联合创始人	刘彦汐	5.00%
联合创始人	罗　一	5.00%
联合创始人	沈亭好	4.00%
联合创始人	陆景衡	4.00%
联合创始人	伍春炀	4.00%
联合创始人	彭亮瑜	3.00%
联合创始人	薛绺凡	3.00%
联合创始人	王汕鹭	3.00%
联合创始人	杨斯涵	3.00%
机构预留	创始人代持	10.00%
众筹预留	创始人代持	5.00% | 第二条【决策决议】公司日常业务事宜由各方向联合创始人全权负责。遇重大事宜需由全体自然人股东投票表决，机构及众筹预留部分不参与投票，投票结果超过公司股权总比例 2/3 的即视为通过。普通合伙人保留最终决定权。				

续表

	第三条【奖惩激励】公司产品原型研制完成后对所有联合创始人的贡献进行一次绩效评定，根据绩效评定结果重新调整股权分配，评定由创始人发起，由CHRO负责起草评定方式，经全体自然人股东表决通过后执行，评定结果不得修改。
团队照片	

成员基本信息			
职位	姓名	班级	任职理由
CEO	韩慕蓉	原三4班	公司筹建者，善于组织协调
COO	马子涵	原三4班	执行力、管理力强
CTO	周一杨	原三4班	产品设计主创人员，思路清晰，有创新意识
CIO	王悦泽	原三4班	喜欢电子产品，有规划思路
CMO	杜晟宇	原三4班	善于计划、善于表述总结
CBO	刘天悦	原三4班	参与度高
CFO	宋雨墨	原三4班	对钱财数字敏感，喜欢记账
CHO	敖心悦	原三4班	善于人际沟通，思路清晰，执行力好

三、市场调研

智爱公司成立之初，10位创始人共提出了24项生活中发现的问题及解决问题的产品构想建议。经过整理后这24项建议可以分为人工智能机器人、无纸化学习、手工制作、电子产品四类产品提案。其中提案热度最高的是与人工智能机器人相关的提案，共 8 人提出 11 条产品提案；其次是无纸化学习相关的提案，共 4 人提出 4 条不同的产品提案；热度排名最后两位的是电子产品类共 3 人 5 条提案和手工制作类共 2 人 4 条提案。电子产品和手工制作类的提案关注到了生活中非常具体的问题，针对性很强，也非常有创意，只是意见比较分散。

根据 24 个产品提案汇总统计结果筛选，人工智能机器人相关产品提案人员支持率最高，为 80%，提案数量占总提案数的 46%；无纸化学习提案人员支持率为 40%，提案数量占总提案数的 17%；其他两类提案内容比较分散，无法合并归类。最后根据提案人数和提案股权占比，以及提案的丰富程度及创始人们的热情度综合考虑，智爱公司全体创始人一致选择人工智能机器人作为我公司产品方向。

四、产品设计

第一步：确定机器人的功能和形象。

其实，对于机器人的形象和功能小伙伴们一开始是没有一个统一的意见的，"它有一个大大的脑袋，很可爱，而且可以变脸，当我想念我的同学的时候他的脸可以变成同学的照片，这样我就可以把他想象成我的同学一起聊天一起玩游戏了。"他们可能长……这样？或者……这样？

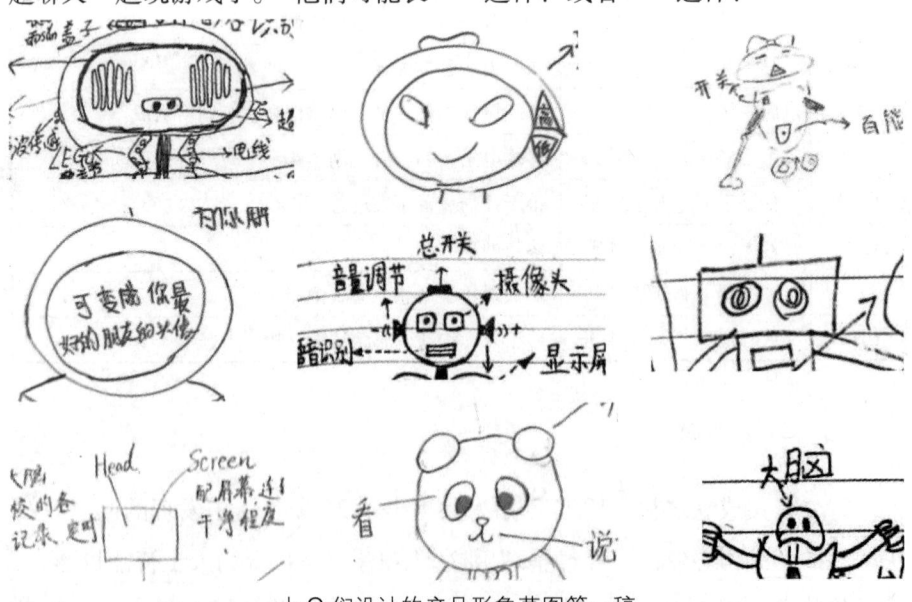

小O们设计的产品形象草图第一稿

"他又很小,小到可以随时随地地陪伴在我的身旁,我叫他的时候他就会突然出现,他是我的手环,是我的爱心包包,是我的吊坠,又是我的文具……"

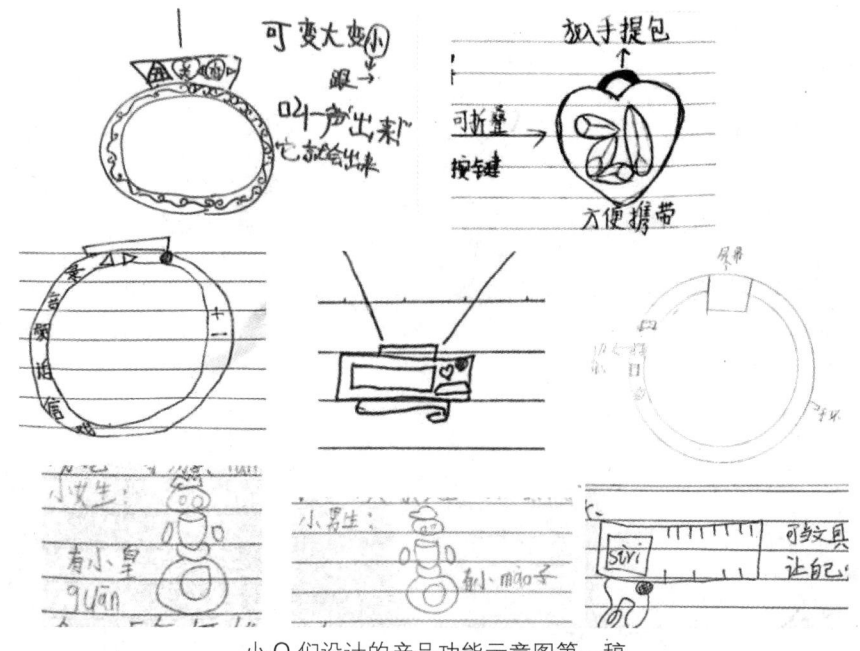

小O们设计的产品功能示意图第一稿

"他可以在校园里巡逻替我们站岗放哨,可以帮我们监视有没有陌生人闯入我们的校园,还可以给我们的来宾介绍我们美丽的校园,他也可以负责打扫环境卫生,向乱丢垃圾的人宣传爱护环境人人有责。"

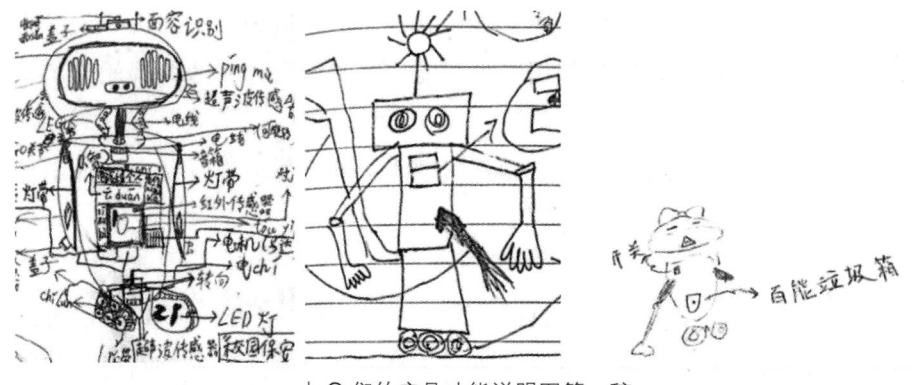

小O们的产品功能说明图第一稿

我们希望他能说会道,能听懂我说什么,能跟我交流,能放音乐,能陪我聊天;他上晓天文、下知史家、对答如流、如数家珍,满腹经纶、会讲故事;他巧识善变,能区分学校老师同学和陌生人,能阅卷批卷,辅助学习;他能行走,会适时报道校园里的所见所闻新鲜事,也能够预警他发现的陌生人,校园里到处都可以见到他繁忙的身影;我们还期望他以后能捡垃圾、能擦玻璃……

产品研讨会上,同学们热烈讨论积极发言

茶歇时间大家还在认真讨论

CSO 和大家分享自己的创意构想

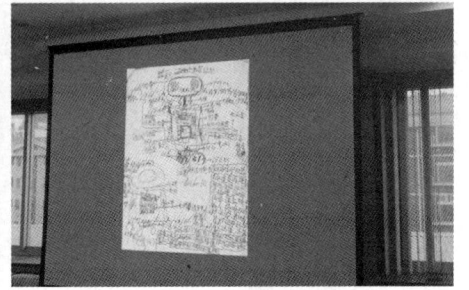
CEO 画的产品介绍图(像天书)

最终,在家长和专家的帮助下,我们终于达成了一致,确定了机器人的基础功能需求:我们要为我们史家的同学们设计一款百科知识问答机器人,他要有非常鲜明的个性形象,能够代表史小、成为史小的机器人形象大使,成为首个由我们学生利用人工智能开源平台设计制造的智能语音交互机器人。

第二步,设计机器人软件,制作机器人的知识库,为机器人设计形象外观。

1. 软件开发

我们的机器人软件除了我们自己编写的逻辑外,还有很多重要的功能,比如语音识别、语音合成以及知识库的管理等,实际上还请了网络上的其他的机器人协助呢。

我们首先去百度网站申请了百度语音机器人的访问账号,然后去图灵网站申请了语音聊天机器人的访问账号,然后按照网站提供的例子程序用

Python 语言编写了控制程序将他们连接在了一起。

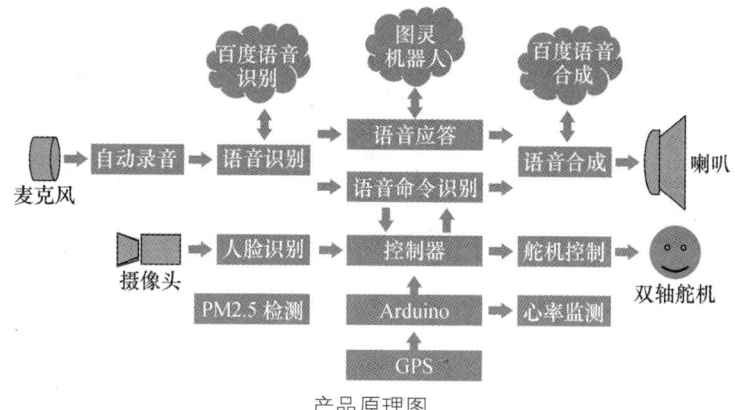

产品原理图

会议现场调试

2. 建立内容知识库

这是我们最重要的工作之一，因为机器人最重要的作用是能够更好地辅助我们的工作和学习生活，而要能实现这些功能，最重要的就是要教会机器人知识，机器人的强大之处应该就在于此，一旦我们教会了他这些知识，那么他就再也不会忘记了，可以无限外挂……

所以，我们第一步要教会他和我们自己相关的所有知识点。

主题		内容
史家风采	史家简介	学校介绍、校训、校歌、校长、校区介绍等
	历史成绩	所获奖项、荣誉称号等
	史家课程	校本课程、特色课程、博悟课程等
	课外课程	330课程、学生社团、校运动队等
校园采风	校园向导	班级分布、场馆分布、办公室分布等
	年级介绍	各班简介、班级介绍、班级概况、班主任老师介绍等

续表

主题	内容
史家生活	校园生活、小学生守则、心贴心书店等
师生信息	史家名师、教师风采、优秀学生等
史家周边	史家胡同历史、史家名人、史家典故等

3. 开通服务

完成了语音应答功能调试后当然还要去图灵机器人网站后台开启所有超能外挂啦，比如英语翻译功能和数学计算功能，哈哈哈，这是我们最喜欢的功能啦……

智能工具：生活百科、数学计算、问答百科、中英互译、智能聊天……

休闲娱乐：笑话大全、故事大全、成语接龙、新闻资讯、星座运势、脑筋急转弯、歇后语、绕口令、顺口溜、藏头诗……

生活服务：天气查询、快递查询、列车查询、日期查询、实时路况、城市邮编……

4. 硬件开发

硬件开发主要通过组合各种模块来实现。

分类	名称	型号	描述	数量	单位
外壳	小智/小爱	Z i001/A i001	定制木制手工拼装套装，含胶水、螺钉等	1	套
	小智/小爱头	Z i002/A i002	3D 建模打印涂色	1	套
	小智/小爱礼服套装		定制布艺手工服装	1	套
主机	主板	NanoPin EO A ir	全志 H3 多核处理器主板，带 8GROM，带 WIFI	1	块
	散热片	N anoPiN EO	N anoPiNEO 全尺寸散热片	1	套
	接口扩展板	N anoPiP ro to	N anoPiNEO 接口扩展板	1	块
	外设扩展板	A TM EGA 328P	新款 promini 改进版 ATM EGA 328P 5V/16M	1	块
	外设扩展板连接线		双排 2.54 间距插座-10P 带线头子单头线双排插座，长 20CM	1	根
	麦克风	6050	带引脚咪头 6*5mm 驻极体话筒拾音器皇冠信誉度	1	个
	麦克风连接线		XH2.54-2P 带线头子单头线配直针插座长 20CM 优质国标 26#线	1	根

续表

分类	名 称	型 号	描 述	数量	单位
	麦克风连接线		线仔24AWG 10CM 黑色红色导线电子线连接线双头镀锡1元30条	2	根
音响	功放板	PAM8403 带电位器	PAM8403 迷你5V 数字小功放板带开关电位器可USB供电音效好	1	块
	喇叭	4Ω3W	优质扬声器3W 4R 3瓦4欧喇叭迷你功放专用橡皮胶边直径4CM	2	个
	功放电源连接线		XH2.54-2P 带线头子单头线配直针插座长20CM 优质国标26#线	1	根
	音频连接线		XH2.54-2P 带线头子单头线配直针插座长20CM 优质国标26#线	1	根
	喇叭连接线		XH2.54-2P 带线头子单头线配直针插座长20CM 优质国标26#线	1	根
头部	双轴舵机云台		20克FPV舵机云台fpv航拍摄像头微型尼龙塑料FPV云台双轴舵机云台	1	套
	舵机	SG 90	经典舵机SG90 9g 舵机 固定翼航模遥控飞机9克航模兼容Arduino	2	个
供电	电源插座		带螺帽DC-022 DC头内径5.5mm 里针2.1mm DC电源插座5.5-2.1mm	1	个
	DC-DC电源模块		DC-DC电源模块3A降压模块超小体积24V-12 V9转5V 固定输出	1	个
	主机电源连接线		线仔24AWG10CM 黑色线色导线电子线连接线双头镀锡1元30条	4	根

续表

分类	名称	型号	描述	数量	单位
配件	电源	220V 转 5V/2A 5.5mm 圆头	直流 12V2A 开关电源适配器 12V	1	个
扩展模块	PM 2.5 检测器	GP2Y1014AU	粉尘传感器模块 PM2.5 灰尘传感器	1	套
	卫星定位模块	ATGM336H	粉尘传感器模块 PM2.5 灰尘传感器	1	套
	心率传感器		脉搏 生物模拟传感器感应器	1	套

当然偶尔也需要亲自动手焊接。

CEO 在焊接主板

大功告成啦！

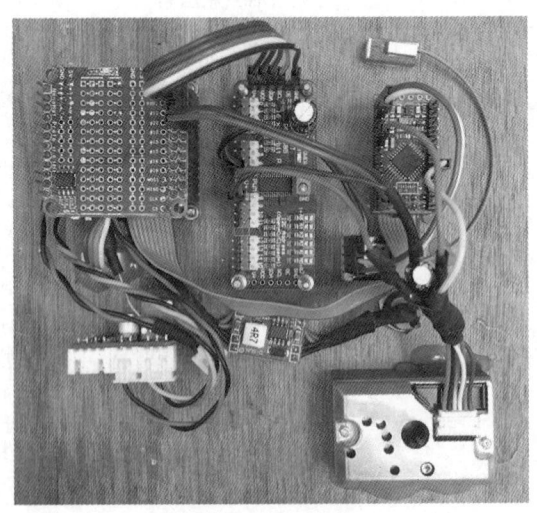

机器人内部结构

5. 最漫长的是整机外壳的制作和调试

经过第二轮产品创意汇总讨论后，小智小爱产品形象基本确认了Q版"史家小学子"的主题风格。最开始我们还一度为了到底要设计成人还是动物的样子而争执了半天呢。

小O们聚在一起连画带争地讨论产品形象

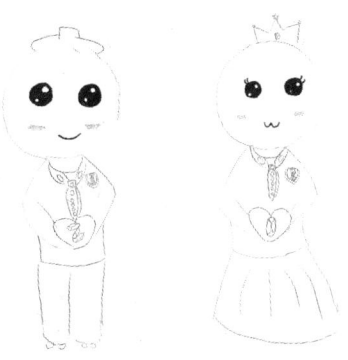
小智小爱第一代设计图初稿

但是我们对该如何将一个想法变成一个实实在在的产品犯了难，所以几番讨论后我们决定先从主要特征开始设计，首先确定了小智和小爱都身着"史家礼服"，这样身体部分的主要形象细节就确定了，将来也更容易让大家理解我们的产品和史家小学之间的紧密联系。然后确定头部特征，最终我们选取了中国传统的儿童头饰来作为主要特征，小智是男生，头饰选择用一块方巾包裹发髻的方式表现，小爱是女生，我们用一左一右两个丸子头的发饰来表现。最后需要确定身体体型特征，我们观察了很多简笔画小人的画法，终于发现了一个区分男孩女孩体型的简单有效的方法，调整肩部宽度。虽然都是一个Q版的身体轮廓，但将女生的肩部变窄，马上就感觉秀气多了。

小智小爱形象示意图

接下来我们就需要设计小智小爱的结构啦，第一步我们要根据形象示意图上的样子重新测量身体的比例尺寸；第二步需要根据我们最终产品所期望的大小确定一个大致的放大比例；第三步需要确定用什么材料来制作。

在家长的帮助下，我们在各种原材料中选择了用15毫米厚的木板来制作小智和小爱的身体框架，并将小智小爱的身体高度确定在了25厘米的高度上，向家长讨教了几招AutoCAD的用法之后，哈哈，当当当当……，小智小爱结构图出炉啦。

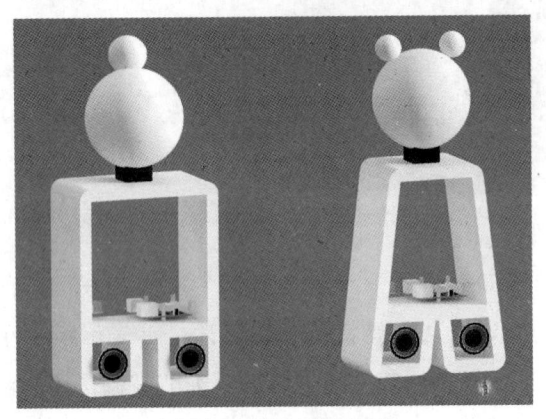

小智小爱3D结构示意图

不过爸爸说这个还不能用来加工呢，需要将结构尺寸详细的标注完成才能给工人叔叔帮忙为我们切割木材原料，这我们就不敢班门弄斧啦，请爸爸的朋友帮忙为我们的设计图输出了标准化的图纸。

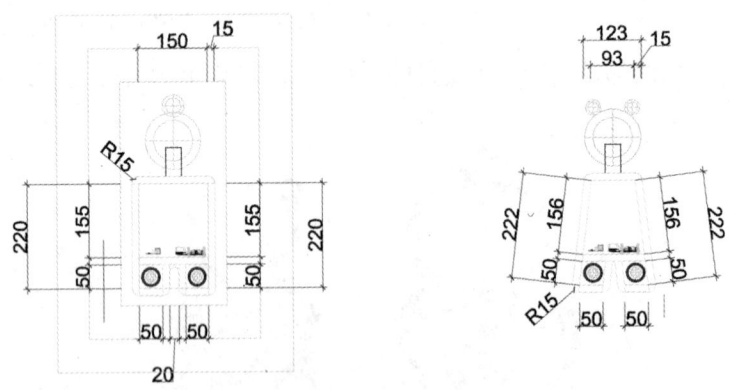

小智小爱标准化结构图

头部的设计和制作嘛……为了能够更加符合Q版史家小学子的气质，更重要的是为了将来我们能做得出来，还是选择球形的脑袋吧。

小智小爱头部设计图

卖家秀结束啦,马上要进入买家秀环节,现实和想象总是会有一点点差距……

检查胶装质量,准备下一步工作

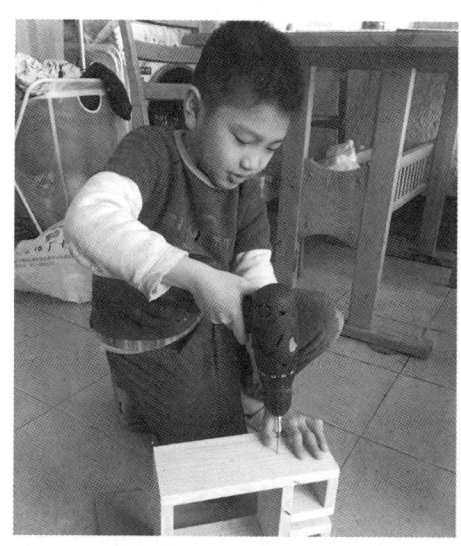

用了电动螺丝刀,组装的进度快多了

用砂纸细细打磨

这就是它的大脑了
（虽然是装在身体里的）

我们自己动手用旧礼服
给他们改了两套新衣

付老师带着我们用3D打印机
制作了机器人的头部

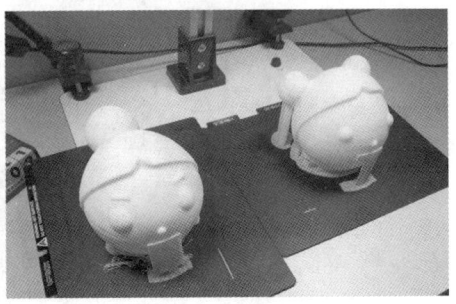

头部刚打印好的样子

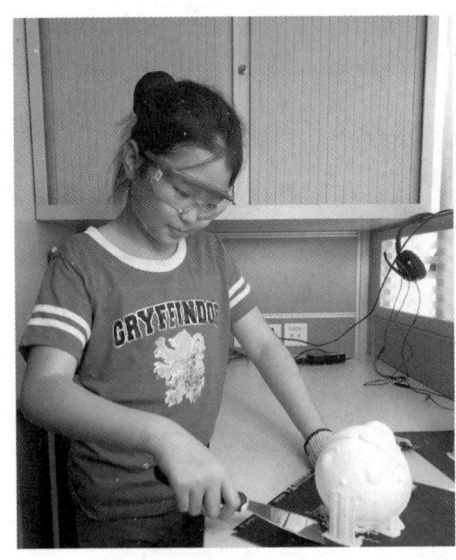

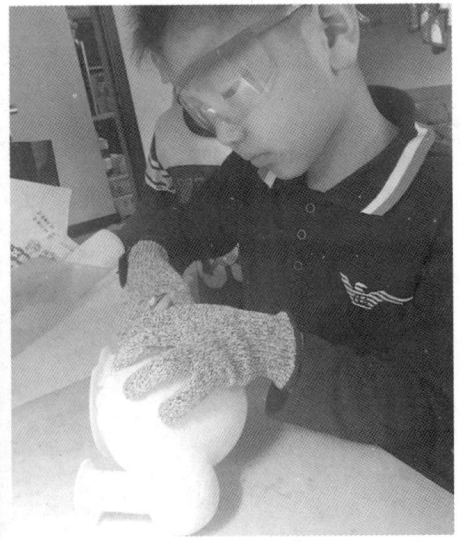

自己动手拆除支架

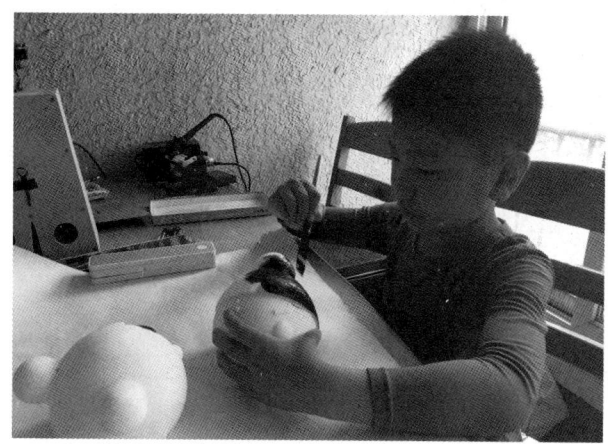

给头部上色,这可是个细致活儿

小智小爱没穿衣服的样子

穿上礼服之后可就帅多了

好的,马上接近尾声啦,小智,小爱,开启听写模式……

五、营销策划

1. 产品形象

"小智"哥哥证件照

"小爱"妹妹证件照

小智小爱合影

2. 产品定位

由史家小学三年级学生自主设计制造的"小智"和"小爱"是一款分别代表男女学生形象的智能语音机器人,也是一款小学生陪伴机器人和学生专属百科助学机器人。

3. 产品功能

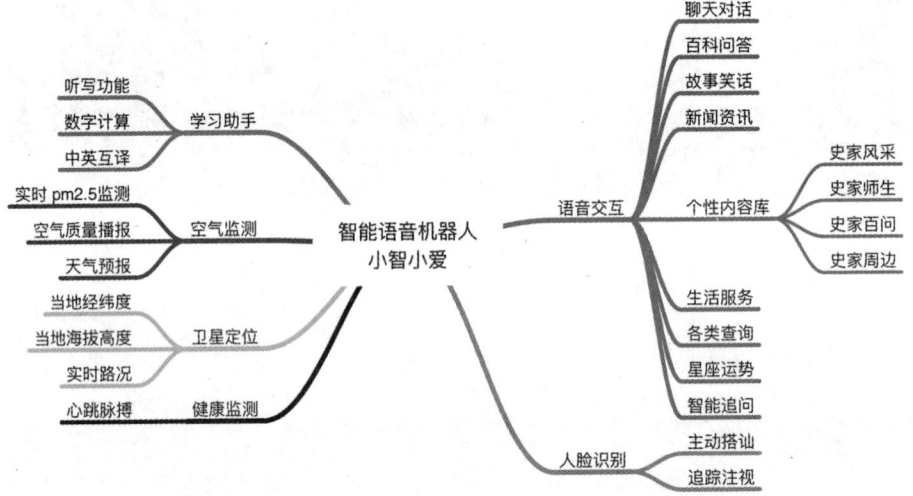

4. 产品定价

"小智""小爱"单台机器人的市场定价为:999 元。

初代产品为手工制作,成本较高,如能规模化生产成本将可以控制在 500 元以内,为了能让更多的同学可以拥有一台"小智""小爱"机器人,本着薄利多销的原则,我们将市场指导价设定在了千元以内。

5. 产品宣传语

我们的智爱,您的挚爱!

智生活、爱科技,用科技让智与爱的陪伴更简单!

六、产品发布

1. 展板设计图

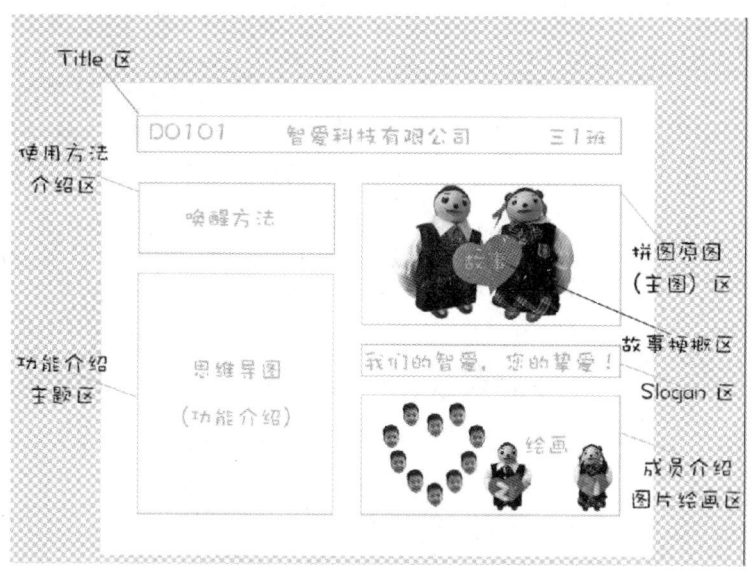

2. 展销会分工

展会分上下午两场，由 CEO（我）和 VCEO（刘彦汐）分别带队负责上下午的展销会活动。每组 5 人中 2 人负责发放宣传单和邀请师生参观，另外 3 人负责向来宾介绍和演示产品并邀请参与拼图游戏及下单。

3. 展销会布展

齐心合力制作展板

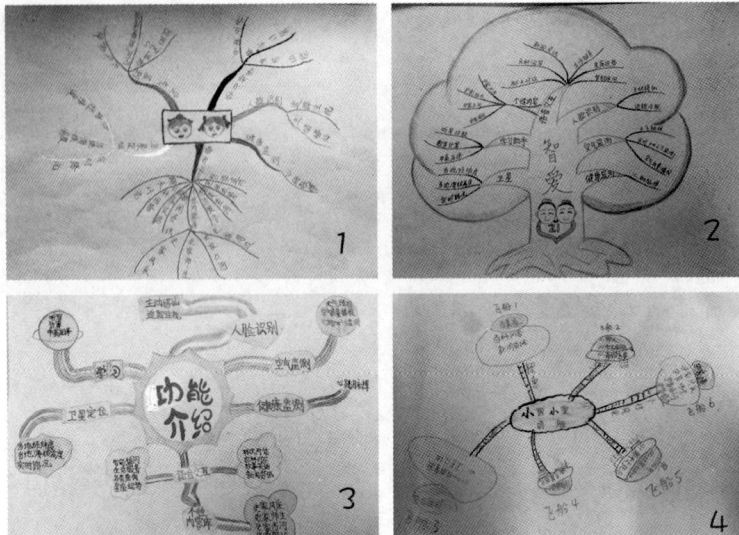

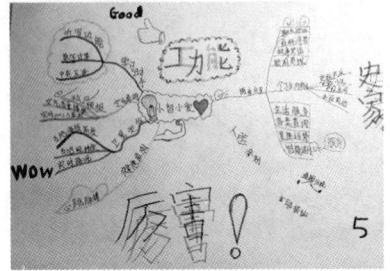

我们手绘的产品功能脑图

4. 展销会现场

CEO 在向王欢校长介绍小智小爱

| 人头攒动的展销会现场 | 向外校来的评委老师介绍我们的产品 |

展销会现场，我们还制作了两幅小智小爱的形象拼图供感兴趣的同学们游戏，35 块拼图最短的完成时间为 1 分 32 秒。

小智小爱拼图原图

七、反思复盘

【学生感悟】

CEO 火宥然　我们的身边一直充斥着各种关于人工智能和机器人的故事和报道，学校也曾专门请了人工智能的专家为同学们举办了一场关于人工智能的专题讲座。讲座中提到了一组数字：英国牛津大学的研究人员在 2013 年曾经预测，20 年后美国将有 47% 的工作岗位将被人工智能取代，其中排名前十位的职业是电话推销员、打字员、会计等，而排名最后十位最不可能被取代的职业则是公关、心理医生、教师……预测中所提到的那个时间是 2033 年，那时的我们大概已经研究生在读或者刚刚参加工作吧，人工智能到底为什么会取代人类的工作我们虽然搞不懂，但是如果人工智能真的都能像《超能陆战队》中的大白一样可爱、贴心的话，那我们真的也很希望能有一个这样帮手啊。

通过参加本次校园 MAKER 分享会，我们有机会做了一件"惊天动地"的大事：我们十名小伙伴一起合作，成立了一家自己的公司，做出了一对儿属于我们自己的、真正的智能机器人！每当展销会上同学们一脸好奇地围上来问这问那，看到老师们、同学们赞许、佩服的眼神。我总是挺起胸膛大声说："这是我们自己做的！"心里得意极了。当然，这离不开学校给予的这次机会和老师家长们的大力支持。从最开始我们不着调的公司企划、连成立公司要干嘛还不清楚就都先当了一把官迷，到在家长老师们的辅导指挥下，认真学习学校发下来的创客大赛的各项需要填写的启动文件，学习什么是产品、如何做产品，学习成立公司的真正目的和意义是什么，让我们一起经历了一个产品、一个配合默契的团队从无到有建立起来的丰富体验。在最后的产品展销会期间，团队每个同学都表现出最佳状态，那个平时在人前紧张得说不出话来的小 A 面对观众侃侃而谈，那个活泼开朗一刻也停不下来的小 B 专注地守在展台前寸步不离……每个人都激情澎湃，积极地向所有来访的陌生老师和同学介绍着我们自己的产品，没有一个人违反纪律，没有一个人偷懒，没有一个人去干扰其他人做出不恰当的竞争行为，这就是一个优秀的团队应该做出的最基本的表现，我为我们的团队感到骄傲。

CMO 薛洛凡 创·智汇让我们懂得了：做什么事情都要团结一心，齐心协力。有句古话说的好——二人同心，其利断金，何况我们有这么多人！创·智汇可真是，要有科技含量，要有创造性，还要有聪明的头脑啊！

【家长感悟】

火宥然妈妈蒋笑囡 这群八九岁的孩子第一次参加这样的比赛，经过两个多月的磕磕绊绊，最终能够在近 200 支队伍中脱颖而出可谓异常艰难，这要归功于指导老师白雪老师和顾问老师付航老师、陈纲老师不厌其烦地谆谆教诲；归功于每一位家长的全力支持、悉心指导；归功于十位团队成员的认真努力、迎难而上。这次难忘的经历必将成为孩子们受用终生的巨大财富。

案例2 爱眼宝

【教师推荐】

这一届的校园 MAKER 分享会是学校组织的第二届了，有了上一届参与指导的经历，我对整个赛事过程和方式有了比较清晰的了解，也见证了活动对培养孩子们的创新精神和实践能力的推动作用。但对于三年级的小同学，他们是第一次接触，学校通知和宣传刚刚推出时，同学们还比较懵懂，我利用班会时间给同学们做了细致的讲解并鼓励他们积极参加，三个团队顺利组建。

爱眼宝团队是其中很有特色的团队，在团队成员构成上，八名成员特色鲜明，分工合理，善于组织协调的小 CEO，有管理能力强的小 COO，善于思考、动手能力超强的小 CTO，以及善于策划、善于表达、善于理财的其他成员，整个团队协调配合有序。

在产品设计上，团队成员思路活跃，每天下课都积极讨论，提出了扫地机器人、煮饭机器人、视力保护器三个提案，不仅提出了功能设想，还细致地画出了设想的产品外形。最终考虑到功能实用性和设计效果，我们一致选择了视力保护器。同学们给产品起了一个可爱易记的名字——爱眼宝！团队也因此命名。

产品研发的过程，同学们遇到了需要看电路图、电子元件要优化组合以保证产品外形小巧、元器件要自行焊接、产品外形设计等一系列问题。其间有家长指导、有网上视频学习、有和 3D 打印公司设计人员沟通等，孩子们耐心学习，各司其职，攻克一个又一个难题。

第一版爱眼宝成品出来，外形大小达到预期，但外壳棱角过多，手持握感也不是很好。经过重新设计外形与 3D 打印，第二版的外形就美观多了。还有就是手持阅读的支架，原计划是做一个折叠支架，但受限于材质和成本预算，最终还是选择了用有机玻璃做的简单不折叠支架，孩子们说如果大批量生产就可以做金属折叠支架了！经过锻炼，同学们的信心和经验是明显增强。

展会前的准备工作，同学们做得特别细致充分。两天展会，团队成员

> 全体上阵，每位成员都能独立地为参观的学生和评委们介绍爱眼宝的设计原理，演示功能，回答各种提问。
>
> 凭借产品的新意和实用功能，爱眼宝团队入选了创意选挑战赛30强，同学们三个月的努力得到了最好的认可。
>
> 推荐教师：范　鹏

一、创意孵化

升入了三年级，不知不觉地周围渐渐出现了"小眼镜"。我注意观察了一下，随着年级的升高，大哥哥大姐姐戴眼镜的现象也越来越多了。这是怎么回事？我通过互联网查阅了资料。根据资料统计，我国小学生近视眼发病率为23%，中学生为55%，高中生为70%，真是太惊人了！可怕的是真近视是不可逆转的，所以预防近视才是最重要的。我和我的小伙伴们就萌生出做一款预防近视产品的想法，希望为减少"小眼镜"作贡献。但现在市面上有没有类似的产品呢？都说所有的商品都能在淘宝上找到，我们就上淘宝网上查询，还真没找到同类型产品。

眼科医生告诉我的同伴，小朋友近视主要形成原因有以下三项：

（1）看书、写字姿势不正确，距离太近；

（2）光线不好，过强或者过暗的光线都会加重眼睛的疲劳；

（3）用眼时间过长导致眼睛的疲劳。

针对小朋友近视的形成原因，我们设计开发了爱眼宝这个近视预防产品。它能够对导致近视形成的主要原因做预警提醒：

（1）产品能够探测使用者脸部或者头部与桌面距离，低于设定值产品会报警提示；

（2）产品能够检测环境光线，光线过强或者过暗，产品会报警提示；

（3）超过产品设定的用眼时间，产品会报警提示；

同时，我们想让产品具有以下特点，这样才方便实用：

（1）体积小巧，不仅能够放在桌面使用，也能手持阅读时使用；

（2）具有折叠功能，方便收纳和携带。

二、团队建立

公司基本信息					
届别	第二届	公司编号	D0403	指导教师	范 鹏
公司名称	北京爱思护眼有限责任公司				
产品名称	爱眼宝				
公司口号	爱思有价，护眼无价				
公司Logo及含义	我们公司的名字是爱思护眼，"爱思"取的是英文"eyes"的谐音，所以我们特意把一只眼睛作为公司Logo的主题，睫毛变形用白色表示，表现了动感。选择绿色配色是因为绿色是眼睛的保护色，也代表动力和朝气。直观、形象的表达保护眼睛的含义。				
规章制度	1. 公司8名成员同比例出资，同比例享有股份，每人占股12.5%。 2. 所有成员均根据特长任命职务、接受任务分配。 3. 成员要积极参加团队活动，凡有成员不能按时完成布置的任务，罚款十元作为团队活动经费；两次以上不能参加团队全体会议的成员，经其他成员投票，过半数同意即可要求退出公司。 4. 公司重大事项决策需半数以上成员通过方可执行。				
团队照片					

续表

成员基本信息			
职位	姓名	班级	任职理由
CEO	韩慕蓉	原三4班	公司筹建者，善于组织协调
COO	马子涵	原三4班	执行力、管理力强
CTO	周一杨	原三4班	产品设计主创人员，思路清晰，有创新意识
CIO	王悦泽	原三4班	喜欢电子产品，有规划思路
CMO	杜晟宇	原三4班	善于计划、善于表述总结
CBO	刘天悦	原三4班	参与度高
CFO	宋雨墨	原三4班	对钱财数字敏感，喜欢记账
CHO	敖心悦	原三4班	善于人际沟通，思路清晰，执行力好

三、市场调研

最初，公司成员想设计产品包括：扫地机器人、煮饭机器人、视力保护器。经过论证讨论与投票表决，最终选择了视力保护器，同学们都认为它功能实用、效果好，而且涉及机械部分少，电路有模块可参考。

产品投票图如下：

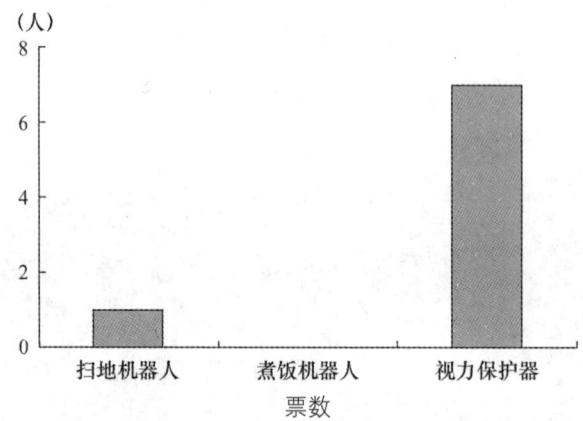

我们的市场调研采取问卷调查形式。通过设立问卷调查题目，我们想知道：

1. 家长是否重视小朋友预防近视问题？
2. 大家对预防近视采取什么方法？
3. 是否有通过矫正产品进行干预？

调研对象是家长。

中小学生护眼情况调查表

您好，我们正在进行一项市场调研，希望占用您一点时间，您的回答对我们很重要，谢谢合作。			
1. 性别	男　　女	2. 学龄	小学生　　中学生
3. 孩子平时在家工作\学习时注意用眼及坐姿吗？		注意	不注意
4. 孩子近视吗？	是　　否	5. 孩子有自用的护眼产品吗？	有　　无 产品名称：
6. 您愿意为孩子在预防近视的产品进行消费吗？			
7. 您愿意在预防近视的产品上花费多少钱？ 200 元以下　　200～500 元　　500 元以上			
谢谢您的参与，祝您愉快。			

分析调研结果：

发出 100 份问卷，有效的 87 份，统计的结果是：

小学生家长对预防近视产品更感兴趣，82% 的小学生不注意用眼习惯和姿势，但选择护眼产品的比例很少，只有 2%，主要是防低头支架；愿意为孩子购买预防近视产品的家长较多，比例占到 61%；对于预防近视产品的价格，54% 的家长接受 200 元以下的价格。

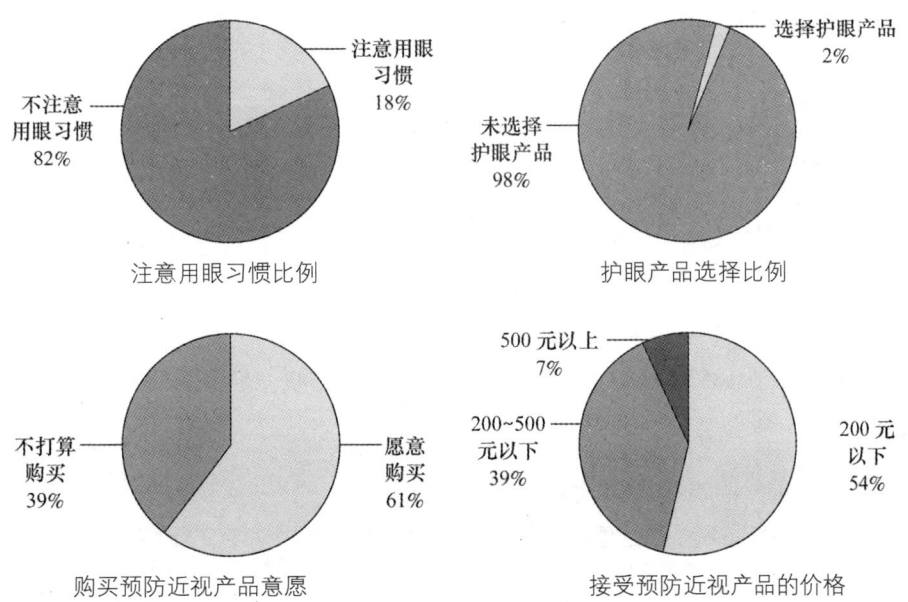

注意用眼习惯比例　　护眼产品选择比例

购买预防近视产品意愿　　接受预防近视产品的价格

四、产品设计

产品初代设计图：

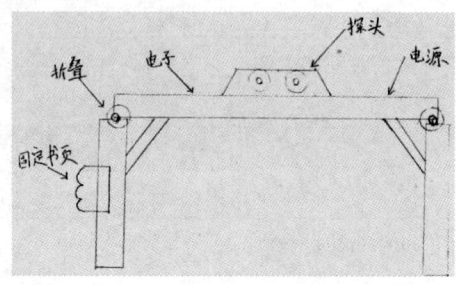

产品功能设计如下。

1. 距离报警

产品有一对超声波探头，分别是发射器和接收器，距离报警就是通过这个神器来实现。

2. 光线强度检测

光照强度检测采用光敏电阻，当光线发生变化时，光敏电阻的阻值也就不同，然后导致电压也不同，从而设定出理想的光线强度报警值。

3. 定时提醒

通过内置定时计数功能完成定时并使报警电路发出报警声，用以提醒小朋友赶紧休息一下！

4. 报警模块

采用蜂鸣器报警。蜂鸣器，体积小、重量轻、使用方便，最主要的是价格实惠。

5. 显示部分

采用液晶屏显示相关数据。

6. 供电部分

通过 1 节 18650 锂电池供电，重量轻、使用方便，最主要的是比干电池环保。

7. 产品设置

探测距离，光线强度，定时时间，都能让使用者自行设定，实用性很强。

在产品出样阶段，我们面临了实际挑战：一是需要看懂电路图。二是购买的元器件需要焊接组装。三是如何完成产品外形制作。

负责技术的 CTO 周一杨同学特别棒，他通过网上视频学习和家长的指导，学会了如何看电路图，并把购买的元器元件组装起来。

样品的外壳是通过 3D 打印制作的，3D 打印对于制作单个复杂样品来说目前是最经济最方便的手段。如果可以正式批量生产，外壳就要采用模具生产啦。

周一扬在焊接电路

在家长的帮助下完成电路测试

产品 2.0 版图：

它体积小巧，可以放在桌面上使用，也可以借助支架手持使用；不过外形不太美观，棱角多，有的同学说像手枪的形状！但设计的功能完全实现了！

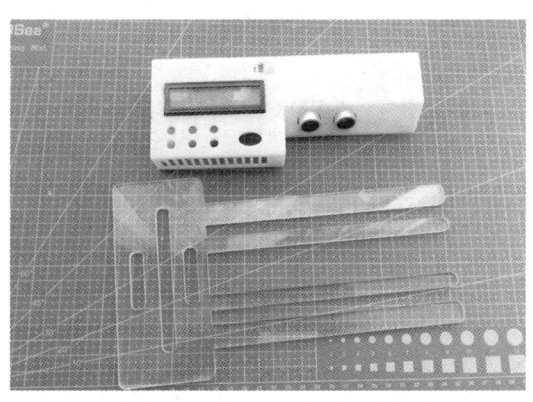

产品 3.0 版图：

重新设计了外壳，采用圆弧外形设计，比之前的形状精美了许多，善于绘画的队员敖心悦同学把设计的动画图案做成不干胶贴，贴在爱眼宝的外壳上，动画图案还分男孩版和女孩版。

五、营销策划

销售对象：学生/学生家长

产品定价：市场价199元

定价理由：根据成本，加成利润进行定价

销售渠道：网店销售、学校内销

宣传语：爱眼宝——关爱孩子眼睛健康，关注每个读写细节

六、产品发布

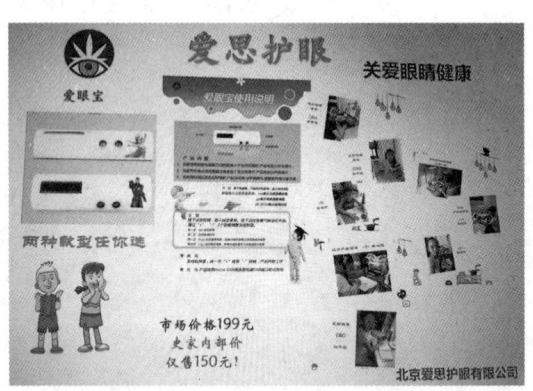

展板设计图

在展会前一天，同学们忙碌地商讨展会分工细节，制作装饰展板，全部是自己动手完成。

历时两天的展会，团队成员全体上阵，卖力宣传，为参观的学生和评委们介绍爱眼宝的设计原理，演示功能，回答各种提问，好几名团队成员的嗓子都说的哑了。班级同学也纷纷来给我们助阵。我们的展台一直围绕着很多同学，最神奇的是有一位男同学居然当场掏出 200 元钱，说是要买样品，这也证明了我们产品的受欢迎程度呢！

在展会期间，还发生了一个小插曲，爱眼宝在传递过程中，不小心被摔到了地上，显示屏都不亮了，这要是摔坏了，还怎么演示啊，团队成员都紧张得不得了，结果爱眼宝重启后，一切功能正常！虚惊一场！我们的产品真是结实耐用啊！

爱眼宝团队成员

爱眼宝展会实况图片

讲演产品爱眼宝

七、反思复盘

【学生感悟】

韩慕蓉 三年级第二学期的开学典礼上，我们得知了"校园 MAKER 分享会"这个新奇的比赛，当时班级里沸沸腾腾，大家都想参加这个有趣的活动。我和几个伙伴很快组成了一个 8 人小团队，我是创建人，所以就任 CEO，其他 7 个同学，我按照他们的兴趣和特长依次分工：CTO、COO、

CIO、CFO……，每人都是一个O，大家都干劲满满！

我对商业挑战赛的理解是：创意最重要！设计的产品要有市场需求、有商业价值，还要附加科技含量，这样才能够在"创·智汇校园MAKER分享会"中胜出。我们想出的点子五花八门，有扫地机器人、有作业APP、有煮饭机器人、视力保护器……下课休息时间就是我们的产品研讨时间，大家还认真地做可行性分析。最后，我们经过投票选择，确定了做视力保护器，还给它起了一个可爱的名字——爱眼宝。

产品创意有了，接下来就得制作样品了。我们的CTO周一杨棒棒的，产品大部分的动手工作都是他通过自学和向老师、家长请教后独立完成的。第一版成品出来后，我们设想的功能都实现了，大家信心倍增，紧接着又有了在外形上做了改进的第二版。其他的工作我们也在同步进行着，每月完成要求的各种报告、设计产品说明书、设计产品包装盒、设计团队服装，一直到展会前的布展，要做的事情真的很多。

5月25日是展会开始的日子，我们穿上带有团队Logo和宣传语的定制T恤，精神抖擞地为参观的学生、评委、老师们介绍爱眼宝，演示功能，回答各种提问，好几个同学的嗓子都说哑了，但大家乐此不疲，只想着怎么更好的展示产品。第二天下午学校广播宣布入选名单，那一刻，既期待又紧张，当广播里传出"爱眼宝"的名字时，我们都激动地喊出声，爱眼宝团队入选了创意选挑战赛30强！

爱眼宝的历程还没有结束呢，我们在2017年底还代表学校参加了北京是第三届青少年创意集市并获奖，在2018年5月参加第一届"京津冀-粤港澳"（国际）青年创新创业大赛少年精品双创项目北京区域展评活动获奖。

通过参加这次活动，我们学到了很多，特别感谢班主任范鹏老师一直鼓励我们，在产品功能和外形上也给了我们很多建议，还有我们的爸爸妈妈们的支持和帮助。

【家长感悟】

韩慕蓉妈妈冯馨莹　当小朋友告诉我报名参加了学校的"创·智汇校园MAKER分享会"时，我对他们能否真正做出产品、坚持到赛事结束是持观望态度的。没想到孩子们真的一步步按着活动规定步骤完成了既定动作，兴趣盎然地商讨创意、分工协作、分析产品可行性、制作产品、准备展会，到最终进入30强。

三个月的活动时间，明显地感受到孩子们的成长与改变。那段时间与孩子的交流，孩子经常会提及公司的安排计划、产品设计、目标人群、销售策略……"创·智汇校园 MAKER 分享会"用课堂外的方式带领孩子学习、创造和实践，从兴趣到热爱，从知识理解到动手能力培养，从发现问题到解决问题，从以自我为中心到团队协作。创新教育与素质教育更好地激发孩子们的活力，感谢学校组织这样有意义的活动！

案例3　跳绳集线器

【教师推荐】

"谭畅同学！请你1分钟内整理好跳绳，否则你又要错过这节体育课了。""史老师！史老师！何璟的水杯洒水了！"原本这只是孩子们班级生活中两个非常常见的情景，可是你知道吗？这竟然成为了孩子们创意灵感的来源。

这是孩子们第一次参与校园MAKER分享会。之前作为指导教师的经历，让我早有了心理准备，孩子们的公司很有可能因为研发产品等各种问题而宣布破产。但是当我看到了孩子们的初步想法后，对于TM公司的未来充满了信心。

这是一个创意无限的公司。研发产品之初，团队的每个成员都提出了自己的创想。例如：可以避免洒水、方便安放到桌椅上的水杯架，可伸缩的黑板擦，方便整理跳绳的集线器，小型自动浇花机器人等等，一共汇聚了11个创想之多。作为孩子们的班主任，看到每一个创想时，都会勾起一个班级生活中的画面。从生活中发现问题，设计产品解决问题。TM公司的实力不容小觑。

这是一个和谐温暖的团队。Think and make it happen。创意有了，而且那么多！研发哪一个？如何实施呢？团队成员设计了表格，从发现问题、设想的产品和产品的用途角度汇总了11个产品，并进行了可行性和不可行性分类，详细列举了原因。在公司内部进行投票，选出了最终的研发项目——跳绳集线器。对于这个结果，公司成员没有人再提出异议，而是马上就开始计划研讨会，准备设计产品。

这是一个团结协作的集体。千万不要以为公司的各个"O"都是徒有虚名。TM公司在研发产品过程中，从首席执行官到各大领导，各司其职，团结协作，才有了最终产品的发布展示。绘制设计图、制作产品模型、发布求助信息、问卷调查、改进产品……每一步都全员参与、集思广益。我感受到，大家在为着同一个目标而努力，那种积极向上的氛围，令人赞叹。在大家的积极探索下，同学、老师、家长还有爱心人士的帮助下，跳绳集线器多种产品应运而生。

历时两个月，参与商业挑战赛的过程给予了团队中每一个成员一次不一样的经历。从研发产品到产品发布，是一个从"发现——思考——解决"的过程。在这其中，作为孩子们的班主任，并不像是一个指导者，而是一个学习者、参与者。他们真的是创意无限、梦想飞扬的集体；他们真正组建了公司，发明自己的产品；他们真正关注人们的生活所需，从中获得灵感，将想法付诸实践。为 TM 公司的每个成员点赞，为这个团结协作的团队点赞。

推荐教师：史亚楠

一、创意孵化

2018 年 4 月，三年级 2 班的谭畅、何璟、徐培清、申辰宇、雷方易、姜上若、孙钰童、崔尚源 8 位同学自由组合，成立了 TM 天马公司，公司口号是"创意无限，梦想飞扬"。公司成立后，同学们建微信群联系，集思广益，提出了很多的创意，内容涉及日常生活的多个方面，首席执行官 CEO 谭畅对这些创意进行汇总后，发给公司成员进行可行性评估。

创意汇总表

	在生活中发现的问题	设想的产品	产品用途或功能
1	有些地方汽车不好调头	汽车转向盘	方便快捷调转车头，避免碰撞
2	路边井盖太多，不美观，隐患多	井盖涂鸦	美化城市环境
3	充电线经常忘记拔掉	自动断电充电线	当没有设备充电时，自动断电
4	轮椅、婴儿车、滑板车等进入电梯后要转身才能出来，不方便	电梯地板转盘	可以旋转180度，让转盘上的轮椅等调转方向，自由进出
5	跳绳容易缠绕，还容易丢	跳绳集线器及书包外挂	方便整理跳绳，并能挂在书包上
6	水杯在学校不能直立放，容易倒	椅子腿水杯架	在椅子腿上安装一个水杯架，插水杯，可以携带，能用在其他椅子或桌子腿上

续表

	在生活中发现的问题	设想的产品	产品用途或功能
7	写字看书时坐姿不良，引发多种健康问题	电子坐姿矫正器	在坐姿矫正器中植入电子监控系统，坐姿不良时，会发出语音提醒
8	卫生间、厨房垃圾桶很脏，换垃圾袋比较麻烦	自动垃圾桶	自动感应垃圾桶是否已满，自动封口并套袋
9	低年级学生擦黑板够不到黑板上半部分	板擦辅助器	为板擦配置伸缩杆儿，使板擦延伸到黑板每个角落
10	全家外出时，家中植物容易枯萎	自动浇水装置	家里没人时，植物也可以茁壮成长
11	家中物品有时会找不到，很着急	寻物遥控器	参照汽车遥控钥匙原理，制作集成遥控器，在重要物品上贴感应贴片，按动遥控器，物品会发出声音，方便寻找

创意可行性初步分析：

可行性产品	原因
跳绳集线器及书包外挂	设计简单，投入较少
椅子腿水杯架	设计简单，成本低
板擦辅助器	设计简单，成本低
寻物遥控器	需要涉及的技术多为电子技术，寻求相关人员帮助

不可行性产品	原因
汽车转向盘	设计太复杂，需要涉及汽车生产厂商，很难完成
井盖涂鸦	市政不允许，而且不能减少安全隐患
电梯地盘转盘	设计太复杂，而且可能会带来安全隐患
自动断电充电线	市场已经有类似产品
自动垃圾桶	市场已经有很多产品，而且广泛销售
自动浇水装置	比较困难

由于公司最终只能确定一种研发产品。首席执行官让各成员从11个创意中选出不多于3个创意。最后根据得票的多少，以最民主的方式来确定公司的研发项目。

得票统计显示，跳绳集线器及书包外挂得票数最高，为6票，其次为自动垃圾桶，得票数为4票，椅子腿水杯架、板擦辅助器和寻物遥控器均为3票。因此，由何璟提出的跳绳集线器及书包外挂方案入选TM公司即将研发产品项目。

关于研发产品的投票结果公示

产品序号	产品名称	投票人及投票情况								得标统计
		谭畅	孙钰童	徐培清	姜上若	崔尚源	何璟	申宸宇	雷方易	
1	汽车转向盘	√								1
2	井盖涂鸦									0
3	自动断电充电线							√		1
4	电梯地板转盘				√					1
5	跳绳集线器及书包外挂	√	√	√		√		√	√	6
6	椅子腿水杯架		√	√				√		3
7	电子坐姿矫正器				√		√			2
8	自动垃圾桶				√	√			√	4
9	板擦辅助器		√	√					√	3
10	自动浇水装置									0
11	寻物遥控器	√				√	√			3

全体公司成员对这一投票结果给予了充分的认可，认为该方案的可行性好，产品研发成功的可能性大，而且跳绳是小学生体育必修项目，集线器的潜在需求量大，产品有很好的销售前景。

二、团队建立

公司基本信息					
届别	第三届	公司编号	D0206	指导教师	史亚楠
公司名称	TM 天马公司				
产品名称	书包外挂跳绳集线器				
公司口号	创意无限，梦想飞扬				
公司 Logo 及含义	图案中心的 TM，代表 Think and make it happen 的宗旨，即孩子们积极思考，并把创想变成现实。T 也有 technology 的意思，体现科技创新。 外形上，是一个八角螺丝，8 条边，代表公司的 8 个创始人同学，螺丝寓意同学们知行合一，要亲自动手参与制作。 颜色上，蓝色代表睿智、从容，红色代表勇气、热情。				

规章制度	为完善公司管理，确保公司员工的合法权益，特别制定如下规章： 1. 公司实现首席执行官领导下的合作管理机制，每位成员各司其职，相互协作，听从工作调遣和分配，不可推诿责任。 2. 公司成员发生意见分歧时，要本着相互尊重的原则开诚布公地进行沟通，不可出言不逊，不尊重对方人格。 3. 不可故意缺席公司定期的碰头会。 4. 如违反上述规定，需在公司成员前背古诗三首，并承认错误，承诺改正。
团队照片	

成员基本信息			
职位	姓名	班级	任职理由
首席执行官	谭畅	三（2）	有创意，有意愿，有热情
首席艺术官	何璟	三（2）	喜欢艺术，有创意
首席财务官	徐培清	三（2）	数学好，做事细心
首席技术官	申宸宇	三（2）	做事认真，对自然科学感兴趣
首席信息官	雷方易	三（2）	做事有条理，思维比较缜密，协作能力强
首席行政官	姜上若	三（2）	性格开朗，善于沟通，组织能力强
首席艺术官	崔尚源	三（2）	喜欢艺术，有创意
首席品牌官	孙钰童	三（2）	善于沟通和表达

三、产品设计

将创意变为产品，不是一件容易的事情。好在 TM 公司的成员们热情很高、点子很多,组织也很强。首先,由首席技术官 CTO 申宸宇提议召开产品设计方案讨论会,然后,由首席行政官 CAO 姜上若来协调大家的时间,确定 3 月 21 日下学后召开公司会议。接着,在会议上 CTO 申宸宇提出设计方案初稿,大家积极发言讨论。最后,形成产品的设计草图,并由 CTO 申宸宇填写产品确认信息。

气氛热烈的产品设计讨论会现场

讨论会形成的产品设计草图

产品确认信息表

产品名称	书包外挂跳绳集线器
产品初代设计图	

你期望产品具有哪些功能？
可以整齐地收纳跳绳，最好可以自动将长长的绳子卷起来，并可以固定挂在书包合适的位置，方便随时使用
你期望产品具有哪些特色？
1. 美观实用，适合小学生使用； 2. 便捷小巧，如果能够实现自动集线就更好。 （两种方案备选：手动绕线、自动绕线）
在实现这些功能和特色时，你计划运用哪些创新的手段和技能？
1. 设计创新，在产品外观的设计上具有新颖性； 2. 集成创新，通过集成跳绳、电动集线器等已有材料，制造出我们公司的产品
在实现这些功能和特色时，你计划学习哪些新的知识和技能？
如何选择合适的原材料，怎样解决便携易用等问题，怎样将自动卷线器结合到产品上

4月底，公司成员根据设计草图，陆续提交了自己的产品雏形。

4月26日，首席技术官申宸宇提交了第一个产品模型。

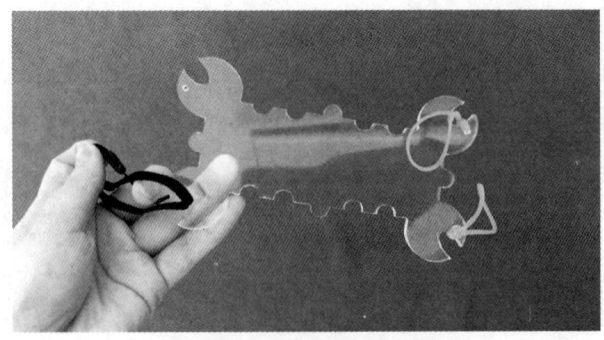

首席技术官申宸宇提交的产品

产品创意的提出人、首席艺术官何璟紧随其后,提交了自己的产品。

首席艺术官何璟提交的产品

5月2日,首席执行官谭畅也提交了产品。

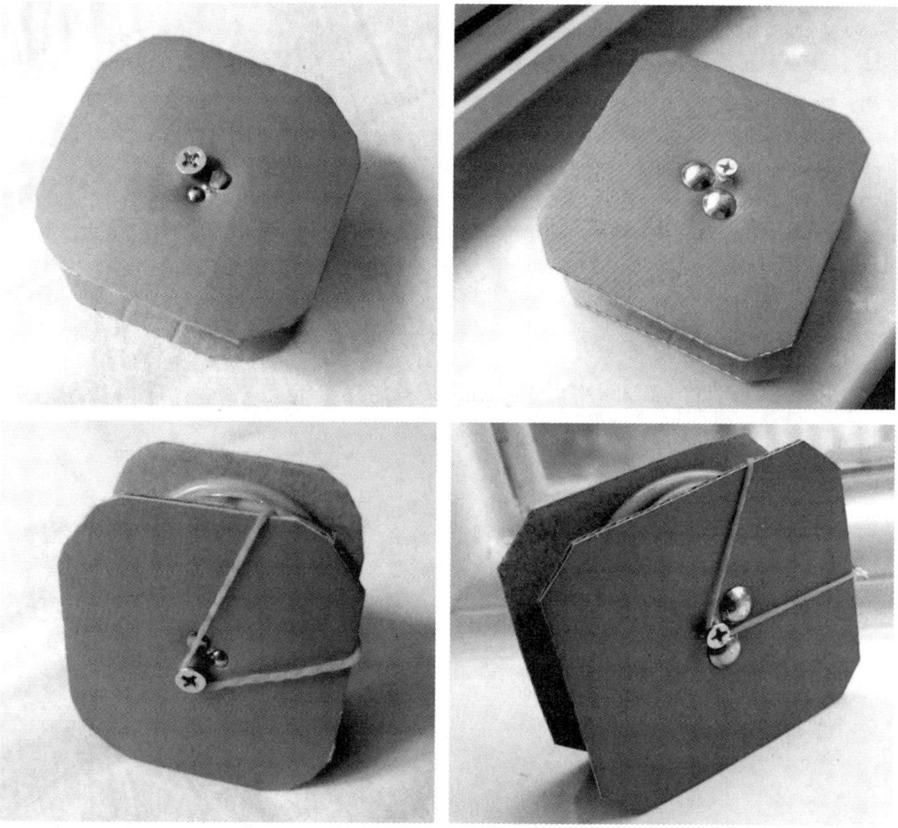

首席执行官谭畅提交的产品

为了能够生产出高水平的产品,我们把产品的创意、制作过程和后续想法发在了微信公众号上,向朋友们求助,希望能够批量生产或者通过3D打印出展示产品。

网上求助文章及反馈

该求助文章被广泛转发,多个朋友提出可以帮忙3D打印。学校创·智汇项目的陈纲主任很快发来留言,说学校就可以解决,她让孩子们第二天自己去找她,锻炼他们的求助和表达能力。

学校3D打印组打印的产品

与此同时，首席财务官徐培清设计了另一款跳绳集线器，并用 3D 打印技术打印出来。

徐培清的产品

至此，TM 公司已经有数款产品可供"创·智汇校园 MAKER 展销会"展示了。

TM 公司的多款产品

CFO 徐培清还为我们 TM 公司的产品——跳绳集线器申请了专利呢！

实用新型专利请求书

请按照"注意事项"正确填写本表各栏			此框内容由国家知识产权局填写	
⑦实用新型名称	跳绳集线器		① 申请号（实用新型）	
			② 分案提交日	
⑧发明人	何璟、谭畅、雷方易、徐培清、申宸宇、崔尚源、孙钰童、姜上若		③ 申请日	
			④ 费减审批	
			⑤ 向外申请审批	
⑨第一发明人国籍　中国　居民身份证件号码110106200905275144			⑥ 挂号号码	
⑩申请人	申请人（1）	姓名或名称何璟		申请人类型个人
		居民身份证件号码或统一社会信用代码/组织机构代码110106200905275144		电子邮箱 mail_ wangyuling@163.com
		请求费减且已完成费减资格备案		
		国籍或注册国家（地区）中国　　经常居所地或营业所所在地北京市		
		邮政编码 100010　　电话 13810794629		
		省、自治区、直辖市　北京市		
		市县　东城区		
		城区（乡）、街道、门牌号　朝阳门北小街南弓匠营胡同2号史家胡同小学		
	申请人（2）	姓名或名称谭畅		电话 13810794629
		居民身份证件号码或统一社会信用代码/组织机构代码110106200811261833		
		请求费减且已完成费减资格备案		
		国籍或注册国家（地区）中国　　经常居所地或营业所所在地北京市		
		邮政编码 100010　　电话 13810794629		
		省、自治区、直辖市　北京市		
		市县　东城区		
		城区（乡）、街道、门牌号朝阳门北小街南弓匠营胡同2号史家胡同小学		
	申请人（3）	姓名或名称雷方易		电话 13810794629
		居民身份证件号码或统一社会信用代码/组织机构代码110101200901052021		
		请求费减且已完成费减资格备案		
		国籍或注册国家（地区）中国　　经常居所地或营业所所在地北京市		
		邮政编码 100010　　电话 13810794629		
		省、自治区、直辖市　北京市		
		市县　东城区		
		城区（乡）、街道、门牌号朝阳门北小街南弓匠营胡同2号史家胡同小学		

"万事俱备，只欠东风"，产品设计和制作已经全部完成，接下来的步骤是进行市场调研、制定营销计划、设计制作展板和布置展台。

四、市场调研

在产品雏形出来后，公司通过问卷调查的方式，在 85 名同班同学、兴趣班同学、学生家长中进行了市场调研，最后回收得到 80 份有效问卷。

TM 公司跳绳集线器市场调查表

1. 你觉得书包里的跳绳容易乱吗？

    A. 容易乱　　　　B. 不乱　　　　C. 不知道

2. 你觉得如果有一个小产品能帮助规整跳绳有意义吗？

    A. 有　　　　　　B. 没有　　　　C. 不知道

3. 如果有跳绳集线器，你希望的大小是：

    A. 手掌大小　　　B. 字典大型　　C. 课本大小

4. 如果有跳绳集线器，你希望的形状是：

    A. 圆形　　　　　B. 正方形　　　C. 长方形。

5. 以下三个产品雏形（也就是初步产品），你更喜欢哪一个？

    A. 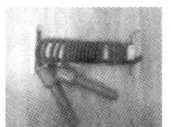　　B. 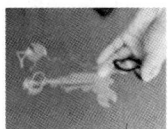　　C.

6. 你喜欢跳绳集线器是自动的还是手动的？

    A. 手动　　　　　B. 电动　　　　C. 无所谓

7. 你认为跳绳集线器的价格应该是多少？

    A. 5 元　　　　　B. 10 元　　　　C. 15 元

调查结果显示：

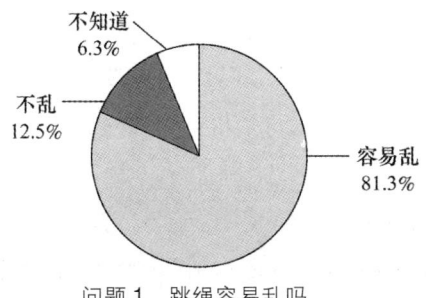
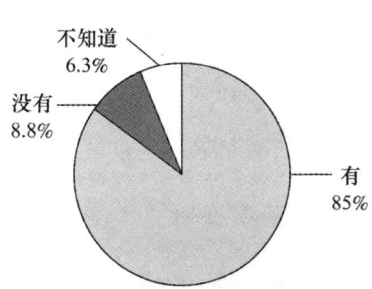

问题 1　跳绳容易乱吗　　　　　　问题 2　产品有意吗

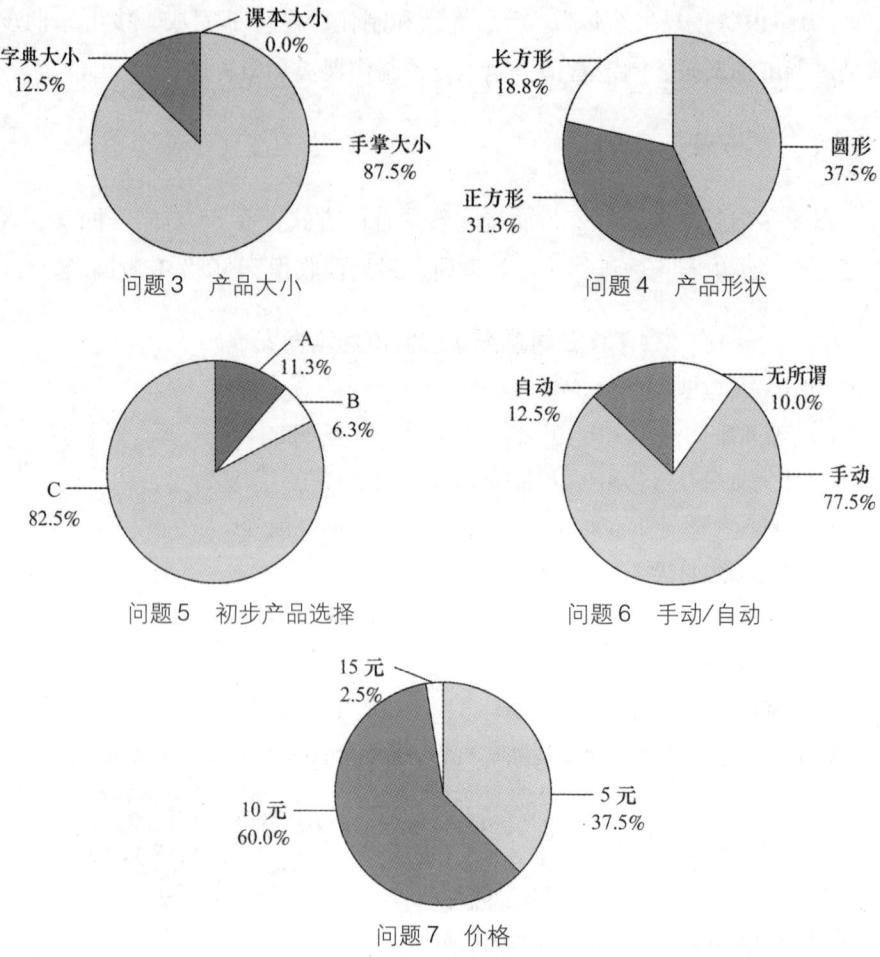

问题3 产品大小
问题4 产品形状
问题5 初步产品选择
问题6 手动/自动
问题7 价格

通过对80份有效问卷调查的分析发现,81.3%的认为跳绳在书包中容易混乱,85%的人认为设计这款产品有意义;在产品大小方面,87.5%的人认为产品的大小不要超过手掌大小;在产品的形状方面,37.5%的人选择圆形,31.3%的人选择正方形,18.8%选择长方形;对于提供的3款产品雏形,82.5%选择了C款产品;在产品是自动还是手动方面,77.5%选择了自动,但公司讨论认为目前版本技术上还达不到,可以在以后的升级版本中实施;在可接受的产品价格方面,60%的人认为每个售价为10元。

五、营销策划

根据市场调查的结果,结合公司的产品特点,TM公司制定了如下营销方案。

TM 公司营销方案

哪些消费者会对该产品感兴趣	
有用跳绳锻炼需求的学生及其家长	
该产品可以满足这些消费者的哪些需求	
能帮助学生收拾跳绳	能帮助学生规整书包
产品销售方式	1. 网店销售 2. 实体销售 3. 其他_____
产品价格	13.5 元/个，25 元（一套两个）
宣传语	好缠好绕好收拾，书包整洁小帮手
在哪里使用这些宣传语	展台和网店
除了使用宣传语，你还有什么其他的方式来吸引消费者	
网上分享小视频	网上分享小文章
预计销量	1000 个
预计成本（包括原材料、租金、员工工资和宣传等费用）	
8 元/个，包括原材料和制作等费用	

为了便于宣传推广 TM 公司的产品，首席信息官 CIO 雷方易制作了 TM 公司的宣传展示视频。

随后，首席执行官 CEO 谭畅在此基础上对视频进行了修改，作为最终的宣传展示视频。

 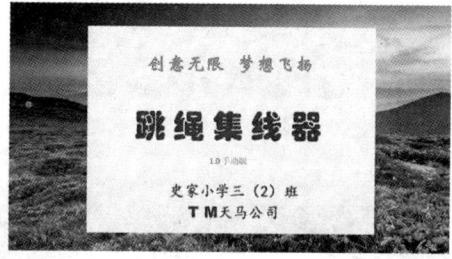

宣传视频展示

六、产品发布

产品出来后，同学们设计了展板，并在规定时间内完成了年级产品展销会和全校展销会的布展。

展板宽 1.2 米、高 1 米。以下图（实物为手绘＋产品照片）为展板主要内容，配以公司 Logo、公司会议及活动照片、各种初创产品设计图及照片、手绘装饰等。

宣传展板

展台长 1.2 米、宽 0.6 米。展台上的物品主要为各期产品设计原型及跳绳若干，供试用。展台上放置 iPad 一台，重复播放公司简介及产品宣传短片。

同时，还打印制作了 500 份传单，发给展销会上来展台前参观的同学。

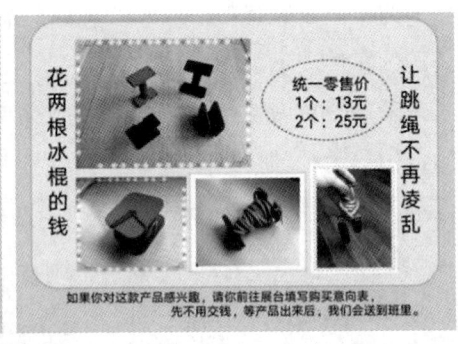

宣传传单

公司成员在精心准备展板（左）首席技术官申宸宇和首席艺术官崔尚源团结协作，布置展板（右）

参展的展板和展台布置完成,引人注目。

布置完成的展板及展台

三年级展销会上,在志愿者家长的协助下,TM 公司成员们分成两批在展台值守,负责向来展台前参观询问的老师和同学讲解和演示产品。公司各成员竭尽全力推销公司的产品,感受到了产品销售的压力和辛苦。

经过评选后,TM 公司从 100 多个参赛公司中荣幸进入了 30 强。

三天后,团队成员们再次满怀信心和热情,参加了全校的展销会,最终荣幸入选 10 强公司,获得了 Maker 智慧奖。

TM 公司团队合影　　　　　首席财务官徐培清向老师讲解和展示产品

首席行政官姜上若和首席品牌官孙钰童热心地向来展台前的同学讲解演示

首席信息官雷方易在讲解演示产品

产品创意提出人、首席艺术官崔尚源在向同行讲解演示产品

王欢校长到公司的展台前参观，认真听取首席艺术官崔尚源的讲解

班主任史亚楠老师到TM公司的展台前指导

TM公司获奖证书

七、反思复盘

在此次比赛中，我们 TM 公司团队成员们认为有以下收获。

1. 团队协作很重要，体现在产品创意提出、讨论、设计、申请专利和布展的各个环节。

2. 干事需要有热情。两次展销会，尤其是第二次展销会，历时两天，自始至终都需要热情，洋溢地向来宾介绍我们的产品。

3. 万事开头难，只要坚持下去，就有可能成功。我们的第一代产品原型出来后，每个成员都有自己的改进，最终形成了产品。

在此次比赛中，也发现了一些问题。

1. 由于学习任务重，公司有时候任务布置不及时，有时布置下去也要最后一刻才能完成。

2. 展销会中，当产品不太被人关注的时候，成员偶尔会有灰心的时候。

3. 产品还没有达到批量生产的阶段，后期还要努力。

同学们对这次活动有很多自己的感悟，家长们也有不少感想。

【学生感悟】

何　璟　进入 10 强实在是太开心了！但是不能骄傲，还要继续努力。通过这次活动，我学会了团结，明白了凡事都要努力才能取得成功！

雷方易　这是我和我的同学第一次参加创·智汇校园 MAKER 分享会活动，从组队起，我们经常在一起讨论，让我体会到了团体的力量是最强大的。在展览之前，我们一起设计展板，配合得很好，特别开心。展览期间，我们每一个人都认真地为来参观的同学解说，真的很锻炼我们。谢谢帮助我们的爸爸妈妈们和老师。

徐培清　我和 7 个同学组建了我们的 TM 天马公司参加学校的创·智汇校园 MAKER 分享会活动，我特别开心！在参加之初，我并不知道应该做些什么，通过自我推荐职务，我做了 CFO，和其他管理者们一起开会讨论，我渐渐进入角色了，也明白了公司要做的工作和我自己的职责。我觉得做公司很有趣，要做的工作也很多！通过这次活动，我学会了团队合作，一个团队的成员要相互信任，还要多交流沟通。在展销会上我很卖力地推销我们的产品，虽然很累但是特别有成就感！谢谢学校组织了这么好的活动，谢谢爸爸妈妈对我们的帮助和支持,这一次我们公司取得了很好的成绩,我特别开心!希望下一次还能参加,取得更好的成绩!

孙钰童 在参加活动中得到锻炼和提高。(1)增长知识。了解到设立公司的手续和过程,每个不同职位对于每个员工的不同要求。一定认真学习,掌握更多技能。(2)做成一件事,哪怕是很小的一件事情,也是很不容易的,需要大家共同努力。大家要目标一致,有团队精神,遇到困难也不轻易放弃,学会战胜困难。(3)虽然我们这次取得了一点儿成绩,但是很多工作是家长和老师指导我们做的,我们还需要继续努力,多积累,多思考,争取明年的活动中有更多更好的创意。

谭 畅 能进入10强,让我很高兴。参加这个活动,让我感受到卖东西的辛苦。感受了创业的艰苦,一个产品从创意、到设计、到制作,再到销售出去,需要很多工作。这个活动还让我懂得了团结协作的重要性。让我知道及时求助的重要性,让我知道了什么事情只要开了头,只要肯思考,就可能取得成绩。感谢各位爸爸妈妈和老师们的帮助,我还希望把我们的产品真正卖给同学们。

【家长感悟】

何璟家长 不论是否得奖,参与这次活动的孩子们都收获满满。一个公司,一件产品,背后是一次家校全方位系统协作。正是有学校和家长间的完全信任、密切配合、相互支持,才为孩子们提供了各种有形无形的支撑,让孩子们在欢笑和汗水中走过了一段难忘的旅程。

雷方易家长 这真是一个非常有意义的活动。在这个活动中,突然发现孩子们长大了,大到他们可以自己组队;自己提出一个又一个创意;自己投票确定参展的创意;自己相互沟通协调,认真讨论,自己设计展板;自己布展,有条不紊,配合完美无缺。在展览期间,那么卖力地介绍推销自己的产品。作为家长,特别特别欣慰,觉得这就是真正的"在事上磨炼",真真正正为孩子们骄傲和自豪。也特别感谢各位老师,急孩子之所急,尽心尽力帮助孩子们成长。

徐培清家长 孩子们的TM天马公司设计的跳绳集线器产品得到大众评委的认可,成功从参赛公司中脱颖而出,入围28强,对于第一次参加创·智汇校园MAKER分享会活动的孩子们来说,无疑是一个莫大的鼓舞!作为家长，我也跟着孩子们参加了一上午的展销会，深深感受到了这次活动带给孩子们的改变，一个个从内向的小朋友迅速变身为大胆争取、热情介绍产品的小销售，孩子们不仅体会到了办公司、销售产品的不易，也体会到了拿到投票和订单的成就感，真的要为这样的活动大大的点赞！

公司成立以来，孩子们提出各种创意，经过投票确定最终产品，各位"O"们召开管理层会议商讨产品细节，按照职责分工开展各项工作。O爸O妈们也积极协助，做好孩子们的参谋助手。我们还得到了很多好心人的帮助，让我们得以申请"实用新型"专利、制作了3D打印的样品。在参与活动的过程中，孩子们学会了团队合作，感受了创业的不易，也体会了成功的喜悦，这样的收获远大于成绩本身。今后孩子们还有几次参加这个活动的机会，希望孩子们能够在不断的锻炼中得到成长，并在活动中收获知识，未来涌现出一批成功的创业人士！

孙钰童家长 孩子们今年是第一次参加"创·智汇"校园MAKER分享会活动，作为家长有幸参与其中，可谓感触多多。一是孩子们在活动中感知了很多创新理念，结合日常生活和学习，提出了很多发明、发现的金点子，让大人们都不得不佩服孩子们的想象力和创造力。二是在创意实现过程中，各位家长都积极参与，提供帮助，无私奉献。三是学校创设无边界课程，筹划相关活动，为学生们成长、成才搭建平台，培养学生创新创业能力，受到学生和家长的好评。

谭畅家长 参加学校活动，能跟孩子一起学到不少知识。知道了经济领域和人事管理中的很多专业术语，了解了SWOT，了解了一个产品从创意、设计、制造和销售的整个过程。还学习到了专利申请的知识。

在参与中，增强了与孩子之间的互动，利用很多教育契机对孩子进行教育。由于孩子申请的是首席执行官，所以更多是教育了孩子要勇于担当、勇于负责、团结协作、分工合作，还教育他们要懂得谦让，懂得妥协，遇到困难，不轻易放弃，而且团队的主要负责人，要身先士卒，鼓舞士气。

案例4 智能发音地球仪

【教师推荐】

史家小学第二届"创·智汇"校园MAKER分享会又开始了,学生们都跃跃欲试。对于这次活动我对孩子们提出两点建议:(1)实用性,设计的产品一定要本着解决生活中的问题为出发点,要有社会实用性,可推广;(2)要有创新性,选题要新颖,别人做过的不要再次选择。在讨论时,吴悠同学说到了自己在参观科技馆时,发现一对正在观察地球仪的老爷爷、老奶奶因看不清地球仪上的文字而无奈地离开时,想到要是能有一台一触摸就能说话的智能地球仪该多好啊!这样就能解决老人、学龄前儿童视力不好、不识字的问题。吴悠的想法得到了其他6名同学的认可,他们一起组建了"悠智科技"团队,共同研制"智能发音地球仪"。

活动过程中,孩子们经过认真的研讨最终决定"智能发音地球仪"不仅能准确报出国家的名称,还要说出各个国家的特色。孩子们的想法虽好,但操作的难度却很大。为了解决难题,他们在网上学习Arduino编程知识;找老师学习搭建电路图,组装电路;查阅资料,录制解说词……通过家长的帮助,孩子们克服种种困难,在共同的努力下,"智能发音地球仪"终于研制成功。

在这一活动中,作为参与者,我见证了孩子们的成长。"创·智汇"校园MAKER分享会激发了孩子们的创新想象能力,使学生在关注社会、观察身边事物的基础上,思维方式得到拓展,想象力得到发挥,好奇心、求知欲得到满足,培养了敢于质疑,敢于大胆想象,勇于克服困难的品质。学生在兴趣的驱动下,有目的地去学习相关的基础理念与知识,训练和掌握相关的基本制作技能,增强实践能力,为实践创新提供知识、技能储备。学生通过亲历发明创造的过程,提升了收集处理、分析运用信息的能力和动手能力,学会了团队合作,体验到了发明创造的乐趣与成功感,培养了创新精神和创新能力。

推荐教师:祖学军

一、创意孵化

"智能发音地球仪"的诞生源于我在科技馆的一次经历。春节的时候，我和妈妈到科技馆参观，看到有两位老爷爷、老奶奶在观察科技馆的地球仪，他们看不清地球仪上的字，显得非常无助。我当时在想，地球仪上的字那么小，又不能讲话，这会给人们带来多大的不便啊？除了老爷爷老奶奶，生活中还有大量视力不好的人，都没有办法使用地球仪，这是一个值得创新的课题。而且地球仪上只有国家的名字，很多有趣的知识都无法呈现出来，如果能够做出一个会说话的地球仪就好了。

带着这个问题，我和班级里的伙伴讲了我的想法，并组建了8人小团队。我们经过查阅各种资料，也观察了生活中的各种地球仪，发现目前还没有发音地球仪的方案，这是一个很好的创新机会。

说干就干，于是我和团队成员请教了老师，并利用创客课程上学到的各种知识，开始策划"智能发音地球仪"的技术方案。大家一边商量如何在"智能发音地球仪中"重点介绍我们的祖国，一边热烈讨论要留给其他国家的"席位"，浪漫的法国、绅士的英国、严谨的德国、广阔的澳大利亚、神秘的阿拉伯国家……大家各抒己见，莫衷一是，恨不得把每个国家的特色都通过小小的地球仪呈现出来。最终还是在我的"斡旋"下，大家从地理形态和人文特色上综合考量，在除南极洲外的每个大洲都确定最具代表性的三个国家。国家确定好了，接下来就开始正式研发了！因为这是一个创新的设想，整个市场上都没有类似的技术方案，于是他们想到了Arduino开源硬件平台。这是一种可以编程的电子开发平台，它可以和传感器通信，还能控制马达、发声器工作，能够满足"智能发音地球仪"的开发需求。我和6名同学在课堂学习的基础上，继续在网络上学习Arduino编程知识，并陆续找到了合适的触摸传感器、发生器、继电器等电子元器件。这些元器件很多他们都没有使用过，只能按照网络上检索的信息，一个一个摸索着使用，发现BUG后就停下来调整代码重新测试。最终，经过大量的试错后，他们掌握了这些电子元器件的使用方法。可是，接下来更大的困难出现了，就是为"智能发音地球仪"搭建一个完整的电路，这是一个巨大的考验。我和6名团队成员没有气馁，他们绘制了功能分析图，确定了电源、控制板、输入、输出、存储等几个模块，然后尝试了多种模块连接方案，有传感器和发生器直连的，也有通过控制板进行间接控制的，有用电源直接给所有元器件供电的，也有用电源给主板供电，主板再给所有元器件供电的方案……这些方案，有的连接简单，但是稳定性不好，有的易于编程，但是代码的修改和维护会很困难，还有的成本太高。这些不够优秀的方案都被我和6名同学排除了，他们要发扬精益求精的"工匠精神"，就像爱迪生用1000多次的实验才找到最佳的灯丝材料一样，我和6名同学不轻言放弃，在失败33次之后，把他们设想的电路和编程代码完整地创造了出来。当电路在我的触摸下，成功播报出中国的介绍语音时，小伙伴们激动地跳了起来！接下来，新的问题出现了，由于地球仪的内部是球形的，我和6名同学设计的电路无法固定，在五金店和网上都买不到合适的固定模块，而地球仪又需要经常转动使用，一旦固定不好很容易造成电路脱落损坏，这可怎么办？就在这个时候，我想到了3D打印技术。热爱科技的我曾看到过3D打印房子和汽车的报导，3D打印最大的优点就是能打印出人们想象的各种复杂形状的物体，如果学会了3D打印那么问题就迎刃而解了。我和6名同学于是请教老师3D打印机如何使用，在老师的指导下，我们一点一点的摸索，用3D设计软件sketchup设计出了固定座的形状，然后成功操作3D打印机把这个"特制"的电路板固定座打印了出来。电路和固定的困难都克服了，最后一步就是地理知识的声音录制，研发小分队根据不同的大洲互相进行分工协作，在网络上、图书馆、电视上找寻各个国家的资料，并且改编成最有特色的介绍词，录制到语音模块中。最终，历时3个月，我和6名同学做出了第一台会讲话的"智能发音地球仪"！

二、团队建立

公司基本信息							
届别	第二届	公司编号		B0819		指导教师	祖学军
公司名称	悠智科技						
产品名称	智能发音地球仪						
公司口号	创新改变生活 科技服务于每一个人						

续表

公司Logo及含义	 Logo的设计灵感是一个微笑的地球仪，它改变了今天地球仪的冰冷形象，给人以微笑、亲切、人性化的崭新形象，诠释了"科技为人们生活服务"的设计理念。
规章制度	我们模拟公司制度，也为我们的团队设置了股份规章制度。 CEO占股51%（目的在于保持CEO对公司方向的把控）； CTO与COO各占股10%； CFO占股9%，其余总监各占股5%。
团队照片	

成员基本信息			
职位	姓名	班级	任职理由
CEO/首席执行官	吴悠	六（8）	优秀的团队管理能力、人才管理能力，了解市场需求和目标用户，对产品方向和资金管理有独特的见解
CTO/首席技术官	曲天畅	六（8）	对产品技术有清晰的大局观，能带领团队完成产品原型设计与规划
COO/首席运营官	杨紫诺	六（8）	在产品宣传推广、客户关系处理方面有极强的个人魅力与公关能力。能带领运营团队做好产品前期概念与市场营销推广

续表

职位	姓名	班级	任职理由
CFO/首席财务官	郦君驰	六（8）	管理公司资金的合理使用，团队产品原型的开销与采购，人员物资耗材的管理
技术总监	汪楚伊	六（8）	配合CTO完成产品原型的设计与技术搭建
市场总监	李祥玥	六（8）	配合COO完成公司与产品的市场推广与路演，粉丝社区的维护
设计总监	赵禹磐	六（8）	配合CEO、CTO完成公司核心产品的设计与规划
项目总监	孟繁瑄	六（8）	配合CEO进行项目商业计划书的梳理与时间节点管控

三、市场调研

悠智科技公司组建后，班级里的同学都觉得"智能发音地球仪"是一个很棒的想法，但是生活中是不是还有更多人对今天地球仪的使用不便感到烦恼呢？这可都是我们悠智科技的潜在用户！"纸上得来终觉浅，绝知此事要躬行"。我和小伙伴们决定立刻开始做市场调研。我们首先在图书馆和网络上查阅了各种地球仪的资料，找到了自己学校所购买的各种地球仪，询问老师和同学们地球仪的使用情况，通过调查他们发现目前地球仪的设计上的确有字迹小观察不便的问题，更加印证了自己的想法。初步印证了市场需求后，悠智科技公司在老师的指导下进行了更加商业化的市场分析，并得到了以下的分析结果。

（1）市场规模：通过对过去连续五年中国市场地球仪行业消费规模及同比增速的分析，地球仪行业的市场潜力与成长性都非常好，市场规模呈现增长趋势，语音和智能化方面有可能作为市场增长的突破点。

（2）产品结构：从多个角度，对地球仪行业的产品进行分类，对于不同种类、不同档次、不同区域、不同应用领域的地球仪产品的消费规模及占比来看，地球仪产品上还存在产品单一、功能简单等情况，产品结构期待多元化。

（3）市场分布：从用户的地域分布和消费能力等因素，来分析地球仪行业的市场分布情况,并对消费规模较大的重点区域市场进行深入调研,尤其是北上广等城市由于教育的需求,精细化的产品更能吸引他们的注目。

(4)细分用户研究:在宏观市场分析的情况下,对老年人和学生两个用户群体做了深入的调研。通过调研发现:老年人有大量的业余时间,非常期望能够丰富自己的晚年生活,有出去旅游的需求。在计划旅行的时候,很多老年人不会使用互联网,地球仪仍然是他们首选的辅助工具,如果能有播报功能可以让老年人轻松找到想去的地方。第二个群体是学生,学生是一个渴望学习的群体,而现在地球仪上承载的信息太少,语音播报功能可以让孩子学习到更加丰富的地理知识,给孩子更多的探索乐趣。语音播报功能的设计得到了老师、同学们的欢迎。

四、产品设计

"智能发音地球仪"产品的诞生经历了以下5个阶段。

1. 确定创意和绘制设计草图

"智能发音地球仪"的 idea 确定后,团队根据小伙伴的爱好进行了分工,分别负责产品、技术、美工等不同工作。这是大家第一次"从零到有"地创造一个作品,这其中必然面对很多没有学习过的知识,还有很多意想不到的困难。不过,大家都没有畏惧挑战,反而充满了创作的激情。如何让地球仪开口说话?这个问题让小伙伴们陷入了思考。我和小伙伴们首先根据创客课程上学到的知识,绘制了不同的电路原理图。他们把整个产品分为电源、中控、输入、输出、存储模块,尝试了不同的电路设计方案,最终确定了图中的电路连接方案。这个方案中:电源给电路板供电,电路板继续给所有元器件供电,结构简单清晰,更换电子元器件也更加方便。至于最关键的电路板,我和小伙伴们选用了 Arduino 开源电子设计平台。Arduino 电路可以兼容多种电子模块,而且还带有 IDE 系统可以方便地进行 DIY 编程,这个符合我和小伙伴们创新的课题。Arduino 的电路板有很多种,选择哪一种呢?经过比较,我和小伙伴们选择了 UNO 型号。接下来,我和小伙伴们又购买了面包板、电源、导线等电路基本材料,以及触摸传感器、继电器、发声模块等电子模块。在找寻发声模块的过程中,他们又遇到了不小的困难,因为市场上根本没有对应他们需求的发声模块,他们需要模块接收到电路板的信号发出声音,可以市场上的发声模块都是要手动按键触发才能发出声音的。这可怎么办呢？又一次的困难没有难倒创客小队，他们有了一个大胆的想法，直接和生产模块的厂家进行沟通！厂家听闻他们的创作题目后表示了赞扬和支持，并且告诉他们可以直接改造现在的产品模块，通过对线路的重新对接，接入一个继电器就可以实现我和小伙伴们所要的功能。这一下，小伙伴们都高兴坏了，大家经过三个小时的改造，在失败了三次后，第四次终于将发声模块改造成功了。所有的配件都根据电路设计图配齐了，这是第一次把这么多电子元件集成到一个产品中，我和同学们都非常兴奋，接下来就是开启地球仪外壳的设计了。

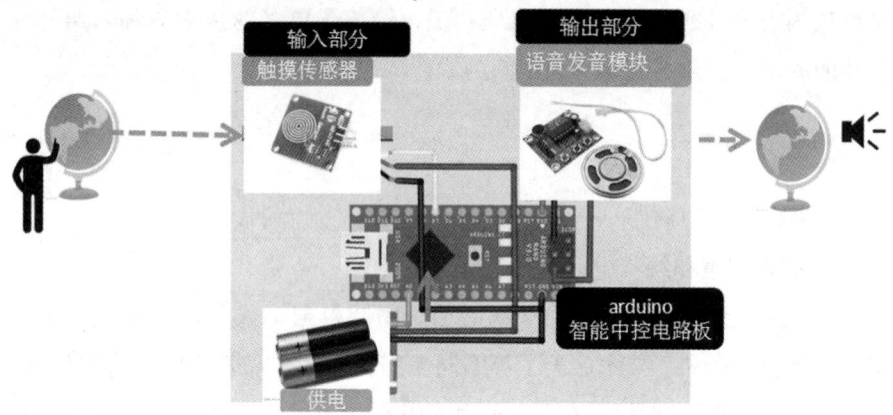

电路连接方案

2. 设计可开启地球仪外壳

我和同学们设计完电路后，遇到了一个新的问题，怎么把电路系统安装到地球仪里面？如果工厂生产时就直接把电路装好了，那么用户使用后需要更换电池怎么办呢？经过思考，他们决定把地球仪外壳设计成可以开启的形式。他们使用三维设计软件 sketchup 设计了基本的图样，这个思路得到了老师的认可。然后我们使用 3D 打印机，将固定构件制作了出来。固定构件嵌入地球仪后，上边的各种小孔可以固定电路板和其他配件，这样就算后期更改设计方案也没问题了。固定的问题解决后，两半地球仪的连接就成了大问题。如果像窗户一样用荷叶进行连接，肯定是可行的，但是地球仪的外观就被破坏了，那个连接荷叶的国家将无法完整的呈现出来，这可不行！我和同学们打算发扬工匠精神，做到精益求精。于是，穿绳子、内置荷叶、用两面胶粘贴……一系列方案都提了出来，但是大家都觉得不够完美。忽然，技术总监汪楚伊想到了一个巧妙的方法，用磁铁！说干就干！在 3D 打印的过程中，创客小队内置了钕磁铁，这样当两个半球接近时，就可以自动吸附在一起了！整个地球仪的外观没有增加一颗螺丝，在植入功能的同时完美地保持了美观，后期电池的更换也极其方便，这个设计真的是太棒了！

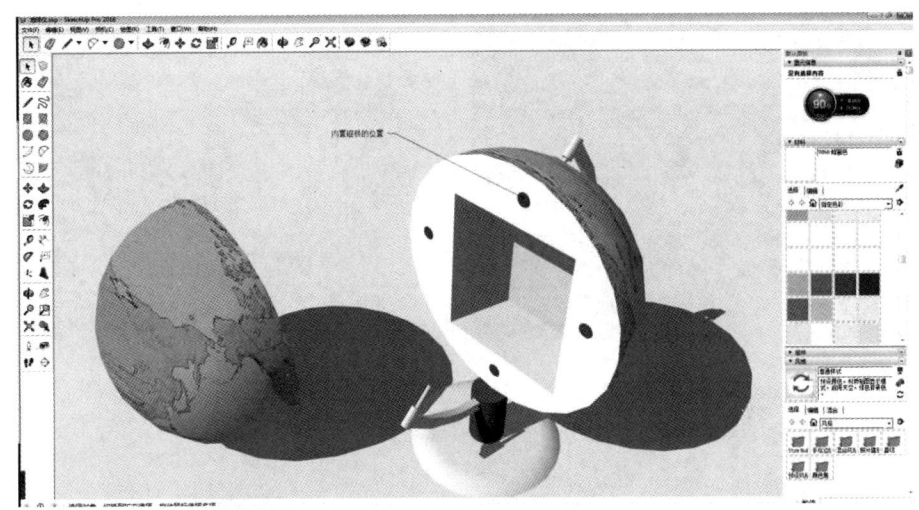

3. 电路搭建及测试

在之前学校的创客课程中，我和小伙伴们都知道再好的设计都只是理论上的完美，把一个作品真正的做出来才算是成功。果然，在电路搭建的过程中，大家遇到了前所未有的困难。智能发音地球仪是一个创新的设计，没有现成的案例。我和小伙伴们只是根据创客课程学到的知识，就在网络上购买了各种电路板、传感器、控制模块、语音模块、继电器等散件模块，这里面就出现了很多模块不适配的问题。有的是接口不对应，有的是电压不对应，还有的是完全不工作，我和小伙伴根本无法确定是元器件的问题还是电路搭建的问题。不过，创客小队没有气馁，他们一边继续自学电路和编程知识，一边在网络上检索相应问题的解决方法，一边根据测试得到的错误去购买新的元器件。随着时间的推进，创客小队也越来越训练有素，大家制定了详细的时间进度表，每周一在学校召开头脑风暴会议，周二到周五进行紧锣密鼓的设计，周六日就聚在我的家中进行组装测试，并且邀请家长们一起提出修改意见。三个月中，一次次的测试，一次次的失败，大家绘制了数不清的设计草图、产品模块图、电路搭建图，像一个工程师小团队一样，不断地找错误、改错误，直至出现新的错误……这种学习的过程是我和同学们之前从来没经历过的。最终，在一个周日的下午，经历了无数次的失败后，智能发音电路在通电后正常工作了，测试成功了！我和同学们激动的跳了起来，他们验证了自己的设想，这个小小的电路，终于能够让地球仪像人类一样的说话了！

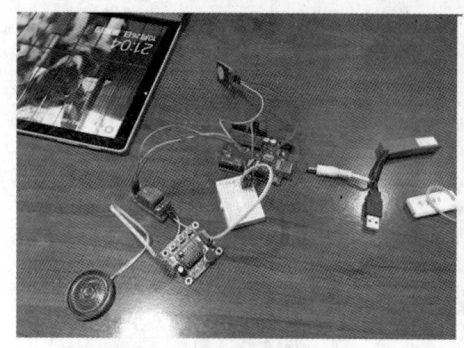
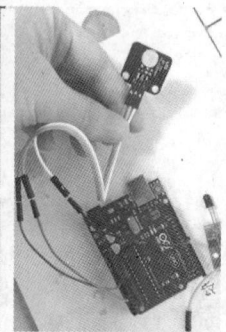
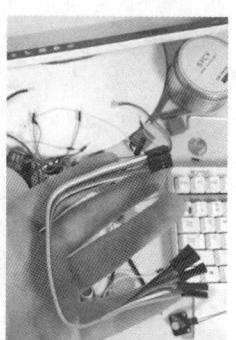

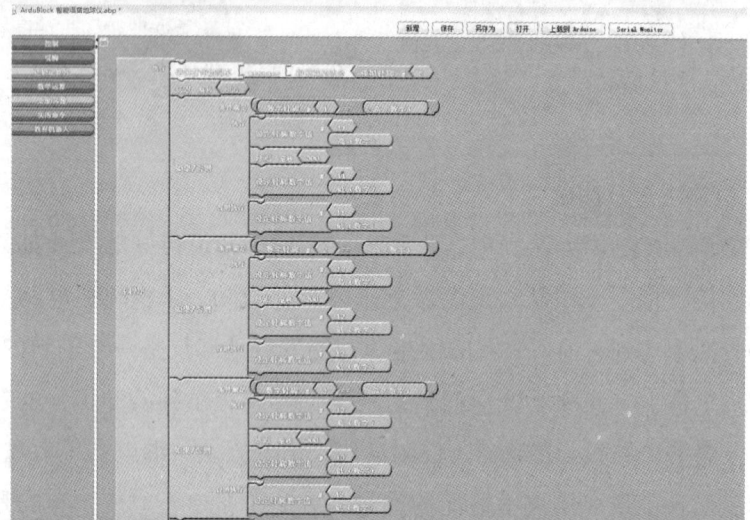

4. Arduino 编程

编程是我和同学们已经学习过的课程，但是之前都是在老师指导下完成一小段代码，大家从来没有独自完成一个大项目的编程。编程上要不要求助老师帮忙呢？我和小伙伴们决定明知山有虎，偏向虎山行，靠创客小队自己来完成代码！一方面，在 Arduino IDE 编程软件里，我们又找到了很多插件，这些插件也许会有帮助。另一方面，在网上的论坛中下载了很多开源的代码案例，学习前人的编程语句和编程结构，这些代码有自动浇花装置、循迹小车、人工智能监控……丰富的代码让创客小队大开眼界，他们快速开洞脑筋，思索自己需要用到的命令。If、elseif、switch、input、output、loop、deley……这些命令的功能在小伙伴们脑海中逐渐清晰起来,代码一行一行不断地完善,终于一个简单的 demo 版本被开发出来!我和小伙伴们根据公司的名字,将它命名为 YZ1.0 版本。在这个版本中,每当用手指触摸传感器时,传感器发出一个 HIGH 的信号给 UNO 电路板,电路板收到信号后给发生模块发出一个执行的指令,发生器就会自动执行将对应的声音播放出来,可以说基本的代码编写成功了!然而,当我和同学们将代码烧录到电路板中,却发现虽然基本功能实现了,但是代码仍然有很多不完善的地方。例如,人们使用地球仪的时候往往需要用手去旋转它,这时候手指也会触摸到传感器,地球仪就会发出声音;再例如,当人们在一个国家介绍没有播放完的时候去点击了另外一个国家,那么两个国家的介绍就会同时播放,形成杂音,这些都是代码不完善的地方。我和小伙伴们发现这些问题后,进一步修改了代码,把触摸的时间进行锁定,如果触摸的时间少于 0.5 秒,那么就很可能是用户在进行旋转地球仪的动作,这时候扬声器就不启动工作,只有当触摸时间大于 0.5 秒才启动。另外,如果有新的国家信息输入,就自动停止上一个国家的语音介绍,我和同学们把这个修改后的版本命名为 YZ2.0 版本。随着硬件不断的改进,程序也必须不断修改进行适配,这样 YZ2.0 又变成 YZ3.0,YZ4.0,YZ5.0……最终,最后一次修改定格在了 YZ6.0 版本。这个版本中,我和小伙伴们考虑到了各种可能的情况。可以说,这已经是一段千锤百炼的代码了,也就是说"智能发音地球仪"终于有了自己的大脑了。

5. 组装完成

老师说过,"成百里者半九十",越是到成功的时刻越是不能掉以轻心。虽然看着创意一点点完成,我和小伙伴们内心兴奋异常,但是大家还是认真地进行着最后的组装工作。大家买来了专业的工具箱,买来了无痕胶水,还有各种螺栓螺母,尝试最稳固的安装方案。为了不在拆装过程中破坏地球仪的外观,小伙伴们每次都需要精密配合,由 1 名"安装手"进行安装,1 名"辅助"在"安装手"旁边递送螺丝,4 名"固定手"在两侧固定地球仪,还有 1 名"观察员"实时观察安装的情况。大家安装得极其小心,一次小小的震动都引来虚惊一场。不过,在默契的配合下,我和同学们还是快乐地完成了最后一步,把自己的梦想变成了现实!

最终,经过 3 个月的迭代优化,"智能发音地球仪"研发完成。

五、营销策划

1. 产品定位

这款产品既适用于中小学教师进行历史、地理与自然科学授课,也可以自己在家里进行学习,既是一款好教具,又是一个具有丰富知识的玩具。

2. 产品定价:29.9 元

定价理由:市场上的地球仪价格基本为 30 元左右,智能语音地球仪的成本为 25 元,我们采用 29.9 元的售价在市场上销售,使用户在同样价格下享受到创新性的功能,会有很好的竞争力,也要让更多的同学用到这款智能的产品,帮助他们的学习。

3. 宣传语

可以讲话的地球仪,让你更爱我们的地球!

六、产品发布

在"创·智汇"的展销会中,我和小伙伴们满怀信心的展出了我们的产品——"智能发音地球仪",第一个会说话的地球仪!在熙熙攘攘的展会上,我们热心地向同学们介绍"智能发音地球仪"的功能。看着同学们好奇地体验着我们的产品,争先恐后地按着各个国家,有趣的知识从小小的地球仪中广播出来,我们和同学们都高兴得笑个不停。

在创意品发布会上,我作为 CEO 进行发言,以下是我的发言稿。

各位老师,同学们下午好:

我是六年级 8 班的吴悠,悠智科技公司的 CEO,我们团队是一个超级热爱科技的团队,我们团队的其他成员有:CTO 首席技术官曲天畅、CFO 首席财务官郦君驰、COO 首席运营官杨紫诺、市场总监汪楚伊、技术总监李祥玥、设计总监孟繁瑄。我们的产品是"智能发音地球仪",这是我们历时 3 个月的成果,为什么会做这个地球仪助手呢?这源于我在科技馆的一次经历。

春节的时候,我和妈妈到科技馆参观,我发现在科技馆的地球仪旁边有两位老爷爷、老奶奶,他们看不清地球仪上的字,也找不到工作人员帮忙,我想地球仪的发明者是不是没想到这个问题呢?回家后,我查了资料,发现竟然真的是这样,现在全世界的地球仪都不能讲话,这会给很多老人、残疾人、外国人带来多大的不便啊?这是不是一个可以创新的好地方呢?

带着这个问题，我和同学们组建了悠智科技的团队，我们的理念是"创新改变生活，科技服务于每一个人"。我们的目标就是让每个人都能听到地球仪的讲解，因此"智能发音地球仪"就应运而生了！我们的地球仪，具有创新性的触摸发声的功能，只要您在您希望了解的国家轻轻一按，地球仪就会智能地为您讲解这个国家的历史、人口、动植物情况。它简单易用，不知疲惫，还可以自己联网更新数据库的内容。在未来的升级中，它还将具有太阳能充电、语音搜索、多语言的拓展功能，成为真正的全能小助手。地球仪助手的技术，也非常具有创新性。它具有智能中控的电路板、触摸传感器、语音发声模块，还有电源和存储器模块。下一步我们要将这些技术申请专利，如果成功，我们将会是全世界关于地球仪的第一个智能技术专利，我们要让全世界的小朋友看到史家小学同学们的创意。

我们的市场怎么做呢？既然申请了专利，接下来我们只需要和地球仪的工厂进行合作，就能够大范围的应用啦！我们的模块安装也很简单，我们会录制好教学视频，放在官方网站上，让工厂的工人叔叔观看学习！我们的地球仪助手这么好玩，那么市场有多大呢？我们查阅资料得知，全球每年有 2000 万个地球仪生产出来，如果每个地球仪都装有我们的助手模块，我们收取专利费 5 元的话，就有 1 亿元的销售额；如果每个模块我们有 1 元利润，每年就会有 2000 万元利润，这是一个多么巨大的市场啊！如果能够产生盈利，我们愿意将这个收入捐献给需要帮助的全球的小朋友，尤其是那些生活在战乱、饥荒中的孩子，让他们感受到和我们一样的幸福！

七、反思复盘

【学生感悟】

吴　悠　创·智汇校园 MAKER 分享会活动真的是一场快乐的冒险历程，我们经历了重重考验，终于把我们的创意变成了现实。在 3 个月的创作过程中，我们的科学知识和创作能力都得到了提升，我和同学们深刻感受到了"创客"的涵义，那就是：用创新改变生活，用科技服务每一个人。我们学习了很多书本上、课堂上学习不到的知识，了解了 3D 打印、人工智能这些崭新的科技。我们不仅学习到了科学知识，亲自动手实践搭建电路，还学习了商业运营，和同学们成立了第一个公司……这些都是我们之前想象不到的，但是创·智汇让我们做到了！通过这次苦尽甘来的创作，我更加理解老师的教诲：世上无难事，只怕有心人！只要我们勤于学习、乐于学习，世界上其实没有克服不了的困难。虽然我们的作品还不能和很多伟大的发明相提并论，但千里之行始于足下，我们的创作之路才刚刚开始，探索的光芒会像启明星一样在我们的人生中照耀下去。我们为研发出第一台会说话的地球仪感到兴奋，也为我们的产品能服务于很多人感到骄傲。我们要再接再厉，将智能发音地球仪的功能开发得更加完善，早日推向市场！

感谢每一位指导我们的老师，感谢我们团队成员的辛苦工作，感谢每一个帮助"小地球"诞生的人，让我们更加爱护我们的地球吧！

【家长感悟】

吴悠妈妈詹沁芳　感谢史家小学开展的创·智汇活动，给孩子提供了这么好的一个平台，让孩子可以发挥创意、动手实践，既培养孩子的动脑能力又培养孩子的动手能力，还让孩子学会了团队合作，懂得了"用众人之力，则无不胜也"的道理，可以说受益匪浅。创·智汇引导孩子从人类社会的问题出发进行创造，培养了孩子的社会责任感和使命感。创作的主题百花齐放，但都凝聚了孩子们的思考，创作出真正改变人们生活的作品，让孩子对于成为祖国的栋梁之材有了很大的自信心！开放的课题，摆脱了书本的引导，反而促使孩子从更多角度思考问题，不断努力的学习理论知识，探索实践，让学习变成了一个充满快乐的过程，让我们家长都感受到了由衷的喜悦。21世纪日新月异，高科技的发展需要孩子们具有远大的理想、开阔的视野、深刻的思维，更需要孩子具备终身学习的能力，"创·智汇"活动恰恰帮助孩子们开启了这扇大门！我们由衷为孩子们的成长感到高兴！创·智汇活动上所有孩子们的认真努力，让我们看到了振兴中国科技的希望之光！

案例5　拼插日程笔筒

【教师推荐】

　　创·智汇校园 MAKER 分享会的开展为孩子们打开了真实世界的大门。每年初夏来临的时候，校园里孩子们热情洋溢地投入到一个个项目中，化身 CEO、CTO、CFO 的学生认真的劲头一点儿也不输创业公司的大人们。在第二届创·智汇校园 MAKER 分享会中，我在泰尔公司出现危机的时候"临危受命"，加入到团队之中。

　　这是一个有着独特个性的团队，每个人都有着各自的特长，能够独打一面。也正是因为如此，团队遇到了由于个性太强而无法团结一致的问题。六年级学生临近毕业学习任务重，公司讨论的时间都无法保证，甚至有的成员提出了退出的想法。如果公司成员少于6人，则不能参加展销会，视为退赛。公司的 CEO 李明远是个有些特立独行的男孩，眼看着团队人员纷纷离开的局面，他虽心里着急，却不太懂得如何表达。进入到公司后，我加入了公司的微信群，参与了几次微信会议后，发现会议效率不高，讨论的内容常被随性的聊天代替，任务分工不明确，导致计划无法落实。其实，泰尔公司的日程笔筒项目非常有创意，且可操作性强，是一个非常有潜力的产品，如果就此夭折实在太过遗憾。公司的前景很好，团队建设是目前最重要也是亟待解决的问题。我利用休息时间找到团队成员，了解到他们的想法之后，我和 CEO 李明远及几位主创人员商量公司的成员需要调整。对于在时间与精力上都无法保证的成员，我们尊重他的想法，同意其退出公司。通过多次沟通、交流，我们尽力挽留住公司中其他成员，以确保人数达到标准。事实证明，留下来的都是团队的主心骨。

　　展销会的筹备和开展是检验这个重新组合的团队最好的机会。作为指导教师，我没有直接上手包办代替，而是选择在旁观察，即使我已预测到了他们接下来即将面对的失败。商业挑战赛的初衷就是让学生体验真实的创业过程，从艰辛的经历中不断反思总结经验教训。自省反思与团队协作是这些初出茅庐的学生们最需要上的一课。孩子们自己绘制了宣传海报，准备了彩带气球布置展位，穿上了统一的队服，一切看起来井然有序。然而真正考验他们的时刻才刚刚开始。展销会开始，各公司迅速进入到"战斗"状态，卖力地介绍自家产品，拉拢顾客签下订单。然而我们的泰尔公司却呈现出慵懒、涣散的现象，CEO 李明远戴着耳机听着音乐，CFO 樊译阳和伙伴们聊起天，而 CTO 李兆基还迟迟没有出现。我们的展位从一开始的"人头攒动"到后来的"门可罗雀"。我努力按捺住性子，等待孩子们自己发现问题。晋级汇报时，孩子们如意料中初尝到了失败的滋味，一个个垂头丧气。台词枯燥没有新意，成员们配合不默契，表演动作僵硬，这一系列问题的出现险些让我们失去了晋级的机会。经历了挫折后，孩子们认识到了自身的问题，认真地投入到比赛之中。我们在一起研究方案、编写台词、设计动作、拍摄宣传片。在产品展示中，我们将产品的创意来源、研发过程、产品特点、所承载孩子们对史家的情怀及收获与心得向评委老师和同学们娓娓道来，最终赢得了掌声和喝彩。

推荐教师：路　莹

一、创意孵化

每学期初，同学们会将新的课程表抄在纸上放在铅笔盒中或者贴在记事本上，一学期下来，我们的课程表经常会出现丢失、损坏、字迹模糊等等状况，同学们不得不再制作一张新的课表，既不环保，又令人烦恼。

我们发现这个问题后，经过讨论，最后决定将课表与笔筒结合起来，既方便又实用。于是想到研发一款创意产品——多功能 DIY 日程笔筒。

我们产品的创意来源于生活。课程表是我们每天上学的日程表，笔筒则是家中文具必备品。当日程表与必备品碰撞在一起，创意就这样诞生了。

二、团队建立

公司基本信息					
届别	第二届	公司编号	A0306	指导教师	路　莹
公司名称	TAE Company（泰尔公司）				
产品名称	拼插日程笔筒				

续表

公司口号	Tide at ease！Fighting！潮自在，超自在！
公司 Logo 及含义	公司名称用橄榄枝包围，寓意着我们的公司崇尚和平与自由，公司的产品定位为矗立于时代浪潮的潮头，让生活更自在、更自由……
规章制度	1. 我们模拟了公司制度，确定了公司股权比例。 2. 设立突出贡献奖：公司收入的 20% 用于奖励有突出贡献的成员，由公司所有成员日常互评和项目结束后综合评价确定分配方案。 3. 惩罚措施：无故缺席活动、会议讨论期间不认真的，在日常考核中扣分。
团队照片	

成员基本信息			
职位	姓名	班级	任职理由
CEO	李明远	六（3）	具有较强的组织能力，在多次科技竞赛中担任队长，擅长带领团队，比赛中沉着冷静
COO	蔡 元	六（3）	思维缜密，做事有条理
CTO	李兆基	六（3）	擅长编程和 3D 打印，在多次科技竞赛中表现出色
CIO	张潇匀	六（3）	善于与人沟通，做事认真细致
CMO	程裕祺	六（3）	具备美术功底，学习美术 6 年，善于艺术创作
CFO	樊译阳	六（3）	思维敏捷，有一定的财务知识，并擅长数学
CRO	刘炳泽	六（3）	安全意识强，爱动手，实操能力强

三、市场调研

为了确定产品功能定位,了解客户需求,我们确定以下问题。

1. 产品是否能满足小学生的好奇心,能够锻炼动手能力,能否带来便利?
2. 市场上是否有同类产品?产品是否有创新性?
3. 目标市场的消费者还希望产品具有哪些实用功能?

我们把调查对象确定为同学、家长通过访谈,了解客户需求。

我们的调查结果如下:

1. 产品设计新颖,小学生都喜欢,感觉好玩又好用。
2. 市场上没有同类产品,产品有创新性。
3. 目标市场的消费者还希望产品具有闹钟、温度计等功能。

根据以上结果,另外上网查询没有类似专利产品。最后,经过讨论,确定研发这款日程笔筒。

四、产品设计

1. 创意品草图

依据我们的设想,讨论确定创意品草图如下。

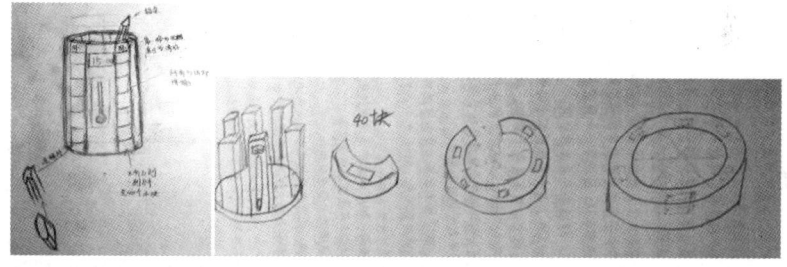

2. CAD 制图

我们利用 CAD 绘图软件完成产品设计。

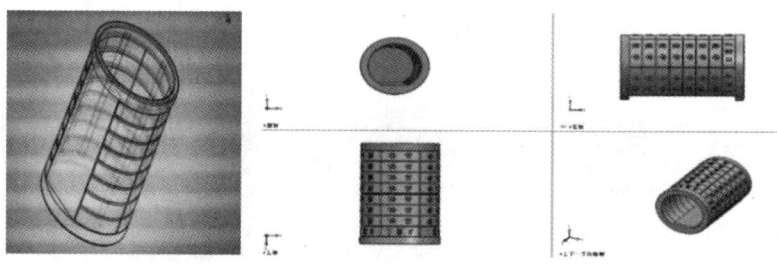

3. 3D 打印

建模完成以后，历时 2 天通过 3D 打印制作了产品。

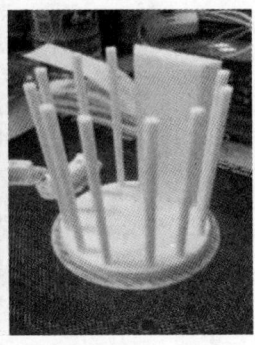

4. 产品迭代

我们将产品在班内进行了预售活动，同学们给我们提出了意见和建议。

经过商讨，我们将一代产品进行了修改，增加了分隔环。现在大家看到的，是我们的二代产品，相比一代，我们将星期、上午和下午课程分开，更加清晰明了，美观大方。

在三代产品中，我们想把底座改成可旋转的结构，使用更加方便。并且要把每个课程板件改造成卡槽结构，里面可以插上对应课程或日程的小卡片，或自己在空白卡片写字，这样更加灵活方便。到那时，我们的产品就不仅用于学生课表，还可以作为家长和老师们的个人日程管理笔筒，满足更多用户的需求，成为人们生活中的小帮手。

五、营销策划

1. 产品外观设计

我们是六年级即将毕业的学生，对母校有着太多的留恋和不舍，这是最后一次参加创·智汇了。经过讨论，我们在笔筒外观颜色搭配上特别融入了对史小深深的情意，将笔筒的颜色设计成代表着史小的经典蓝加黄组合色，以此表达我们对史小的热爱。

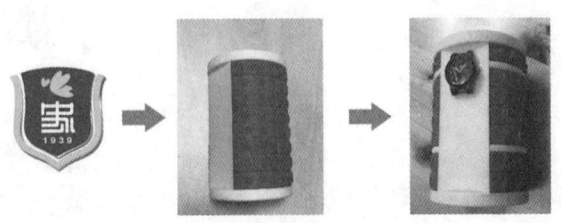

2. 产品价格确定

我们走访了多家文具店和超市,将市场上现有的笔筒做了价格分析。根据调研后预测我们的产品价格可以定在30~40元,预计利润为5~10元。

六、产品发布

在"创·智汇"展销会中,泰尔公司成员分工协作,完成展板设计,并经过培训和演练,圆满完成产品展示和讲解。

在创意品发布会中,我们泰尔公司进行了展示。

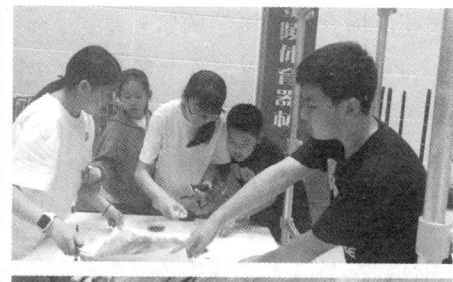

泰尔公司是一家创意产品研发公司,我们的宗旨是为有好奇心、爱动手的你提供有趣、好用、新奇的产品。

我们参考了"万年日历"和乐高玩具的概念,将课程名称制作成大小相同的板件进行拼装组成了笔筒,每学期只要按新课表安装即可。方便拆卸,操作简单,经济环保。

我们是六年级即将毕业的学生,对母校有着太多的留恋和不舍,为此我们在产品外观颜色搭配上特别融入对史小深深的情意,选用校徽的经典蓝加黄组合色,以此表达对史小的热爱。

我手中展示的是改进后的二代产品,增加了两个分隔环,把星期,上、下午课程分开,更加清晰明了,美观大方。后续工业化生产后,将突破3D打印局限,材料更环保、更经济,色彩更丰富,功能更多样。比如把课程板件改成卡槽结构,可灵活填充小卡片,变成日程管理笔筒,满足更多客户的需要,成为人们生活中的小帮手。

作为"00"后的我们更注重产品的独特性与多功能使用,因此我们在产品上预留有一块"私人订制"区域。可以根据自己的需要安装电子表、温度计、小台灯、相框、小音箱等功能模块。未来我们的产品具有广阔的潜在市场。根据市场调研后预测,我们的产品价格可以定在30~40元,预计利润为5~10元。作为投资人的您一定会盈利的!

在整个分享会中,我们因为发现问题找到了创新的灵感,经过踏实严谨的工作体会了科学精神,通过团结合作收获了友谊和信任,经历失败与挫折让我们学会了成长与担当。无论能否取得冠军,我们都不觉遗憾,因为过程本身就是给我们最好的礼物。

感谢各位老师、同学的支持,感谢史小的培养。在这里,我们泰尔公司团队要向您承诺:这款满怀着史小情结的多功能DIY日程笔筒,您值得拥有!

我们公司的口号是:科技伴随成长,精彩绽放童年!

七、反思复盘

【学生感悟】

用心去做好每一件事

——"创·智汇"校园MAKER分享会带给我的收获

六(3)班 刘炳泽

这个夏天,我们又迎来了精彩的"创·智汇"校园MAKER分享。"校园 MAKER 分享"是创客教育的一种形式,我们大家都非常喜欢它。

我们小组的全体成员献计献策,在辅导老师还有家长的帮助下,设计出 3D 打印笔筒。它既新颖又实用,是时尚的科技类产品,受到老师、同学们的青睐。经过全组的共同努力,最终,我们进入了"十强"!

这次比赛令我受益匪浅。首先,我懂得了什么是团队合作。在设计、制作、布展、展示整个过程中,我们组的所有成员都是互相配合、互相鼓励完成的全部任务。每个人的团结协作就是为团队增添一份力量,更是给团队里的每一个人尊重和展现自己的机会。

这更是一次让我锻炼的机会。最初,我不太敢向别人介绍我们的产品。后来,我决定尝试与"顾客"进行交流和沟通,向同学和评委老师说出我们团队产品的创新点和设计理念。最后,我们运用新颖、有趣的宣传词让许多同学"购买"了我们的产品。

这次创·智汇令我的收获颇多。感谢学校给我们搭建这样一个展现自己和完善自己平台。学会用心去做好每一件事,这就是这次活动带给我们的最大启示和收获!

【家长感悟】

梦想照进现实

六(3)班张潇匀妈妈周荣

记得学校第一次组织举办创客大赛是孩子小学五年级的事儿。闺女放学回家,两眼闪着光,一脸兴奋,嚷着说要和同学开公司、做产品,参加学校比赛……作为家长的我,虽然嘴上和她应和着,心里却犯着嘀咕:小朋友们能做出啥,玩玩儿罢了,实在没当回事儿。没想到最后闺女和同学的公司进入了八强,整个团队赢得了学校颁发的奖金,孩子们有滋有味地讨论奖金的分配方案,着实高兴了好一阵儿。

再一次参加创客大赛就已经是一年以后了,在学校的重视和精心组织,在陈刚主任的倾情支持下,全校师生全体动员,同学们的参赛热情空前高涨。就以闺女所在的六年级三班为例,虽然在紧张的毕业升学季,仍然吸引了全班同学全体参加,组建了七八个公司。作为家长,为了让孩子们自主学习,我更多的是乐于做个旁观者和甩手掌柜,从旁观察,可以说更多的是学习、欣赏和与闺女分享,一步一步看着闺女和同学的团队创业的全过程。从最初的核心成员动议、人员选择到团队组建，从产品创想、市场调研到产品确立，从产品设计研发、产品设计优化到 3D 打印成形，从编制产品说明书、使用功能演示到产品功能拓展和升级，从公司 Logo 设计、产品发布到拍摄宣传片，以及为了在公司和产品展示环节赢得老师和全校师生的投票支持，整个团队精诚合作，各自发挥所长。在展台布置、产品推介、与潜在消费者互动、宣传推广等各个方面全方位深度参与，并最终闯入决赛，在"创·智汇"的舞台上精彩绽放！悄悄坐在观众席上，耳朵听着孩子们稚嫩而稳重的陈诉，眼睛看着孩子们优雅而精心的展示，脑子里浮现出孩子们近两个月的各种"折腾"，眼睛不觉湿润，感叹孩子们的努力和专注，使心中的创意——泰尔（TAE）公司和产品——DIY 课表笔筒梦想成真。感谢家长们的鼓励和奉献，使孩子们在关爱中幸福地去奇思妙想；感恩老师和学校的辛勤付出，给孩子们提供了一个个性与梦想放飞的殿堂。

案例6 智能送饭机器人

【教师推荐】

信息时代的飞速发展，早已使"知识"和"课堂"不再神秘，传统的教学与学习模式正接受着这个由网络带来的"开源"世界的冲击和改变。"校园MAKER分享"在校园里掀起了创新与挑战的浪潮。作为科学教师的我，带着我的小创客们有幸也成为了这股浪潮中的一员。

蜗牛公司最先找到我的是公司的CEO高靓瑜同学，她是班级的大队长，成绩优异的她是个热心而细心的小姑娘。她看到老师们每天中午要到地下一层的食堂去推饭车很辛苦，提出想要制作一款自动化饭车帮老师们分担，减少老师们的工作量，同时也让校园更加先进和智能化。多么可爱的学生，多么质朴的愿望啊！然而，理想很丰满，现实却很骨感……很多问题马上在我脑海里冒出来，比如"怎样实现自动化？""如何制作？""饭车自动化后安全吗？"等等。作为老师，我没有马上否定她，而是和她一起分析，我们要做这款产品需要组建什么样的团队，需要做哪些工作等。说实话，对于这样一个复杂而实际的应用工程任务，非专业的成人们都会望而却步，而孩子们却是兴奋地跃跃欲试，恐怕这就是人们常说的"初生牛犊不怕虎"吧。下面来谈一谈我的这次比赛的教育经历与反思。

一、维果茨基的"最近发展区"理论适用于创客教育活动

学生的想象力是自由而天马行空的，这是他们的优势所在，但要让理想变成现实就要认真地考虑实际情况。在产品的研发和制作初期，我们要引导、鼓励学生将不可能完成的"大骨头"分解成一个个可以击破的小任务。如果我们上来就去改造学校的饭车，很多实际问题就像一个个老虎一样横跨在我们面前，比如饭车很重，需要动力超大的发动机、电源、复杂的传感器，等等，孩子们根本无从下手。但假如我们先去设计一款模型概念车去尝试一下创意的可行性，对于孩子们来说就是垫垫脚尖就能够得着的。因为学生具有一定的制作乐高机器人经验以及编程能力，能够将创意在此类机器人或小车上实现。这样做既鼓励了学生的积

极性,又让难度降低到学生可以实现的位置,引导学生将创意落到实处。

二、STEM 教育理念引领创意项目

STEM 教育就是科学、技术、工程、数学的教育,培养学生的科技理工素养,也被美国视为全球竞争力的关键。而我所理解的科学实践活动就是综合应用多学科知识、技能,多种方法与手段去分析问题、解决问题的活动,这个过程肯定离不开数学的思维以及技术手段的支持。学生设想饭车可以通过程序,按照既定的路线像智能机器人一样从食堂自行"走到"各个班级门口,从而省去老师人工推车的工作。从实际情况出发,我们分析自动化饭车应有寻迹、壁障和定位停车三大需求,于是选择使用开源的 ARDIUNO 软件编程实现需求功能。公司的技术设计师们为五年级学生,正好在科学课上学习了《小电动机》《电热器》以及《保温和散热》等课,他们将科学课上所学知识综合起来进行实践应用,以现有饭车为参考,设计、制作出车体外形及各种硬件。考虑到自动化饭车在运行过程中难免会有汤、粥等液体食物会溅撒出来,我们将机电部分与盛饭菜的餐盒部分分开,用 3D 打印机设计制作出饭车车体。本项目中涉及 ARDIUNO 软件编程技术、3D 打印技术、PS 技术等。在设计与制作过程中,学生们需要用游标卡尺精确测量并计算出车体的各项长度值;在策划销售环节又需要计算出产品的成本费用以及制定出合适的价格。自动化饭车项目不仅涉及这四个领域,同时还有商业营销、艺术美育、诚信道德等等方面,可谓是一个绝对的综合实践活动。

三、团队合作锻炼学生社会情绪能力

这次的商业挑战赛不仅是学生团队合作创作出产品,更要将产品进行包装、广告和营销,向"目标用户"推荐并销售出去。这个过程涉及学生与同伴间的沟通、学生与(老师、家长等)成人间的沟通,以及学生与客户间的沟通。记得第一次培训,我组织所有学生做了一次经典的"哑人筑塔"拓展训练。以队为单位,每位队员在不用语言沟通的情况下运用纸和胶条搭建高塔,要求每队在 40 分钟内共同完成团队任务。这次活动中,一个组学生互相帮助、配合默契,在规定时间内搭建出完成任

务,搭建出高且稳定的纸塔;而另一组学生则从一开始就不能统一意见,各有各的想法,导致任务迟迟没有进展,随着时间越来越少,队员之间出现了更大的分歧、指责,甚至放弃。任务结束后,我组织学生们进行汇报,介绍自己组的作品。配合较好的小组,学生代表发言非常自信、清晰、完整地讲出作品的优点以及团队合作的重要性。另外一组则有些沮丧和不好意思。学生们通过这项活动,深刻感受到了与人沟通以及团队合作的重要性。通过在商业挑战赛中的团队配合设计、制作、营销等环节,让学生慢慢学会对自我情绪的控制,培养他们推己及人的思维方式以及创意地解决问题的能力。我想,这正是综合实践活动的魅力所在,孩子们通过亲身经历获得的经验教训会更加深刻。

幸运的是,我所带领的学生成立的公司从最初的117家公司在展销会中脱颖而出进入32强,又一路过五关斩六将进入10强,最终夺冠。冠军的奖状是鼓励孩子们的敢想敢做,而对于过程的思考才是留给老师们最好的奖章。

推荐教师:路　莹

一、创意孵化

史家小学作为北京市非常著名的小学,拥有非常多的教学班级,分布在六层教学楼上,同楼层教学班级数量也非常多,因此在午餐时间,需要提前2小时准备,从地下一层的餐饮部门运送到各班级是一项非常浩大的工程,同时由于人力运输带来的效率问题和排序问题,尤其在低温天气下,会导致部分班级饭菜变冷,同时也消耗大量人力物力。

因此,我们想设计一台能够为每个班级运输中饭的智能运输设备,设备设置在楼层间,通过垂直电梯井送到相应楼层后,根据自身设置,自动送到每个班级门口,同时在运输过程中,会尽量解决偏移和避障等问题。这样可以大大缩短饭菜运输时间,同时也可以在运输装置上添加保温或者恒温设备,来保证饭菜在送到学生手中的时候是适宜的。除利用参加科学活动(论文比赛)的经验进行了关于史家小学午饭运输解决方法的探究之外,我们还请教了老师、家长和专家。

二、团队建立

公司基本信息					
届别	第一届	公司编号	B34	指导教师	路 莹
公司名称	蜗牛智能物流机器人公司				
产品名称	智能送饭机器人				
公司口号	创业我们是认真哒！Leading Us，Leading U，Leading to the Unique				
公司 LOGO 及含义	 1. 蓝色是学校校徽的背景颜色，橙色非常鲜艳，引人注目。 2. 公司的英文名称为 Leading to Unique，代表我们公司是独一无二的，别人不可效仿。 3. 公司的正式名称是"蜗牛智能物流机器人公司"，蜗牛很小，但可以背负很重的行李；蜗牛很慢，但一直不放弃努力，我们公司要有蜗牛精神。 　　蜗牛走过，都有一条白色的痕迹线，和我们的第一代循迹机器人的路线很像；蜗牛名字很酷，与众不同！卡通形象的极速蜗牛却总是跑步比赛冠军！				
规章制度	1. 公司全体员工必须遵守公司章程，遵守公司的各项规章制度和决定。 2. 禁止任何个人做有损公司利益、形象、声誉或破坏公司发展的事情。 3. 公司鼓励员工积极参与公司的决策和管理，鼓励员工发挥才智，提出合理化建议，对公司忠诚。 4. 说干就干，执行能力强。 5. 术业有专攻，各负责人要肩负责任。 6. 坚定不移，不受诱惑。				
团队照片					

续表

成员基本信息			
职位	姓名	班级	任职理由
CEO	高靓瑜	五（9）	善于沟通表达，有较强的组织能力，正在学习3D建模、编程和商业实战课程
CIO	盖奕霖	五（14）	市场调查及产品推广经验丰富，现代营销技术运用熟练
CTO	欧阳帅严	五（14）	对物流机器人有一定的了解，并且对其感兴趣，擅长制作机器人（首席技术官）
CFO	许敬凡	三（8）	对于理财方面有一定的了解，并且对其有极大的兴趣（首席财务官）
研发总监	高鼎昀	五（11）	一直在课外学习机器人编程，擅长编程，并有较强的表达能力
产品总监	张竞元	五（9）	一直在课外学习机器人编程，擅长编程，并有较强的表达能力

三、市场调研

我们开了多次公司会议，各抒己见，确立了这个研发项目。

1. 实地调研

我们利用中午大课间时间仔细研究测量了学校饭车的各部分长度，为调整模型比例，我们还在周末拍摄了饭车的照片以方便研究。

2. 问卷调查

我们首先利用"问卷星"先后在网上和微信朋友圈，经过采用问卷星方式对校内老师和同学们进行问卷调查，其中教师6人，学生家长68人，学生19人，学校其他工作人员7人。我们将调查问卷举例如下。

题目3：您认为在未来智能校园中，物流机器人可以替代老师们完成什么样的工作？[多选题]

选 项	小 计	比 例
送 餐	76	76%
收发作业	79	79%
运送教具	87	87%
人脸识别考勤打卡	79	79%
校园巡逻	71	71%
其 他	10	10%
本题有效填写人次	100	

题目7：您认为在未来智能校园中，物流机器人可以替代老师们完成什么样的工作？[多选题]

选 项	小 计	比 例
手机 APP	81	81%
语音指令	66	66%
电脑端	42	42%
其他	3	3%
本题有效填写人次	100	

题目8：您认为智能物流机器人添加送餐功能后，每餐成本增加多少可以承受？[单选题]

选 项	小 计	比 例
1~2角	37	37%
3~4角	23	23%
4~5角	40	40%
本题有效填写人次	100	

根据以上调查，我们制定了机器人的价格，规划了最优方案。

四、产品设计

1. 设计构想与知识技能

我们借鉴了亚马逊的智能物流机器人和传统循迹机器人的研发经验，考虑校园的实际应用环境，采用更加成熟的循黑线导航技术，动力系统是直流电机，使用锂电池供电，而将亚马逊机器人中采用的 RFID 技术用来区分不同的班级。转向控制采用舵机，而不是传统循线机器人使用的二轮差速转向，更像一辆真实的车。

（1）车体设计：按照饭菜重量，首先车体的承载能力要求为：$800g \times 45 = 36Kg$，车体自重约为 20Kg，所以整体重量在 56Kg 左右，车体要求尽量可以完成学生饭菜餐盒的摆放，同时具备保温与方便拿取的功能。在这次比赛中，我们没有条件制作真正的车体，所以使用模型来介绍。

（2）底盘设计：采用锂电池作为驱动电源，转向控制采用舵机，同时将控制传感器和电源电路部分均安置在底盘内，能够起到一定的保护作用。运行速度控制在 30 米/分钟即可。

传感器设置与选择方案：我们思考了不同的运输方式并分析了优缺点。

避障传感器：可以在车身相关部位布置超声波传感器，防止在运输过程中会遇到障碍物或者在走廊中玩耍或者行走的小朋友，在运输途中会提供旋转警示灯和避障紧急停车以及避障警示功能。（优点：制作简单；缺点：一些情况中同学动作太快不易捕捉）

轨迹传感器：其一，磁感应，利用地面贴磁条建立引导体系，通过小车底盘结构上的传感器进行引导，保证小车的行进路线，并尽量控制偏移量。（优点：稳定，相对准确度和偏移度容易控制；缺点：磁条容易受损，需要保养。）其二，利用颜色传感器，根据不同的投射色块组成的编码来引导小车的前进。（优点：控制方便，准确度高；缺点：一定距离就需要安装相关的光线编码投射器。因此需要设备要求高，同时偏移度控制减弱。）其三，RFID 电子标签的网格化控制，该方案比较容易实现，可以将相关区域网格化定位，然后利用 RFID 去进行识别路径的电子序号顺序即可方便地指引到位。（优点：准确度高；缺点：偏移控制难度大。）

方案综合：建议选择方案三的 RFID 网格引导和红外线循迹传感器的组合，再加上二级避障，来控制目的引导和运输偏移控制。

2. 项目实现

小车与底盘模拟采用 makeblock 的专用运输底盘，铝合金底盘配备麦克纳木轮，上方利用我们在校学习的 3D 建模来打印部分饭车外壳，相关控制传感器采用我们利用课后 330 学习的 Arduino 编程来实现。另外，我们在家利用周末时间学习了学校为我们购买的少年商学院的商业实战课程，包括产品发布、广告推广、调研采访、产品设计、组建团队、客户服务、产品销售、定价策略、头脑风暴、建立品牌等内容。对我们创立公司和解决这些问题起到了决定性的帮助！

3. 项目扩展

该项目在相对来说教室比较多的校园实现比较方便。同时，该项目还可以进行简化，成为完成教师办公室到教室间作业运输，实验设备器材的运输等任务。对减轻校园内师生的搬运负担非常有帮助。

我们是跨年级跨班级组成的团队，各队员彼此互不熟悉，所以，在第一次会议，我们通过游戏熟悉队员。另外 CEO 高靓瑜将商业实战课程制成 PPT，为队员讲解。

一起研发机器人，让大家各自录制视频，并在史家书院拍摄集体宣传片

讨论产品的价格、销量、宣传语

五、营销策划

（宣传语）创业，我们是认真哒！Leading Us，Leading U，Leading to the Unique。

创意品的定价，是根据团队内商讨共同确定。

创意品的价格，是根据问卷调查的结果。

在创意品的展销会中，我们（增加展销会中销量的方法）发放宣传单，表演"蜗牛三句半"，精心绘制展板。

六、产品发布

在"创·智汇"的展销会中，我们通过会议讨论确定展板绘制如下。

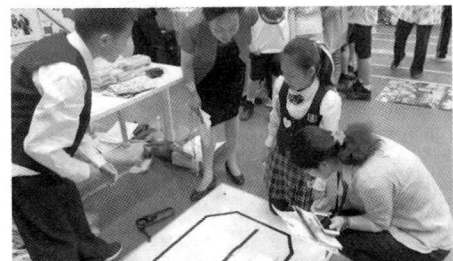

展会宣传展板和实况

在创意品发布会中,我们的"蜗牛三句半"吸引了观众的目光。

史家校园美如画,老师各个顶呱呱,关爱宝宝如父母,亲妈!

史家饭菜必须夸,花样丰富味道佳,每顿送到教室来,好香啊!

史家饭车真叫沉,老师累的苦哈哈,前面遇见上坡路,顶住!

老师老师莫着急,蜗牛公司高科技,智能饭车存创意,高级!

自动饭车真神奇,自己就能找班级,智能避障保安全,走你!

智能饭车贵不贵?每人每餐三分钱,微笑服务整三年,逆天!

各家创意都不赖,极速蜗牛跑得快,老师同学拜托了,投一票!

发布会现场

七、反思复盘

【学生感悟】

CEO 高靓瑜 令人意想不到的是史家创·智汇用了我们整整一个学期的时间来举办,学校为我们购买了少年商学院的网上课程,让我们学习了如何组建团队、建立品牌、产品设计、头脑风暴、产品包装、定价策略、设计广告、产品销售、客户服务和产品发布等专业知识。由于名额有限,每队只能派一名同学参加,我网上听完课后,制作了 197 页的 PPT 讲给同学们听。比如令我最难忘的是十个课程中的定价策略这一课,我们学到了商业上的一些数字概念:比如像 99.99 这样的数字可以让人们觉得价格很便宜,98.8 或 96.6 这样的数字可以让人们觉得这个产品有福气。在课程中我们还能学到一些有哲理的英文,像 every day is a new chance to get better(每天都是一个进步的好机会)。我觉得在我们一路从 163 家走进 117 家公司到晋级 32 强,晋级 10 强,最后夺得总冠军的实战上这些知识对我们帮助非常大。讲给同学们听,课程真的太棒了,未来成为一名商人并不是什么遥不可及的事情啊!

在进入 32 强的比赛展台前,我们正商量着怎么才能赢得更多的选票时,一个熟悉的声音在我身后响起:"同学们,可以介绍一下你们的产品吗!"咦?这不是王校长的声音吗?欢迎王校长来我们展位参观!同学们高兴的鼓起掌来。"我们的产品是智能送饭机器人……"看着校长那认真的表情真让我们感动。王校长说:"你们的创意是很不错的,如果真的能替代老师们推饭车的工作,那是会有很多好处的,继续加油!"这对我们在接下来的比赛是一个大大的鼓舞!

激动的心情还未平复,陈副校长、张主任和付老师又来到我们面前,我们高兴地为她们表演了我们自己创编的小节目"蜗牛三句半"。

史家校园美如画,老师各个顶呱呱,关爱宝宝如父母,亲妈!
史家饭菜必须夸,花样丰富味道佳,每顿送到教室来,好香啊!
史家饭车真叫沉,老师累的苦哈哈,前面遇见上坡路,顶住!
老师老师莫着急,蜗牛公司高科技,智能饭车存创意,高级!
自动饭车真神奇,自己就能找班级,智能避障保安全,走你!
智能饭车贵不贵?每人每餐三分钱,微笑服务整三年,逆天!
各家创意都不赖,极速蜗牛跑得快,老师同学拜托了,投一票!

老师们看完我们的表演后,都笑得前仰后合,同时竖起了大拇指!为我们拍下了这难忘的精彩瞬间!

通过学校的"创·智汇"分享会活动,我们第一次接触到了 2006 年美国总统布什提出了 STEM 教育。我从四年级开始跟随陈主任学习 3D 建模至今,自学 Arduino 编程,已经连续参加了两届北京市创客挑战赛,3D 建模对我帮助很大,通过创客比赛,让我知道了什么是 STEM,即科学(Science)、技术(Technology)、工程(Engineering)与数学(Mathematics)。通过我们的小发明、小创造,有学校老师和叔叔、阿姨们的大力支持,期望我们将来能为国家做出更大贡献。通过与真正的 CEO 面对面交流,给我印象最深的就是评委说正确的决策不一定掌握在大多数人手里,CEO 有最终的决策权,更需要魄力、智慧和高度。

我们蜗牛智能物流机器人公司中的每位同学都特别的投入,各司其职,不仅相互配合,还相互监督。我们还一起创编了"蜗牛三句半",还有我们公司的宣传单、名片,我们还建立了公众号,撰写了网上调查问卷等等。

作为公司CEO要英文好，因为我们学习的课程很多都是英文原版引进的，据说都是国外大学的商科课程。很荣幸，在史家我们提前享用了。CEO还要会3D建模、Arduino编程、制作PPT、制作公众号、设计广告宣传单、名片，这些我不一定要精通，但我必须都会，才能协调各个部门，最终完成产品。

回顾我们蜗牛智能物流机器人公司一路走来，从163家走进117家公司到晋级32强，晋级10强，直到最后站在总冠军的领奖台上，过程太艰辛，每晚都忙到凌晨。这是我们一生都难以忘怀的经历和宝贵财富。

最后我要感谢学校能给我们提供这么好的锻炼机会，让我们对老师的爱得以实现，希望将来能参与到企业产品的研发中，因为我们这次商赛的大多数产品都是围绕着学校、家庭研发的。希望能扩大范围，让产品的研发更专业、更具体。"蜗牛虽小，但可以背负很重的行李，蜗牛很慢，但一直不放弃努力。"这句话一直激励着我们继续研发下一代产品，希望我们的梦想最终可以实现。

【家长感悟】

CEO高靓瑜家长高晖　2016史家小学"创·智汇"商业挑战赛在"万众创新，大众创业"的社会大环境下，红红火火地展开。孩子们在学校的组织下，历时3个多月学习了如何组建团队、建立品牌、产品设计、头脑风暴、产品包装、定价策略、设计广告、产品销售、客户服务和产品发布等课程。由于学校名额有限，高靓瑜就把自己课上学习的内容编辑了197页的PPT讲给同学们听。

高靓瑜身为蜗牛公司CEO，能够主动上网自主学习，请教老师和专家，独立撰写关于"安装饭菜满意度评价系统自动送饭车的调查"问卷，独立编辑公司两个版本的视频宣传片，制作展示PPT，设计公司宣传单，设计并制作了公司所有成员的名片。从展销会开始的日子，每天都干到凌晨，家长们都熬不住了，看见孩子们还忙的很嗨，我们做家长的心里是极大的满足！

作为义工家长，我现场观看了孩子们在展销会上的表现。特别是能够积极、主动、大胆地向陌生同学介绍推荐自己公司的产品。同学们分工明确，有的专门负责拉拢路过展位的同学，有的专门负责讲解，有的专门负责演示产品。一路从163家走进117家公司到晋级32强，晋级10强，最后勇夺2016史家教育集团首届商业挑战赛唯一的"最高成就奖！"而且孩子和家长从不计较个人得失，没有牢骚和怨言，这就是冠军的团队。主任的口头禅就是我们"太拼了！"。但是，孩子们的成长不就是学习、实践，再学习、再实践的过程吗？

  感谢学校为孩子们提供这么好的平台，让孩子们对老师的爱有机会实现。感谢学校请来了投资方面真正的CEO，让孩子们与企业领袖面对面。当别的学校还在搞传统的歌咏比赛、运动会的时候，咱们大史家已经开始对孩子们进行创新、创业教育了！能看出史家教育集团有一群具有国际视野和水平的领导团队，她们一直被模仿，但从未被超越！请学校放心，把企业产品的研发也交给这群热爱学习的孩子们吧，让她们走出校园，助力企业！从小培养她们的创业精神！不要觉得她们年龄小、个子矮，知识匮乏！

  蜗牛虽小，但可以背负很重的行李，蜗牛很慢，但一直不放弃努力。给蜗牛一个机会，还您一个惊喜！

案例7　二十四节气树脂挂钟

【教师推荐】

刨花儿已经两岁了。

一年前,小刨花儿们参加创·智汇的情景还历历在目。刨花儿的毛绒玩具摇椅受到了大家的欢迎。每个孩子走到摇椅前,都要上去坐一坐、躺一躺,发出咯咯的笑声,大声招呼同伴一起摇。给很多的同学带来最简单的快乐,只属于童年的快乐,这正是刨花儿设计制作这把摇椅的初衷。每一个毛绒玩具,每一块摇椅的零件,都凝结着小刨花儿们的情怀。

刨花儿就是一个有情怀的团队。

2018年的创·智汇又在孩子们的热切盼望中来到了,去年声名鹊起之后,刨花儿依旧没有让我们失望。孩子们的二十四节气树脂挂钟,成为了全场最别致的创意。同学们举着票大声说"我们要投给树脂挂钟!",老师们笑吟吟地走到展台前摸一摸那剔透的树脂块。而我,也因为是挂钟和刨花儿的老师,和孩子们一起分享了这份光荣。

筱研是刨花儿的创始人,也是这一系列作品的设计者。她小小的身体里装着各种各样的奇思妙想。她安安静静地观察着这个世界,用她的画笔和文字记录下她感受到的点点滴滴。今年她和小伙伴们选择了她们都喜欢的树脂块,记录下大自然的美好。

二十四节气是我们民族传统文化的精华,是历法,是农耕文明,还是民俗。我们的祖先创造出了这富有生命力的二十四节气,这是先人智慧的结晶。我们每个人都应该了解它、传承它。就这样,小刨花儿们用凝固的树脂块记录下了"芒种螳螂生",记录下了"吾家蚕迟,小满已过",还用凝固的树脂块留下了丰登的五谷和美丽的花花草草。他们把他们看到的最美好的大自然保存了下来,也把中华文化的精华用独特的方式保留下来。

每一个树脂块都是孩子们辛苦劳动的成果,每一个树脂块里都有孩子们对自然、对时间最真切的感受。二十四节气树脂挂钟,朴素的钟面上每个节气的代表物,都是21世纪的小学生和几千年来中华民族的先人们的心意相通,也是小刨花儿们对传统文化的一份情怀。

> 对伙伴的爱,对童年的爱,对生活的爱,对大自然的爱……刨花儿有那么多的爱,他们的世界里有那么多的美好,把美好用爱的形式表达,让一个个奇思妙想长叶开花,给创意以绽放和精彩,刨花儿做到了。我为小刨花儿们骄傲,更要为他们点赞,感谢他们给予我们的那些无法用语言描述的温柔和美丽!
>
> 推荐教师:马 岩

一、创意孵化

2018 年,我们刨花儿团队做的创意产品是二十四节气树脂挂钟。

我小的时候很爱观察大自然,收集大自然里的各种东西,然后把它们都灌到树脂里,做成标本。于是,我就想如果把大自然的树脂块放到我们的产品里,那它一定会更加生动有趣。

在学校的传统文化课上,我们吟诵了二十四节气歌,刨花儿的伙伴们都对二十四节气特别感兴趣。于是,我们就商量把每个节气的代表物放到树脂里面,做一套二十四节气的树脂标本。每个伙伴都特别赞成这个想法。

有了二十四节气的树脂,那做什么产品呢?把树脂放到什么产品里才能把大家的眼球吸引过来呢?我想:二十四节气有 24 个,一天不是也有 24 小时么?我们可以把钟表和二十四节气联系在一起,做成一个二十四节气树脂挂钟!于是,我们的创意产品就这么孵化出来了。

二、团队建立

公司基本信息					
届别	第三届	公司编号	C1115	指导教师	马 岩
公司名称	刨花儿公司				
产品名称	二十四节气树脂挂钟				
公司口号	敲敲打打,童年智造				
公司 Logo 及含义	"刨花儿"公司 Logo 突出了公司成员热爱自然与手工自造的理念及亲手加工木材产品的主题。而且,小刨花儿也很可爱漂亮,大家都喜欢。				

续表

规章制度	1. 按时完成设计、制作和展示任务。 2. 团结互助、共同努力。 3. 按时参加团队会议，如不能参加，提前与 CEO 请假，并说明原因，请假次数不能多于 2 次。
团队照片	

成员基本信息			
职位	姓名	班级	任职理由
CEO 董事长	张筱研	四（11）	具备从产品创意、研发和制造的热情和能力，积极参与各项事务
CIO 首席信息官	夏霁桐	四（11）	具备管理、实施能力，工作细心，对于事情想得周到
CFO 首席财务官	卢映帆	四（11）	做事踏实有条理、善于精打细算，数学能力较好，对数字相对敏感
CBO 首席品牌官	魏玮	四（11）	做事机智有热情，策划实施能力强，同时认真研究二十四节气
CTO 首席技术官	祝婕	四（11）	做事细心周到，对手工操作技术兴趣浓厚，并具备做标本、灌树脂等基本能力
CMO 首席市场营销官	柳知序	四（11）	沟通能力强、有亲和力和感染力，善于表演，在同学们中有良好的号召力
CCO 首席创意官	陈盈彤	四（11）	对人与事物善于观察，善于发现问题，并大胆、创新地提出解决问题的能力
CRO 首席研究官	高罩宇	四（11）	有钻研、创新的精神，做事情力争做到完美，对产品的迭代改进兴趣浓厚

三、市场调研

就这样确定了我们的创意品，怀揣着对它们的憧憬，我们一起行动。大家仔细研究二十四节气的特点，精挑细选具有特色的小动物和植物，在收集了各种材料以后，在 CEO 的带领下，我们学习着制作标本，学习着灌树脂。伙伴们做出树脂块后都非常激动，看哪个都特别喜欢，因为二十四节气的树脂灌注材料都是大家仔细研究了二十四节气后精挑细选出来的。

但没想到的是，拿给大人们看的时候，很多人都被里面的虫子吓着了，有的连碰都不敢碰。拿给同班同学看的时候，女孩子们也是连碰都不敢碰。可是二十四节气的七十二物候里很多都和动物有关。怎么办呢？

于是，我们做了一个调查表，想看看同学们都希望在树脂块里灌什么物体。根据我们在四11班的调研，一共 36 名学生和 1 名老师，我们将同学们的答案分为植物整体标本、植物部分标本、昆虫整体标本、昆虫动物标本以及矿物晶体五大类，并将结果统计成表。我们发现同学们都对大自然里的物体感兴趣，还有很多同学提到了昆虫，说明很多人都喜欢。所以，我们后来就放心挑选了能找到代表七十二物候的螳螂、蝼蛄、蚕和蚯蚓灌到了树脂里。做完之后，我们都觉得有动物和植物在一起的自然特别的丰富，也吸引人眼球。在学校的展销会上，很多同学都被我们的节气树脂所吸引呢，尤其是那只伸出一条腿的螳螂。

关于树脂挂钟树脂灌注物的调查

种 类	喜爱数量（人）	举 例
植物整体标本	21	树叶、干花、谷物、草、
植物部分标本	3	橘皮、树皮、树枝
昆虫整体标本	18	蜘蛛、蜻蜓、蜈蚣、螳螂、甲虫、瓢虫
昆虫部分标本	5	动物牙齿、动物羽毛、昆虫翅膀
矿物晶体	9	琥珀、珍珠、翡翠、宝石

四、产品设计

1. 设计阶段

二十四节气的学习、二十四节气代表物的选择、二十四节气树脂挂钟设计、树脂块制作研究。

我先画了设计图，确定了挂钟的式样和树脂块与木板的尺寸，然后和伙伴们一起自习学习了二十四节气。我们上网查资料，把资料分为七十二物候、民俗、古诗词三大类，对中国传统文化有了非常多的了解，而不是只会唱节气歌。我们还做了树脂灌注的实验，观察一下哪些灌注物的形状、色彩和数量做出来更漂亮。

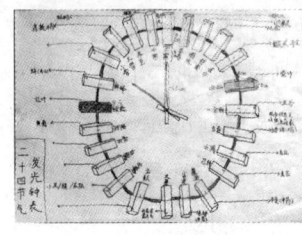

2. CAD 建模与二十四节气代表物的收集

设计确定了以后，我们一边做 CAD 建模一边收集二十四节气代表物。因为我们的产品需要用 CNC 数控机床进行加工，就需要把设计图做成软件的模型。在老师的帮助下，我们学习了软件制作，做出了很有立体感的 3D 模型；同时，大家还分头收集二十四节气的代表物。有的同学收集春天的鲜花做干花；有的同学到超市认五谷杂粮；有的同学去药店认各种植物；还有的同学亲自养蚕抽丝。就这样，二十四节气的代表物就一点点地收集齐了。

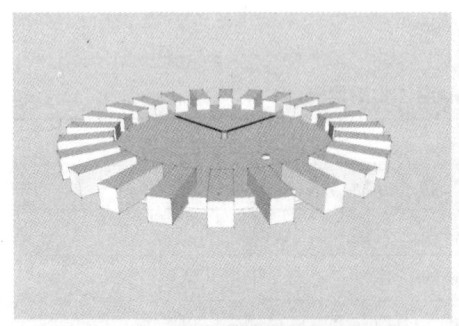

3. 挂钟制造过程

（1）灌树脂。灌树脂的体验对大家来说既神秘又激动。伙伴们觉得做树脂是个很复杂、很神秘的事，都专注地学，生怕漏掉什么关键的步骤做不成功。轮到大家操作时，也都是小心谨慎、一言不发地认真操作。灌进树脂里的节气代表物也是精挑细选才放到模具里的。树脂液分 A 液和 B 液，按照2:1的比例混合，摇匀后灌到硅胶模具里，再等待 2~3 个小时固化后，树脂块就做好可以脱模了。当伙伴们把树脂块从模具里拿出来时，都激动地说跟果冻一样的可爱漂亮。其实，做树脂块的技术并不难，只要知道原料、配比和工艺，都能很轻松就做好。

 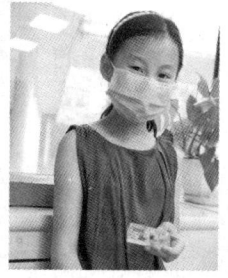 

（2）打磨木表盘、刷漆。表盘是在木工坊用 CNC 数控机床裁切出来的。我们要把木板打磨光滑，分别用 400 目、600 目和 1000 目的砂纸，打磨出来的模板表面和我脸上的皮肤一样光滑。之后，我们还得用水性漆刷三遍才算完成。

（3）安装配件，产品完成。树脂块和木表盘都准备好了之后，就到了安装石英指针和 LED 灯的环节。我们边看说明书边研究、安装，很快就做好了。树脂块也用水性万能胶粘在了木表盘的凹槽中。当指针滴答作响，LED 灯打开的那一刻，圆形灯带发出的有退晕的光从树脂底部把树脂映衬得更加晶莹剔透。

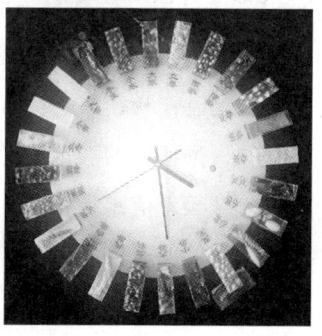

4. 衍生品

除了二十四节气树脂挂钟，刨花儿团队的伙伴们还衍生出 12 时树脂挂钟和单个树脂块刻印章的产品。12 时树脂挂钟平时更常用，大家也可以根据自己的喜好把在生活中收集的各式各样的物品灌进树脂里，比如干花系列、昆虫系列、宝石系列、玩具系列、糖果系列……单个树脂块也可以用来做印章，大家亲自灌进自己喜欢的标本，再拿起刻刀刻上名字或图案，当名章或藏书章用，都是自己原创、独一无二的。

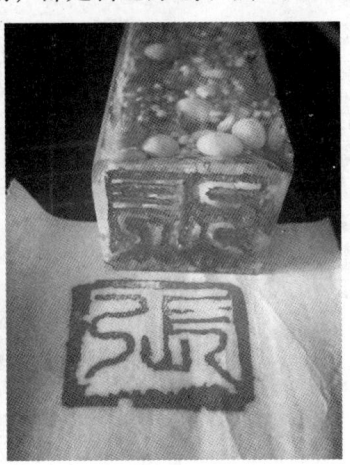

五、营销策划

我们觉得，大自然里漂亮的东西大家都会喜欢。而且，做成了挂钟就更有实用性，比一般的挂钟有创意，一定会受到大人和孩子的喜欢。尤其那些喜欢观察大自然、喜欢做标本、喜欢手工产品的朋友们会更加感兴趣。

产品的定价，是大家根据学校商业课上讲过的定价原理制定的，由材料成本、制造费、运输费和利润构成。在定价策略上，我们运用了所学到的以 8、9 数字结尾，接近整数的心理定价策略如 698 元、498 元、90 元等；还运用了限时折扣定价策略，引起大家的购买欲望。产品都是由刨花儿团队的伙伴们自己制作和销售。大家既能享受自造的乐趣，又能通过自己的创意和制造挣钱，都特别的有成就感。挂钟的销售，主要通过发宣传页、在学校开展销会、在校外请家长帮忙通过开微店和发微信朋友圈推广。经过大家的共同努力，我们的五款产品共销售出 20 多件，伙伴们都特别激动，也很感激支持和鼓励我们的叔叔阿姨们。销售所得全部捐给了山区的小朋友。

六、产品发布

老师/同学们好：

我们刨花儿公司由史家小学四11班的8位同学组成。我们去年就组建了公司，在产品生产、参展和销售方面都很有经验，是一个有创意热情、团结和能吃苦的团队。

我们公司成员都对自然观察有着特别浓厚的兴趣，还对动手制作动植物标本、做木工产品有着丰富的经验。今年，我们把树脂标本制作和木工经验与我国的传统文化——二十四节气相结合，创意设计、自造出了这款二十四节气树脂挂钟。二十四节气是中国指导农业生产的指南针，是汉民族长期经验的积累成果和智慧结晶。在产品设计的过程中，刨花儿公司成员都仔细学习了二十四节气和七十二物候，还结合传统民俗、古诗词等深入了解。比如这款代表芒种的树脂块，里面灌的是麦芒和螳螂。因为在"七十二物候"中对芒种的解释之一是"螳螂生"，因为麦子熟了，长出了麦芒，螳螂也就来了。之后，我们积极投身到大自然、药店、粮店、茶庄等进行学习和收集。大家还在清明前后亲自养蚕，并体验了结茧、蚕蛾和产卵的生命全过程呢。

我们再把精心挑选出能代表二十四节气的物候和环氧树脂混合，分别灌进了24个硅胶模具中，做出了二十四节气环氧树脂。之后，我们又自己画图，精心设计了一款二十四节气挂钟，并在木工坊加工表盘，并烫印出二十四节气的隶书字体。打磨、刷漆后，装好石英表和LED感应灯，再固定好树脂，产品最终完成。

通过学习二十四节气，我们感觉大自然中一下多了很多邻居和朋友，我们每天都可以交流、对话，觉得自然世界特别有意思，也觉得我国的传统文化特别博大精深，激励我们更加努力地学习中华文化。

七、反思复盘

【学生感悟】

张筱研 在时长一个学期的"创·智汇"活动中,我们刨花儿公司设计、制作、销售的二十四节气树脂挂钟受到了广大老师和同学的喜爱与支持。我认为,在这么长时间和这么多要做的事情中,如果没有团队合作在做中学,就不会学到这么多做事的方法,也不会取得这么多的成绩和认可。

在制作环节中,团队合作体现在刨花儿公司伙伴们一起合作的制造环节。比如我们的二十四节气代表物,从春夏秋冬到花鸟鱼虫,很多的物品分散在各处,能凑齐到一起可真是不容易呢。于是,大家分头去找,很快就凑齐了。在做十几个挂钟的树脂块时,大家也是分工合作,每个人做固定的几个品种,效率提高很多。在一起打磨八块木表盘时,我们磨得很累,要换四次不同目数的砂纸,但一听到小伙伴们互相鼓励的话语,我们就好像又来了一股力量,继续加油干了起来。有个伙伴被木屑迷了眼,我们就帮着她磨。大家在一起有分工、有配合,还有说有笑,效率又高,氛围又好,大家都特别快乐,不觉得累。当我们把二十四节气树脂挂钟安装好亮起 LED 灯的时候,我们都感受到了成功的快乐。

我们的二十四节气树脂挂钟不仅做出来了,还上线销售了呢!在产品宣传和上线销售过程中,团队合作也是非常重要的。学校展销会上,大家轮流讲解产品、发宣传单。不管是展位前人多讲得辛苦,还是冷清没有人光顾,大家都互相陪伴,及时商量办法尽力做好。在销售中,家长们帮我们通过朋友圈宣传,我们负责抓紧生产,人多力量大,生产效率高。有时,我们自己也会结伴当个小快递员,把产品带到学校去送货呢。这都是团队合作的力量。

二十四节气树脂挂钟是我们"刨花儿公司"伙伴们一起完成的第二个自造产品了。跟第一次相比,这次大家合作的经验更加丰富,也更加默契。在实践活动中,我们通过团队合作的方式学习到了很多一起做事的方法,也收获了乐趣和友谊。

【家长感悟】

张筱研妈妈张青 我的孩子张筱研自幼喜欢观察大自然,通过稚嫩的双手进行学习、认识世界，再通过绘画、日记、图表、做标本等多种形式做观察记录。作为家长，我们希望她的学习与思考能更多地来源于现实生活，能与时间、空间建立更多的联系，能更加多元与综合……超越学校正轨教学之外的"希望"如此之多，貌似不可能实现，却在史家小学的"创·智汇"活动中成型了。

2017年，张筱研积极报名参加了学校的"创·智汇"活动，成立了刨花儿公司。2018年，筱研团队研发的创意产品是二十四节气树脂挂钟。这个创意来源于她从小对自然的好奇与探索，成型于她一贯对绘画造型和手工制造的执著与操作经验。除此，她还和伙伴们从历史、民俗、古典诗词等多种渠道仔细研习了中国传统文化——二十四节气，以树脂和木材的加工技术实现了挂钟的二十四节气；学校为孩子们组织开展销会宣传自己的创意产品；而且，产品还通过大家的努力开了微店上线销售……孩子以自己所长为起点，通过学校搭建的平台有了更多的拓展和展示的机会。一点点一步步，孩子们在做中学，通过项目的实操作学习知识、积累经验、认识社会。这是难得的从兴趣出发、自由度高、成就感强的自主学习模式。同时，在"创·智汇"活动中，老师们还非常用心地在项目执行过程中对各个时间节点和环节都进行了严格的控制，协助孩子们按照活动流程顺利完成。通过完整过程中的一系列任务，孩子们已经得到了满足和成就感，而不是强烈地顾及结果，这些都是学校老师们的良苦用心。

孩子在一个学期时长的大型自造活动中或带着责任、带着任务周末加班进行项目学习与实践，或上学开会。虽然牺牲了很多课余时间有些辛苦，但脸上都是挂着自信的微笑，总是信心满满。感谢史家小学为孩子们搭建了如此多元、综合的平台，扶助孩子们在科技、创意、自造、商业、社会公益与参展的一系列活动中精彩绽放。

二十四节气树脂挂钟，是孩子们对神秘大自然的探究与敬畏，是对中国传统文化的理解与传承。它是自然的语言，是对自然之时与序的诠释，是孩子们书写的自然之书。愿孩子们能更多地与自然为伴，自然而然，用自己的眼睛观察、用自己的双手触摸，书写生命之书，涂抹生命多彩、灿烂的底色。

案例8　杀菌抑菌芳香剂

【教师推荐】

2018年是"创·智汇"活动开展的第三个年头了。从最开始的只是鼓励孩子们投身进去，到后来帮孩子们出谋划策，直至今天和孩子们一起参与进去。我从一个旁观者，变成一个参与者。对于这个项目，不仅是孩子，连我也是越来越有感情，越来越有认同。

2018年，我班的"百草堂"也已经进入到第四个年头，可以说我班的班级特色活动和学校的"创·智汇"活动是"同龄人"，在共同成长。在这样一个契机之下，我和孩子们都在想，在这一届的"创·智汇"活动中，能不能把我班的班级特色活动和学校的特色活动进行有效的融合。于是我们马上展开了大胆的创意。首先怎么能把中医药的活动和"创·智汇"活动试着进行有效的融合呢？我们随即开了班会。大家集思广益、百家争鸣。孩子们说我们学习了中医药的知识，那就把这种知识运用到我们的学习生活中，得到了全班的认同，于是我们把此次"创·智汇"内容锁定在中医药和校园生活。有的孩子说在学校生活中偶尔会遇到同学呕吐现象，呕吐物非常难于清理，而且容易散布细菌，我们能不能配置出一种药剂解决这个问题。

一石激起千层浪。一个孩子说可以先制作凝固剂，他的灵感来自于他读到过有些中药是可以凝血的。有的孩子说，我们可以配置杀菌剂，先找到呕吐物中的代表性细菌，然后配置中草药消灭它。也有的孩子说我们还可以制作芳香剂，呕吐伴有异味，常用的"84消毒液"味道非常刺鼻，我们可以寻找纯天然的芳香草药，进行异味掩盖。最后全班达成共识，我们就制作一种三合一药剂——"百草洁"，包含凝固、杀菌、芳香的作用，用来解决呕吐物的问题。本着这样的思路，孩子们就大刀阔斧干了起来。整个过程可以说异常地艰难：从查找资料寻找相关药物，到一次一次的实验探索。经历过了十几次的失败，遇到了各种各样始料未及的问题，甚至一度曾想到放弃。但最终，孩子们没有退缩，咬着牙憋着劲，毫不气馁越挫越勇，最终"百草洁"研制成功。当成品出现的那一刻，我们每一个人都非常的欣慰，我永远忘不了那一刻孩子们开怀的笑声。

　　从我个人来讲，在教学活动中，学以致用是我最关注的。我们不能仅仅做一个学习者，还应该做一个研究者和实践者。中医药文化我们已经学了四年的时间，我们有了知识积淀，有了绘画作品，有了草药标本，甚至有了科技小报。我们还能有什么？我觉得新的阶段，我们应该有把所学知识运用到实际生活的能力，"创·智汇"给了我们这个平台！在"创·智汇"活动中，孩子们逼迫自己把一年所学的中医药知识，进行内化梳理和总结，然后在生活中发现问题，并拿所学知识去解决这个问题，整个过程充满创新思维和实践积极性。我国的教育目前有一些尴尬的地方，比如我们的学生获得了很多的奥数金牌，却极少斩获诺贝尔奖。我们的孩子有极强的应试能力，却缺乏创新能力和实践能力。而这件事，在"创·智汇"活动中得到很好的改善。

　　从孩子们的角度来说，如何在教育过程中，给予他们成就感与幸福感，是从教者共同的关注点。我想随着时代的发展，老师的表扬和某次考试的好成绩，可能愈来愈难以让孩子们得到满足。而创设一个情景和平台，让他们自己亲自实践亲自操作，把所学知识运用到实际生活解决问题，在探索过程中亲身经历失败的阵痛，并在经历阵痛之后扛住委屈与压力，突破自我获得成功，这种成就感和快乐感对于孩子来说才是真切的、实在的，是任何一件事也无法替代的。

　　从最初的一个模糊想法，到最终组队追梦，研制成功，杀进二十八强，每个孩子都付出了全部的能量。这对他们的体力、脑力和精神层面都得到了磨砺和升华，这就是我眼中的"创·智汇"的价值所在。而在这个过程中，我与孩子们一起打拼、一起经历、一起体验，在一次次的失败中互相安慰鼓励，在一次次的曲折中携手前行，在最终的成功中互相拥抱畅怀，我们一起痛苦、一起快乐、一起承担、一起成长，让师生之间的关系更加融洽，让孩子们对老师更加信任。一个活动，多种体验，升华了情感，也提升了能力，这就是"创·智汇"的妙处！

推荐教师：温　程

一、创意孵化

我们发现学校厕所、拖把池有的时候会有难闻的味道，同学们在班里呕吐也会留下细菌和难闻的味道。这种难闻的气味中有很多的细菌，直接威胁着我们的身体健康。但是，学校为了保护我们的呼吸系统，规定不可以使用化学成分的消毒剂，怕化学成分会对我们的健康形成威胁，这样我们就对难闻的味道无计可施了。由于我们班一直通过"百草堂"活动来学习中草药知识，在学习中我们了解到有些中草药有杀菌、芳香的作用，因此我们最终决定制作中草药杀菌芳香剂来解决这些问题，让我们的校园更洁净和芬芳。

二、团队建立

公司基本信息					
届别	第三届	公司编号	C0203	指导教师	温 程
公司名称	北京百草洁科技有限公司				
产品名称	杀菌抑菌芳香剂				
公司口号	百草净校园				
公司Logo及含义	Logo 选取公司名称"百草洁科技有限公司"中的"洁"字，寓意清洁、洁净。造型由各种不同中草药的剪影形状拼接而成，代表了公司的研发理念和产品的特点——以纯中草药制成。Logo 的颜色采用了多种明度的浅色拼接方案，在代表产品配方所使用中草药的天然成分的同时，更给人清新淡雅的感觉。				
规章制度	1. 公司成员股权平均分配。 2. 有重大创新发明的奖励，授予百草洁公司勋章一枚。 3. 重大违纪开除。 4. 三次不参加会议的罚20个俯卧撑。无理由不按照进程交成果的罚跳绳2分钟。				

续表

团队照片				
成员基本信息				
职位	姓名	班级	任职理由	
CEO	张钧莱	四(2)	知识丰富，学习能力强，组织能力强，人缘好	
COO	赵梓伊	四(2)	组织能力强，协调能力强	
CIO	任适谦	四(2)	细致、认真，家长从事相关工作能够给予支持和帮助	
CTO	张子鉴	四(2)	踏实、勤奋、认真，家长从事相关工作能够给予支持和帮助	
CTO	刘正哲	四(2)	做事认真、勤奋好学，有创新意识，动手能力强	
CMO	姜一言	四(2)	富有艺术创作力，很好的绘画功底，性格活泼、外向	
CMO	张壹茗	四(2)	很好的文案功底，语言表达能力强	
CFO	赵 朗	四(2)	认真、仔细，对数字敏感，有条理	

三、市场调研

我们经过董事会讨论，最终决定了研发杀菌抑菌芳香剂。首先，我们做了市场问卷调查，主要围绕的问题是：

1. 在家庭、学校等环境中，卫生死角主要有哪些？
2. 我们常见的卫生死角给我们带来怎样的影响？
3. 市场上有没有针对上述卫生死角的清洁产品？
4. 目前市场上相应产品主要的优缺点是什么？
5. 大家对中草药药剂的认可度如何？

调研结果极大地鼓舞了我们研发产品的信心。接下来我们通过网络搜索，确定了市场上确实没有相似产品，这对我们来说既增强了研发的信念，同时也有了一些担心，不知道市场上没有相似产品的原因是因为研发难度非常大，还是成本太高。我们走进了中医药大学博物馆。在这里，我们重温了各种中草药的药性，中草药大多数都具有消炎杀菌的作用，但是每种中草药都各有特性，针对不同的细菌和病毒有杀灭作用。这么多的中草药，要选哪种来作为我们产品的原料呢？经过讨论，我们要依照以下几个问题来选择。

1. 杀菌广谱性。尽可能选择广谱的草药，原料少、成本低，相互作用产生的副作用小。

2. 价格。在同等杀菌作用的条件下，价格越低越好。带着这些问题，我们先是搜索和浏览文献。在一些文献中，我们看到了杀菌效果的药敏实验数据，通过对这些实验数据的分析，我们锁定了十几味中草药。原料选好，是否能够投入到实际生产中，还是个未知数。我们接着走访了中医药大学实验室，在白博士的指导下，我们学习了萃取技术，并且知道了不同的中草药需要不同的提取方法才能得到最高效的成分。继而我们又参观了中国食品药品检定研究院，在这里，我们对科学仪器有了初步了解，知道了在高科技仪器的帮助下可以实现很多成分数据的分析，为我们研发后期的成果鉴定打下了基础。通过多方面、多角度的调研，我们最终开始了研发之路，并且获得了成功。

四、产品设计

我们的产品首要功能是杀菌抑菌,所以我们要选取具有杀菌抑菌作用的材料。配合市场调研,首先确立了纯中草药的方向,然后从中草药中选取符合要求的药材。其次是芳香的作用,在中草药中有很多带有芳香气味的植物。通过学习到的提取技术,我们选择了熬制。制作完成后,我们必须对产品的功效做验证。我们先后进行了多次实验,根据实验结果不断调整实验方案和制作工艺。最终验证了产品的功效,得到了第一代产品。

1. 制作材料与设备

- 家用厨房小秤
- 砂锅:容量3~5升
- 家庭蒸锅
- 保鲜膜
- 过滤小纱布网(笆子)2个
- 烧杯500ml、200ml各一个
- 带盖玻璃瓶500ml两个
- 金银花、连翘各50克(同仁堂)
- 酒精(95%浓度,约100ml)

2. 制作步骤

A. 砂锅炖药

- 将金银花、连翘各50克(同仁堂)放入3~4升的砂锅中。
- 加入1200克纯净水。
- 浸泡1小时。
- 置砂锅于中火加热。煮沸,转小火。
- 保持微微沸腾的状态约一小时。目测水量大约减少一半。

B. 消毒器皿

- 将烧杯、瓶子用蒸锅煮沸5分钟。
- 取出,倒扣置厚餐巾纸上。

C. 配制与装置药液

- 将砂锅中药液通过两个纱布笆子倒入500ml烧杯。用两个笆子上下而落能更好澄清药液。

- 从 500ml 烧杯中再倒出 100ml 药液至 200ml 烧杯中。
- 盖上保鲜膜,冷却至室温。
- 将 100ml 酒精倒入盛有药液的 200ml 烧杯中,轻微搅拌。过度搅拌会产生过多气泡。放入冰箱静置 12 小时以上。
- 静置后,药液分三层。上层是含气泡粘稠液体,中层是澄清液体,下层是沉淀物。
- 取上层和中层液体过滤,得到澄清液体即为成品。倒入消毒好的玻璃瓶,放冰箱内保存。

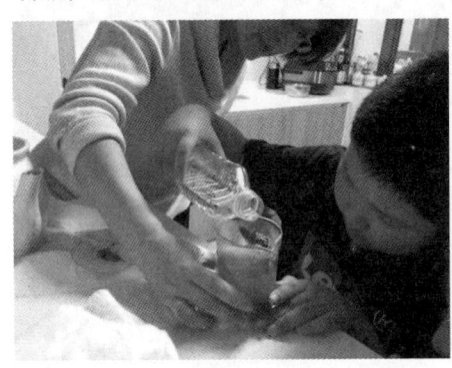

五、营销策划

产品定位:有孩子的机构(学校、幼儿园)、家庭,对化学物质过敏的人群,需要保持清洁的地方。

产品价格:120 元/瓶。价格包含:产品原料价格,员工工资,生产设备折旧,宣传推广费用,产品包装,场地经营租金。

宣传语:百草净校园

销售方式:

(1) 通过公益宣传扩大影响力。

(2) 增加与潜在客户的互动,增加客户的参与感。通过在书签上喷洒提取的草药精油,让群众帮助我们选择喜欢的香型,并将喷洒了客户喜欢的味道的书签送给客户。

六、产品发布

展板中心为公司 Logo,其余部分平均分成四个区域,分四个主题,分别为公司介绍、产品制作、实验验证和相关活动。每个主题的文字部分提前打印在展板上，布展当天由同学们将相关照片粘贴在展板上，并手绘装饰图案。

公司及产品宣传展板

展台分为静态展示区和动态展示区。

静态展示区将摆放我们研发产品使用的中草药药材、熬制中药锅具（模型）、实验用烧杯、量筒、培养皿等（为保障展会期间安全，将展示塑料品）、产品样品。静态展示区的设计是为了便于在展会期间让参观的同学们更了解我们产品的制作和实验过程。

我们的产品是抑菌芳香剂，在动态展示区，我们设计了"芬芳百草洁－香型由你定"互动、调研活动。我们选取四种精油并手绘移动投票展板，让来展台参观的同学挑选他们喜欢的香型并投票，最终得票最多的将作为我们产品的最终香型。增加互动环节，吸引更多的同学了解我们的产品。

在展销会期间，我们百草洁公司的成员不遗余力地宣传公司产品——杀菌芳香剂。公司成员分工明确：有的负责接待参观同学；有的负责向来访老师介绍公司情况和产品特色；还有的成员负责带领参观同学为我们的产品投票，选择他们喜欢的香型作为我们公司产品的主打香型。

百草洁公司成员在展会过程中遵守纪律，按学校要求布展并按要求进行推销活动。展会期间，学校各年级同学对我们百草洁公司的杀菌芬芳剂产生了浓厚的兴趣，纷纷询问产品研发过程和产品的功效。同学们对我公司用他们喜欢的香型作为产品主打香型并喷洒在送给他们的书签上，这一

选香型展板

团队成员开心一刻

推销方式异常推崇和欢迎。并一度成为展会上的热门公司,无论哪个年级的同学都积极配合我们公司的宣传,在我们的选香型的展板上郑重投上自己的一票。来访的老师们也是详细询问了我们公司的产品研发初衷和实验过程,以及产品效果。对我们的产品用中医药学作为基础理论,都赞赏有加。

七、反思复盘

【学生感悟】

张钧莱 我们班一直在进行着百草堂的学习。百草堂是一个学习中医

药文化,传承中医药历史的大百科课堂。刚好学校每年的传统活动"创·智汇"校园 MAKER 分享会开始了。我发现学校的厕所、拖把池有很难闻的味道,并且这种潮湿的环境很利于细菌的生长。有的时候学校里的同学因为各种原因会发生呕吐的现象,在清理了呕吐物之后,还是会留下难闻的味道,甚至会留下细菌和病毒。这样不仅仅是味道难闻,还威胁着同学们的健康。听说在校园中是不可以使用化学类的清洁剂的。我就想,我们学习到的中草药知识中,有些中草药是有杀菌杀病毒作用的,有些中草药还带有芳香的气味,那么我们能不能做一个纯中草药成分的杀菌芳香剂呢?有了这个想法,我们就组成了一个小组,专门研究纯中草药成分的杀菌抑菌芳香剂,我们还给它起了个好听的名字,叫"百草洁"。

说干就干!我们的公益目的就是清除卫生死角的细菌,遮盖学校角落的难闻气味。那么我们先要找到能够杀死细菌的草药。尽管我们知道有很多草药是有杀菌功能的,但是不能把所有的草药都添加进去啊!我们开始查找大量的资料,并且筛选出最具有价值的资料研究。我们走出校园,来到中医药大学博物馆、实验室、中国食品药品检定研究院来寻找答案。经过一番努力,我们终于做出了百草洁。这中间的过程是曲折的。我们先是海选出具有杀菌作用的中草药,然后尝试着做了几种组合,经过与专家的交流,去除掉了有重复功效的草药,让配方看起来简洁了很多。接下来提取草药的有效成分,颇费周折。我们根据草药的性质,选择了煎煮。煎煮之后,液体中混有很多的草药残渣,我们试着用纱布过滤,大的残渣过滤掉了,可是液体中还悬浮着很多混浊物。在百思不得其解之后,我们请教了中医药大学实验室的白老师,白老师一语惊醒梦中人。我们试着用酒精来萃取分离，果然得到了澄清的液体。第一个大的难题解决了。接下来的困难更大！怎么能证明我们的产品是有杀菌功能的呢？要通过实验来证明。作为一名小学生，我们还没有上过实验课，更何况是证明能杀死细菌的实验。我简直是丈二和尚摸不着头脑。遇到了这么大的困难，我只能求助家长了。在家长的启发下，我明白了要证明百草洁能杀死细菌，首先要找到细菌。然后通过对细菌的培养，做使用百草洁和不使用百草洁的细菌培养实验。如果不使用百草洁的培养基长出细菌，而使用百草洁的培养基没有长出细菌，那么就可以证明百草洁是可以杀死细菌的。原来这么简单！养乐多广告里面说它是富有活的益生菌的健康饮品，那么好，养乐多里面一定有很多细菌，我们就用养乐多来做实验。实验按照我们预想的来进行，终于到了出结果的日子，我无比兴奋！但是，当我看到结果的一瞬间，整个人都沮丧了。没有细菌！无论是否使用了百草洁都没有细菌！问题出在了哪里？我开始反复研究。营养培养基，36度孵育箱，48小时。问题出在哪里？突然，我想到，平时在超市里看到的养乐多都是放在冰箱里的！经过资料的查询，我了解到养乐多里面的益生菌是喜欢凉爽环境的，在36度的环境中，细菌是无法生存的，我们居然还把它放在36度的孵育箱中48小时！那么我们改变一下培养的温度环境吧！在重新设计实验的过程中，我们意识到了细菌的选择有问题！我们需要杀死的是致病菌，而养乐多是益生菌，不是我们要杀死的目标。经过微生物的学习，我们知道了致病菌可以分为革兰氏阳性菌和革兰氏阴性菌，而它们的代表细菌是金黄色葡萄球菌和大肠杆菌，金黄色葡萄球菌会导致呼吸道感染疾病的发生，大肠杆菌会导致腹泻，这两种疾病是在学校最常见的威胁同学健康的疾病，如果我们的百草洁能够杀死这样的细菌，那么就可以护卫同学们的健康。我们最终选择了这两种细菌来做最终靶点。实验顺利进行，结果显示我们的百草洁是可以有效杀死细菌的，并且成分多的和成分少的效果一致。考虑到制作成本，我们最终选择了成分少的配方。

通过这次活动，我深深地体会到，做任何事都是要付出持之以恒的行动，没有人可以随随便便成功。一个好的想法，要经过不断的学习，反复的研究，严谨的验证才能最终成为成果。科学的发展是在不断的失败中前行的，每一次失败，都是下一次成功的奠基石。我们不要害怕失败，失败之后总结到的经验才是最大的财富。

【家长感悟】

张钧莱妈妈王玥　作为一名家长,有幸参与到创·智汇校园 MAKER 分享会让我见证了孩子的改变与成长。曾经孩子在遇到问题的时候总是一句"妈妈……"我就轻而易举地告诉了他答案,而这一次,我也是个门外汉,真的回答不上来他的问题。第一次面对我给不出他答案,他也会有些焦虑,但是很快,他便调整好自己的情绪,与同学讨论,讨论的结果是,大家一起找答案。答案去哪里找?在网络发达的现在,第一招是百度。百度的结果千奇百怪,他又开始学习如何筛选结果,查阅文献,和小伙伴们一起走出校门去寻找答案。在寻找答案的过程中,他又第一次学会了如何带着问题去跟专家交谈、学习。有了理论基础,接下来要面对如何实施。从来都没有进过厨房的他,端起了砂锅煎草药,对着带有刻度的烧杯、量筒,仔细地添加着精准体积的水。进入验证这个环节的时候,完全没有做过实验的他,满头雾水。这个时候,我倒是可以帮助他了,毕竟我学习的专业与实验有关。吸取了之前的经验,我没有马上告诉他应该怎么做,而是在实验目的的确立上引导他,让他倒推来思考每一个环节。第一次实验的设计,我明明知道他有个最关键的大问题,但是,我没有直接提出来,而是让他看到实验的失败来自己总结。孩子在服务性学习中成长了,学习到了更多的学习方法,而作为家长,在活动的参与中发现了自己的教育问题。

案例9　百变萌柜

【教师推荐】

已经参加了两届创·智汇校园 MAKER 分享会的"青莲具室创意中心"是我们四年级1班的骄傲。在2017年和2018年两届比赛活动中,参与青莲具室工作的6位同学克服困难、团结协作、坚持不懈、开拓创新,一次又一次取得好成绩,是全班同学乃至全校同学学习的榜样。根据她们两年来的辛苦历程,我发现这个团体自始至终具有"团结、坚持、创新"的特点,值得推荐给大家学习。

一、互助互爱,团结协作

"青莲具室创意中心"由6名女生组成:CEO 孙沐阳,CAO 黄相宜,CMO 熊甜羽,CFO 雷若熙,CTO 赵文菁,CHO 罗伊柔。这6名女生聪明好学、尽职尽责,团结互助、取长补短,每个人都能够在充分发挥自己优势做好本职工作的同时,帮助其他人完成别人的工作。每个人在工作中遇到困难时总有战友伸出援手,从来没有人以"不是自己分内的工作"为由拒绝完成。

我觉得这是这个团队在创业之初就取得傲人成绩的关键。古语说得好,"一根筷子容易折,一把筷子难折断""众人拾柴火焰高",专业的领导,个人的能力固然重要,但是对于团队来说,团结协作、取长补短才是团队进步的动力。

二、克服困难,坚持不懈

团队秉承"源于生活、绿色环保、解决问题、舒适耐用"的理念,致力于解决生活中的实际困难,生产出了既节约空间,又实用方便的"百变萌柜"。这6位女生克服了种种困难,秉承大国"工匠精神",传承中华"传统文化",坚持取材精益求精,制作一丝不苟,外观设计丰富多样。

同时,团队在第一届的创·智汇活动中只是进入三十强,没有进入前十强的情况下,全体队员再接再厉,坚持不懈,终于在第二届活动中进入前十强!梅花香自苦寒来,坚持不懈的精神是团队进步的保障。

三、勇于创新，开拓进取

团队在第一代产品具备椅子、桌子、削笔刀、收纳、自动吸尘五大功能的基础上，不满足于现状，继续推陈出新，在第二代产品上又增加了护眼、钟表时间显示、小桌板置物、放杯子、铅笔放置等另外五项功能。强大的十大功能，几乎满足了使用者的所有需求，得到同学和老师的一致好评。团队的创新精神保证了产品能够永远走在市场需求的前端。

"青莲具室创意中心"团体的"团结、坚持、创新"精神值得所有同学学习，也希望这个团队百尺竿头更进一步，创造生产出更新更强的产品，服务于这个社会！

推荐教师：鲍　虹

一、创意孵化

第三届"创·智汇"校园 MAKER 分享会就要召开了。我和小伙伴们早就铆足力气准备大干一场了！上一届"创·智汇"校园 MAKER 分享会上，我们的产品"百变萌柜"在展销会上大放异彩，获得许多老师和同学们的赞赏，同时也提出了许多改进建议。我们早就商量好了，今年我们要继续改进我们的产品，让我们的"百变萌柜"样式更美观、功能更完善！

"百变萌柜"的创造灵感来源于解决生活中存在的"家中空间小、需要一物多用"的实际问题。很多家庭都存在着空间小、物品多，生活中杂乱无章的问题，严重影响了生活品质。我们设计、制作的"百变萌柜"既外形美观、又节约空间，还实用方便，能够很好地解决我们生活中的实际问题。

我们设计、制作的第一代产品具有椅子、桌子、削笔刀、收纳、自动吸尘五大功能。我们的用户人群主要针对幼儿园到小学阶段的孩子。他们在学习中有可能出现姿势不正确导致视力下降、水杯倒了打湿作业、边学边玩浪费时间等问题。我们准备为产品增加新的功能解决这些问题。

在创作和制作"百变萌柜"的过程，我们学会了统筹规划，了解了木工知识，并运用人体力学解决作为椅子功能的舒适度问题，体会到了"工匠精神"的精髓并将其运用到学习、生活中。"精益求精、一丝不苟"，相信这样的精神会让我们的人生更有价值。

二、团队建立

公司基本信息						
届别	第二届	公司编号	C0102	指导教师	鲍 虹	
公司名称	青莲具室					
产品名称	百变萌柜					
公司口号	青莲具室,室内青莲;小小柜子,大大空间!					
公司 Logo 及含义	QLJS 九瓣莲花代表伙伴的集体力量,QLJS 是青莲具室的第一个拼音的组合。整体色彩绚丽,象征着产品的无限想象力。					
规章制度	1. 公司成员每月会议必须准时参加,并且按时主动完成 CEO 和学校老师交代的任务,缺勤一次需要向指导老师请假。 2. 每个人拿出 500 元压岁钱作为启动资金。 3. 如果中途退出不退钱。 4. 如果公司赚钱,分配根据出资比例而定。					
团队照片						

成员基本信息			
职位	姓名	班级	任职理由
CEO	孙沐阳	四(1)	能用智慧的方法管理公司,且能让员工信服

续表

职位	姓名	班级	任职理由
CMO	熊甜羽	四（1）	了解学校老师和同学们对于教室柜子、椅子、桌子的需求；喜欢沟通交流小伙伴们的想法，态度积极主动
CFO	雷若熙	四（1）	计算能力超强，还懂得市场定价
CSO	赵文菁	四（1）	可以用图画和文字创意开展销售工作
CAO	黄相宜	四（1）	绘画能力强，色彩感觉好，设计能力强
CHO	罗伊柔	四（1）	能够发现每个人的优势，各尽所能

三、市场调研

1. 本公司采用问卷调查方式确立的研发项目。
2. 我们公司对学校教职工和同学发放了调查问卷。
3. 问卷内容。

关于多功能柜子创意产品的调查问卷

青莲具室创意小组邀请老师和同学们参加下面调查问卷，请在相应的选项 A/B/C/D/E 下面画"√"，谢谢您的支持！

1. 你的性别？

    A. 男　　　　　　　　B 女

2. 你的年龄范围？

    A. 7~8 岁　　　B. 9~10 岁　　　C 11~12 岁　　　D. >20 岁

3. 你所从事的职业？

    A. 学生　　　　B. 老师　　　　C. 教职工

4. 你喜欢学校里的办公家具的哪一种？

    A. 桌子　　　　B. 椅子　　　　C. 柜子　　　　D. 其他

5. 你喜欢学校里的一种办公家具的原因是什么？（多选题）

    A. 舒适　　　　B. 时尚美观　　　C. 功能实用　　　D. 结实安全

    E. 其他

6. 你不喜欢学校里的办公家具的哪一种？

    A. 桌子　　　　B. 椅子　　　　C. 柜子　　　　D. 其他

7. 你不喜欢学校里的一种办公家具的原因是什么？（多选题）

    A. 使用不满意　　B. 造型难看　　C. 功能不够　　D. 危险

    E. 其他

8. 对于学校办公家具，你认为可以在哪些方面进行改进？（多选题）

A. 材料更加环保 B. 功能更加多样化
C. 功能实现更加智能化 D. 造型美观有趣
E. 使用方式更具创新性 F. 空间容量大

9. 你喜欢哪一方面的多功能家具?
A. 柜子椅子双功能 B. 柜子桌子双功能
C. 柜子椅子桌子集合功能 D. 更多功能的柜子

10. 你喜欢用什么形式的拖把?（多选题）
A. 普通拖布 B. 手推式拖地机 C. 自动式拖地机 D. 其他

11. 你购买办公家具时优先考虑什么因素?（多选题）
A. 功能齐全 B. 简洁舒适 C. 造型美 D. 绿色环保
E. 材质新颖 F. 容量大

12. 你购买办公家具时主要注重哪些方面?（多选题）
A. 价格 B. 质量 C. 造型 D. 颜色

13. 你喜欢的办公家具颜色类型是什么?
A. 鲜艳多彩 B. 纯色单一 C. 没有装饰的材料本色

14. 你准备购买多功能办公家具的费用大概多少?
A. 100元以内 B. 100~500元 C. 500~1000元 D. 大于1000元

15. 你对多功能办公家具有什么要求和建议?

4. 问卷结果分析。

我们公司发出44份调查问卷，收回41份调查问卷，其中人员包括37名四年级学生和4名任课老师。对于调查问卷的选项结果如下面图形所示。

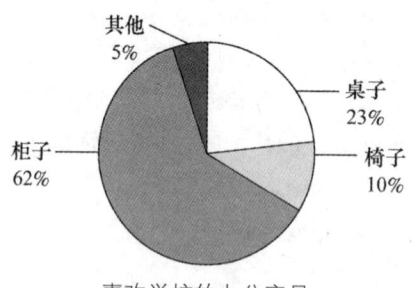

喜欢学校的办公家具

62%的师生喜欢柜子，遥遥领先于其他办公家具；其次是桌子占比23%，略高于椅子；如果将这些办公家具功能集合在一起，会不会满足所有老师和同学们的喜好呢？

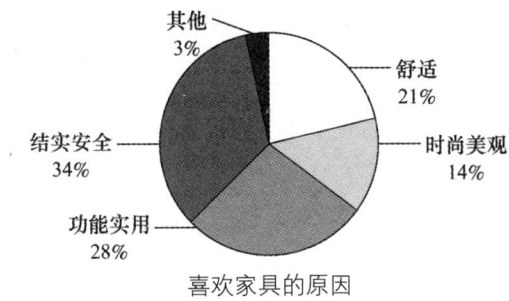

喜欢家具的原因

学校老师、同学们喜欢办公家具的原因各不相同，其中老师们更关注结构安全性、实用性功能和舒适度三个方面，同学们则更喜欢既安全实用又舒适的办公家具。我们需要结合儿童的人体力学和学校日常行为，专门为幼儿和小学生提供定制化的办公家具解决方案。

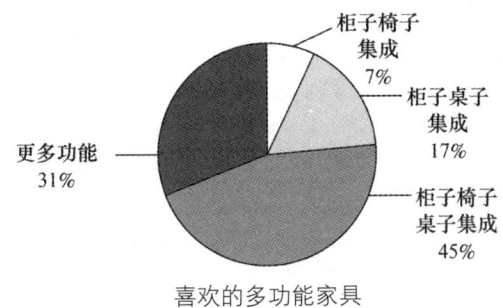

喜欢的多功能家具

绝大部分师生喜欢三种功能或者三种以上功能集成一体的办公家具，如果在最喜欢的柜子基础上解决小学生在学校学习生活中遇到的常见问题，例如加上能够自动吸尘的椅子、放置水杯的托盘，肯定会受到广大师生的热烈欢迎。

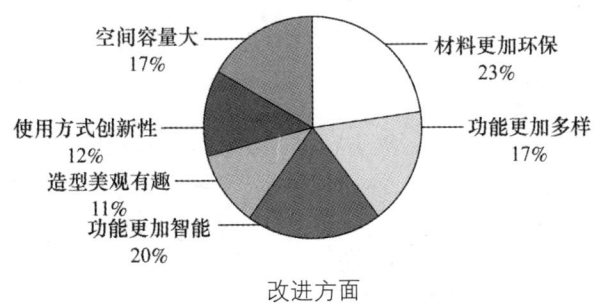

改进方面

师生们普遍都在办公家具方面提出了各种各样的改进方向，其中重点在环保型材料、功能智能化和多样化方向。可以看到，小学师生迫切需要为学校生活提供定制化解决方案的家具，我们公司发明的"百变萌柜"在学校办公家具市场中存在着强烈的需求前景。

四、产品设计

为了实现"小小柜子、大大空间"的设想,我们几个小伙伴苦思冥想、反复琢磨,终于在商量了多次后,确定了我们的产品——"百变萌柜"。那这个产品到底有哪些功能呢?功能还真多,有椅子、桌子、削笔刀、收纳、自动吸尘等五大功能。

随着消费者需求的增多,让我们的"百变萌柜"更有创意。今年我们几个小伙伴又开始了"烧脑活动",大家不仅积极开动脑筋,还集思广益,广泛征求同学、老师、家长、朋有等的意见,又增加了护眼、钟表时间显示、小桌板置物、放杯子、铅笔放置等另外五项功能。第二代产品上的十大功能进一步满足了消费者的需要。

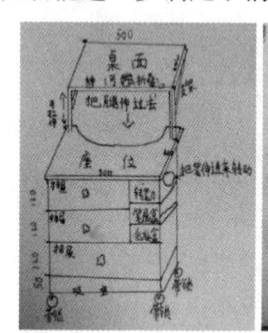
最初的设计图
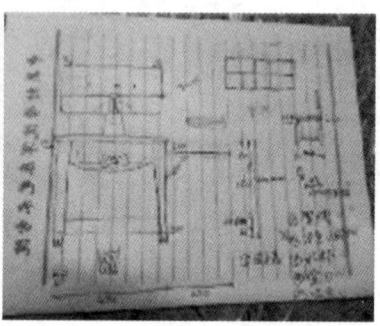
定稿的设计草图
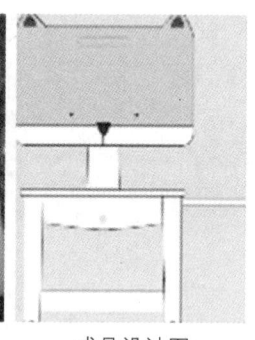
成品设计图

为了产品的推陈出新,我们不仅每月的例会按时开,还与专业的木工老师商讨怎样把我们的"设想"变为"现实";除了例会上我们畅所欲言,有想法时大家也会在"微信群"里互相沟通、交流。

与木工老师交流

开例会认真研讨

最有意义的事情要数我们的产品"诞生"过程了。

第一步：需要先确定图纸

经过我们小组成员的热烈讨论，终于对要开发的产品有了大致的构想。于是我们就把最初的想法绘制成了草图。在专业老师的指导下，根据草图，我们绘制出1∶5的正视与侧视产品结构图。在图纸的绘制过程中，考虑到产品的结构、美感与功能性等方面，又做了相应的尺寸调整，不容易呀，终于定稿啦。

第二步：选料、下料

在师傅的指导下，按照最初的设想，我们选定了木料。可是遗憾的是，由于我们的木工技术有限，只能求助师傅根据设计图纸的尺寸加工成相应的规格木料。我们只有在旁边观看的份儿。

第三步：制榫

产品的连接部位要根据要求制作出相应的榫卯结构。在这个过程中，我们看到了中国传统家具中的榫卯连接方式，榫卯结构是在两个构件上，采用凹凸部位相结合的一种连接方式，凸出部分叫榫，凹进部分叫卯。在观察的过程中，我们被中国传统的榫卯结构深深折服了。

更加让我们惊喜的是为了加深我们对榫卯结构的认识，木工老师特意给我们安排了一堂鲁班锁的制作课程，通过制作实践，我们对传统的木工技艺有了更加深刻的了解。

第四步：组装

所谓组装就是把制作好的各个部件，按照一定的顺序进行预装，对不合理的部位进行修整。为了结构间咬合得更加紧密，主要是对榫头与榫眼的部位进行调整。最后，再把连接部位抹上木工胶水，按顺序连接起来。

第五步：砂纸打磨

为了圆润光滑，需要用砂纸打磨。打磨的过程虽然很枯燥，但是想想产品能在自己的手里变了样，我们心里也美滋滋的。

于是我们全副武装：戴上口罩、护目镜、围裙和手套，用专业的打磨工具，在老师的指导下开始打磨。打磨时要耐心细致，所有部位都要打磨到位。在这个过程中，我们了解到砂纸是用目数来区分粗细的，打磨要从低目数到高目数依次使用砂纸。我们亲身感受到了各个目数的砂纸，也看到了经过打磨"百变萌柜"表面由粗糙到细密的变化过程。这个环节还真是收获颇丰呢。

第六步：上漆、打蜡

最神奇的就是这个过程啦！我们亲眼见证了"百变萌柜"由"丑小鸭"变"白天鹅"的过程。

经过上漆、打蜡处理后，"百变萌柜"表面变得更加光滑细腻，美感十足。从"灰头土脸"到"光彩照人"，大大超出我们的想象。辛勤的劳动终于换来了可喜的成果。

认真学习琢磨

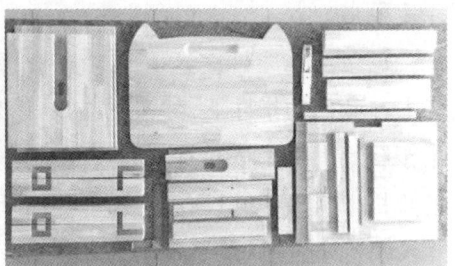
加工好的木料

打磨好的"百变萌柜"

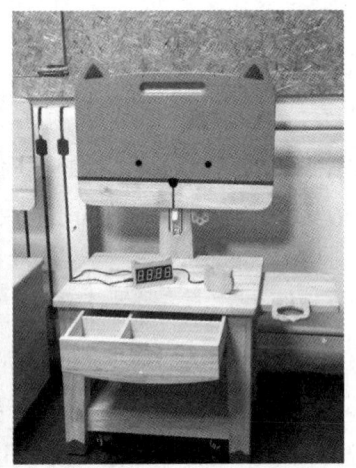
上好色的"百变萌柜"

五、营销策划

有了好的产品，怎样才能打开市场呢？我们认真研究，最后我们的产品定位是面向中小学生、中小学生的家长、幼儿园教职工、中小学教职工等群体。

如何定价呢？我们根据所购产品的成本核算了一下，决定推出两种产品，价格分别是808元（包含拖地机）和608元（不含拖地机）。理由是木料100元、扫地机200元、削笔器8元、支架10元、其他五金件10元、制作费用 100 元、员工工资 200 元、宣传费用 20 元，一共预计成本 648 元，包含拖地机。

目标人群和价格定好了，我们决定用一个响亮的宣传语：青莲具室，室内青莲；小小柜子，大大空间。

主要采用下列几种销售方式：网店销售、实体销售、微信朋友圈、微信公众号等。

六、产品发布

5 月 25 日下午，期待已久的产品发布会终于到来了，小伙伴们既兴奋又紧张。早早的我们就做好了分工，就等着大显身手了。按照分工，展板已经提前设计好，布展需要的拉花、气球、宣传旗子、书签以及我们的统一服装、挂牌等也一应俱全。现场布展时间只有 90 分钟，非常紧张，我们全体公司成员一齐上阵，动手布展。可是刚一开始就遇到了问题：我们准备的资料太多了，展板尺寸有限，根本贴不下。我们紧急想出了办法：把

展板设计图

展板设计实景图

评委听讲解

同学体验产品

资料上的图片和文字分别剪下来，修剪一下形状，既节省空间，又提高美观程度。布展过程大家各抒己见，甚至出现了不少矛盾，但小伙伴们都充分发挥团队合作精神，很快达成一致。看！我们的布展设计图很漂亮吧！实际布展效果更是美美的！

展销会开始了，好多同学来到了我们的展台前。刚开始讲解时，我们都有点儿紧张，慢慢发现有很多同学都给我们投票了，于是我们有了信心，更加投入了，热情接待每位客人，细心介绍我们"百变萌柜"的产品功能，并让客人们亲自体验，感受我们产品的精心设计和实用功能。班主任鲍老师也来给我们加油助威！

七、反思复盘

非常荣幸及高兴，我们有幸连续参加了两届"创·智汇"校园 MAKER 分享会啦，真是收获满满！下面是我们及家长想说的心里话。

【学生感悟】

孙沐阳 "创·智汇"校园 MAKER 分享会对于我和团队成员们来说，是历练，是收获，是绽放。历练的，是我们的能力，分享会让我们的能力在无数次打磨产品中得到提高。收获的，是成就与精神，我们团队不仅获得了"MAKER 智慧奖"，还学会了合作。绽放的，是我们的产品，见证全公司的努力，包含全公司的心血与智慧！

雷若熙 提高了动手操作的能力，体验了传统木工榫卯结构，收获了友谊，学会了做事要坚持不懈，学到了在课本里学不到的木工知识。

熊甜羽 在两届的"创·智汇"校园 MAKER 分享会活动中，我们既继承了传统木工的"工匠精神"，又融入现代的创新理念，解决同学们学校日常生活中的实际问题。我们请教专业的木工老师，学习了木工的基本制作方法，亲手制作鲁班榫卯结构，将垂直方向的不同木棍拼接成坚实的架构，它不仅体现了一门木匠技艺的智慧，更是人和自然和谐相处的见证。在市场调研过程中，我们发现同学们关注到家具舒适度，希望学校桌椅可以根据身高进行调整，因此我们在制图环节，按照低年级/高年级不同身高比例画图制图，调整两代产品的尺寸比例，从客户需求角度解决实际问题。通过这个活动，我学到了许多在课堂上、书本上学不到的知识，锻炼了新的技能！

【家长感悟】

孙沐阳妈妈李翠君　非常感谢学校给孩子们提供的宝贵机会和平台，感谢老师们的辛勤付出！通过此次"创·智汇"活动，作为家长的我们深深感受到了孩子们的成长：遇到问题时学会商量、妥协，想办法解决遇到的问题，为了目标的实现克服各种困难，为了团队的荣誉学会了放弃自己的利益。孩子们在活动中学会合作、学会换位思考、学会忍让、学会责任，这样的活动必将在孩子的人生旅途中留下深刻的印象，为他们的人生奠定坚实的基础！

雷若熙妈妈刘君霞　首先要感谢史家小学组织的这次有意义的活动，感谢辛勤组织工作的老师们，还有我们班主任鲍老师的鼎力支持。学校为学生们提供这么好的学习和实践的机会，让孩子们在学校这个大平台上拓展自己的思维和视野，丰富了孩子们的知识，更加了解和传承了"工匠精神"，更加热爱自己的祖国。而且通过这个活动我深深地感受到孩子们又长大了。

给我印象最深的是孩子们完成初稿设计和木工指导老师沟通时，当一个一个天马行空的想法被否定后我担心孩子们会受到打击，但是孩子们并没有轻易的放弃，而是认真的和指导老师讨论起了最接近原创的方案和可行性。完全像一个成熟"设计师"，我心里给了一个大大的赞。

孩子们通过沟通、交流，以人格塑造人格，用智慧碰撞智慧，全程表现出合作、不抱怨、不埋怨的态度，目标一致、互相信任、团结协作、突破创新、迎难而上。

再次感谢史家小学提供的平台，我希望"创·智汇"活动能继续办下去，也希望孩子们能感受到园丁们的良苦用心，通过学校的良好平台丰富自己的知识、开阔视野，将来能成为国家的栋梁之才，为社会贡献自己的一份力量。

案例10　百变智能颈枕

【教师推荐】

起这样一个题目是因为"快乐猫咪公司"在近三年中所推出的一代又一代产品，孩子们在一次又一次的参加"创·智汇"校园MAKER分享会过程中的表现，所带给我的惊喜与感动，使我深切地感受到了孩子们在活动中快速的成长。

孩子们从2016年9月开启了这段不平凡的旅程。对于在史家小学学习了两年之后，第一次进入到高年级部学习和生活的三年级学生来说，这里的一切都让她们充满好奇。恰巧这一年学校隆重推出了一个全新的实践活动"创·智汇"商业挑战赛。活动一经推出，迅速吸引了大家的关注，同学们当时所表现出的热情是空前的。在这样的背景下来自三年级5班的李家熙同学和小伙伴们也不甘示弱，创立了"快乐猫咪公司"。前两届比赛先后推出了"寻物智能猫咪"和"共享爱心伞"两款产品，虽然很有新意，也都进入了学校的前三十二强，但还是和十强失之交臂。在这样的情况下，孩子们没有气馁，而是充分吸取前面的教训，仔细观察生活，紧紧围绕为人们日常生活提供方便，解决人们的困扰为核心目标，进行新商品的研发并在第三届比赛中成功推出了"百变智能颈枕"。

此次研发孩子们经过对生活认真的观察和分析，发现脖颈颈椎是人体使用频率最高、最脆弱的部位，孩子们自己在看书或写作业时也深受其苦，特别是对于出行、久坐的人更容易造成劳损，给人们带来无尽的痛苦。所以她们有了研发颈枕保护颈椎的想法。但活动之初大家提出了多种产品的设计意向，有能够计数的无绳跳绳、控制炒菜油量的滤油盘子、可以视频的台灯、智能颈枕等方案。经过分析、对比这些方案的可行性，孩子们发现市场上无绳跳绳、滤油盘子的同类产品已比较成熟，视频台灯制作难度太大，于是才将重点聚焦到研制智能颈枕上来。这个过程充分体现了孩子们的科技意识和创新意识，真正做到了既能"仰望星空"又能"脚踏实地"。在确定了主攻方向后，孩子们又进行了细致的市场调研，发现市场上现有颈枕的种类很多，但都不够完美，不能集舒适、智能、便捷于一体，于是她们设计出了"百变智能颈枕"。

孩子们通过参加"创·智汇"商业挑战赛，实现了从盲目到定向、从犹豫到坚定、从感性到理性的华丽蜕变。活动过程中使她们深切体会到了：什么是坚持不懈，什么是持之以恒，什么是同舟共济，什么是团结一心；懂得了如何面对困难，如何解决问题。"创·智汇"见证了她们的成长。

推荐教师：化国辉

一、创意孵化

我们发现颈椎是人体使用频率最高、最脆弱的骨头，非常重要，但也容易受伤，特别是出行久坐更易造成劳损，所以我们想研发合适的颈枕保护颈椎。市场上颈枕很多，但都不完美，不能集舒适、智能、便捷于一体，于是我们设计了百变智能颈枕。

我们着重做了以下工作：

1. 改造外观，外形做成手提包和肩挎包，增加了储物小口袋，可以放公交卡、钥匙，携带更加便捷。

2. 增加功能强大的"芯"，能够搜索和播放音乐、故事、英语听力等有声读物，可连续工作15个小时以上，可以通过内置耳机收听。

3. 关注儿童、老人等特殊人群，实现安全定位、闹铃提示时间。

产品最主要的创新点是从消费者的需求出发，在研究人体颈椎结构的基础上，考虑解决问题的方法和途径。注重产品的细节、实用性以及消费者的感受。

通过参加创·智汇，我们更加关注身边的各种新事物，注意了解生活需求；充分发挥想象空间，增强了动手能力；锻炼了组织、协作和表达能力。

二、团队建立

公司基本信息					
届别	五（5）班	公司编号	B0512	指导教师	化国辉
公司名称	快乐猫咪公司				
产品名称	百变智能颈枕				

公司口号	快乐生活每一天	
公司 Logo 及含义	![快乐猫咪 Logo] 我们公司的 Logo 将"快乐猫咪"四个字置于红心之中，象征着热情自信、积极向上的公司文化，代表着我们快乐、阳光的生活态度。	
规章制度	1. CEO 负责公司的日常运行，有一票否决权。 2. 每个人都要交纳 200 元的启动资金，只能用于购买产品零部件、印制宣传品和制作广告片。 3. 所有花费及时记账，花费在 200 元之内由公司 CEO 决定；花费超过 200 元要经过 CEO、COO、CFO 商量。 4. 明确分工，责任到人。同时，分工不分家。 5. 在决定产品方案、制作广告片、参加展销会等重要时刻，充分讨论、集中决策。	
团队照片		

成员基本信息			
职位	姓名	班级	任职理由
CEO	李家熙	五（5）	善于组织管理，有创新能力
CTO	周静涵	五（5）	严谨认真，关注新技术
COO	王昕玉	五（5）	待人友善，文笔细腻
CDO	唐思齐	五（5）	擅长绘画，沟通能力强
CMO	李子睿	五（5）	对商业事物敏感，踏实认真

续表

职位	姓名	班级	任职理由
CHO	胡香儿	五（5）	人缘好，协调能力强
CFO	岳家琳	五（5）	认真细致，责任心强
CQO	齐妙妍	五（5）	思维活跃，注重团结协作
CPO	海明月	五（5）	有创新意识，活泼友善
CIO	赵家艺	五（5）	关注细节，喜欢分析数据信息

三、市场调研

2018 年我们在确定产品上颇费了一番心思。首先是大家根据自己的观察和思考提出多种产品方案，主要有能够计数的无绳跳绳、控制炒菜油量的滤油盘子、可以视频的台灯、智能颈枕等方案。

然后我们一起分析这些方案的可行性：我们发现市场上无绳跳绳、滤油盘子的同类产品已比较成熟，视频台灯制作难度太大，于是重点聚焦研究智能颈枕。我们分工组织，查询资料，研究技术，试用同类产品。产品方案明确后，对不同人群进行了访谈调查，对产品的功能、价格进行深入了解，最后才购买材料制作样品。

四、产品设计

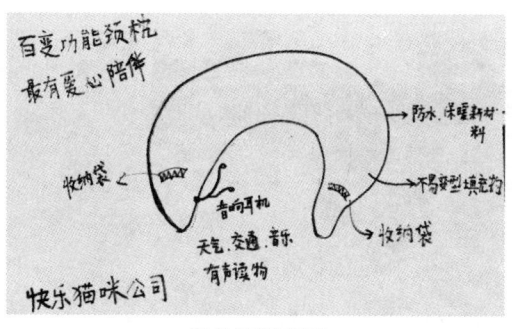

产品设计草图

一代传统版产品，有智能播放、定位、定时功能，可以收纳、降温。分为成人款、儿童款。

工型支架手提款，可 360 度侧枕，手提便携，有智能、收纳功能。分冬款、夏款。

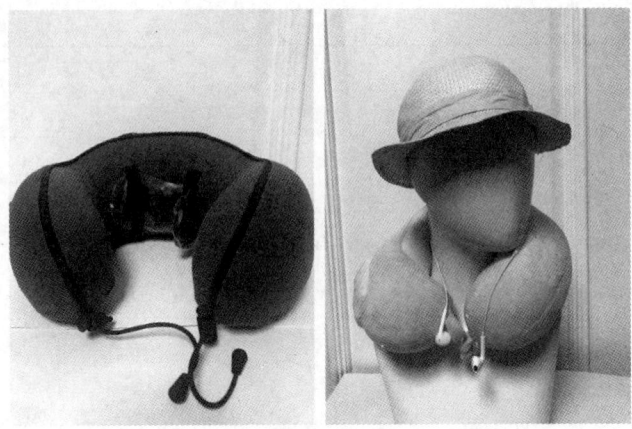

一代传统版产品

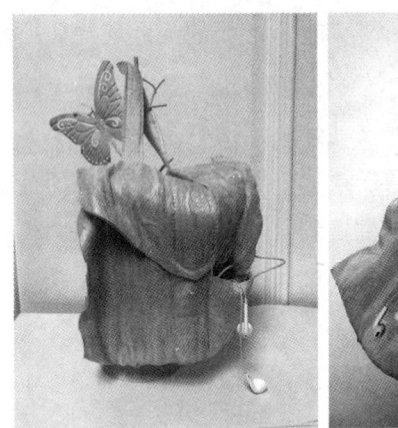

工型支架手提款

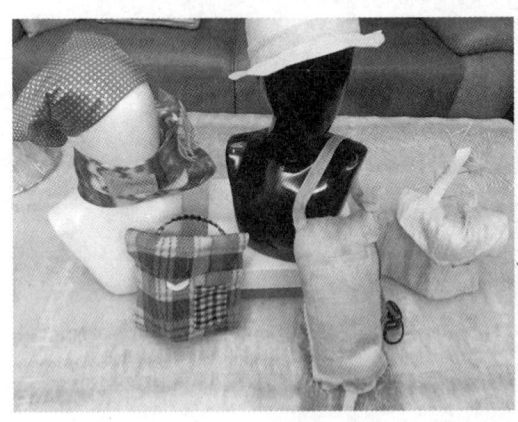

二代产品，U型肩挎包款

二代产品内装可塑形颗粒，重量轻，外装大口袋储物，流苏装饰，有智能功能。分男款、女款。

五、营销策划

哪些消费者会对该产品感兴趣	
有出行需求、需要保护颈椎的,都会对我们的产品有兴趣。	
该产品可以满足这些消费者的哪些需求	
百变功能颈枕可以保护使用者的颈椎,可以为旅途中或久坐的人们提供音乐、故事、英语听力等有声读物,提供颈部的降温凉垫,以及随身小件物品的收纳处。同时,我们的产品还可以为老人和小朋友们提供安全定位、闹铃提醒服务。	
产品销售方式	1. 网店销售 2. 实体销售 3. 其他 __现场销售__
产品价格	一代产品79元,工型支架手提颈枕109元,U型肩挎包款129元。
宣传语	颈枕在手,出行无忧!
在哪里使用这些宣传语	公司的所有宣传推广资料及展销会现场除了使用宣传语,我们计划广泛使用现场体验及网上预约体验。对购买的消费者提供在一年之内出现任何质量问题,全部无偿换新品服务。
预计销量	100个

六、产品发布

展会展板

颈枕故事宣传册

展销会现场

展销会是整个活动的重头戏，我们认真做好每个细节，确保产品得到充分展示。一是做好布展，我们用全手绘的方式画出精致的展板，在展台上用高低错落的模特摆放好漂亮的颈枕。二是做足宣传准备，提前录制了产品宣传片和团队介绍，展销会上循环播放；专门绘制了《颈枕小故事》宣传册，用生动的方式向大家介绍产品功能。三是协作推销，团队10名成员分兵把守，有的在展位前介绍并演示产品，有的在附近散发宣传单，有的负责观察"顾客"进场时间和节奏。作为已经合作了3年的小伙伴，我们之间不用太多的语言，只需要一个眼神，就知道需要怎么配合对方。

七、反思复盘

【学生感悟】

"创·智汇"伴我成长

李家熙

"创·智汇"是我们史家学生最重视的校园活动，是我们每年欢度"六一"的盛宴，我对她真是"爱恨交加"。因为自从三年级我组建公司当上CEO开始，就过上了为产品费心、为团队操心、为输赢揪心的日子。但是，她又像有神奇魅力的吸铁石一样，让我们欲罢不能，因为我们精彩的创业经历，带给我们太多的欢乐和收获。

创业过程中，最难莫过确定产品，"创·智汇"教我悉心观察生活。我们快乐猫咪公司先后推出了"寻物智能猫咪""共享爱心伞""百变智能颈枕"三款产品。这些产品看似是用三个月时间研制生产出来的，其实那是我们整个团队整整三年观察生活、开动脑筋解决问题的结果。为了找到合适的产品，我们非常留意生活中有什么需要改进的事物、别人又是怎样经营商品的。比如我发现小区里有家小店面经常因为经营不善换店主，最后进驻的水果店却每天人满为患，于是就利用假期去实习，一边帮他们画海报、推销水果，一边观察他们经营的秘诀，原来他们的水果并不便宜，但是讲究健康和好吃，每次都让我在海报上注明产地、口味、适宜人群，同一张海报最多使用三天，让人总感觉水果很新鲜。就是因为我们特别注意观察生活中的新鲜事，让我们从最初找不到可做产品而发愁，变成了为好产品太多不知如何取舍而苦恼。

创业过程中，最宝贵的是来自伙伴的支持，"创·智汇"教我懂得竞争与合作。同台参加活动就会产生竞争，但是不同处理方法却会导致不同的结果。三年级展销会时，一家与我们有竞争关系的公司没有及时来布展，有人说他们错过了布展就能增加我们获胜的机会，我想只有让每个队伍都充分展示，才是公平的竞争，我毫不犹豫地给他们的CEO打了电话，帮他们及时完成了布展准备。四年级时，我们班有三个公司同时进入校园30强，这让参加同学都感受到一种无形的压力，各种无端的猜忌，让大家从抢拉"顾客"的小摩擦，很快升级为互撕海报和各种争吵，班主任化国辉老师逐一找我们CEO谈心，让我们认识到了自己队伍存在的问题。不久，我们三支队伍又有幸一起参加了东城区青少年创客集市，我们每每向评委介绍完自己的产品时，都会加上一句，那边也是我们班的团队，也请去看看他们的产品吧。

创业过程中，最重要的是不懈地努力，"创·智汇"教我明白没人能随随便便成功。刚开始参加"创·智汇"我们都是抱着好玩的心态，几个同学聚在一起边吃边聊，思想天马行空、话题无边无际，可是每当面对一大堆要完成的报表、要落地的产品，我的心又瞬间跌入谷底，于是逐渐学会凡事从小处着眼，一点一滴做好功课。今年展销会上，看到六年级同学都是用精美的手绘海报，我回到家顾不上吃晚饭，一气呵成画出我们的展板海报和《颈枕故事》宣传册，等站起来活动一下麻木的筋骨时，才发现已是深夜12点了。年级展销会上，我们发现同学们对我们的颈枕变身为小包特别感兴趣，就想生产出更多背包款式的颈枕，但糟糕的是，我却在那两天发起了高烧，我咬牙坚持画出设计稿，盯着裁缝师父帮忙制作，终于赶在30强展销会前生产出二代产品。这些让我真切地感受到，每一点收获，都凝结着辛勤付出的汗水。

我们快乐猫咪公司已经是第三次参加"创·智汇"的老公司了，小伙伴们为做出产品欢呼过，因意见不同争吵过，为比赛失利哭泣过。但是，大家从没有想过要放弃，因为"创·智汇"教会我们太多、太多！

【家长感悟】

点燃智慧之光的教育

李家熙爸爸　李清飞

"创·智汇"是史家小学最与众不同的校园实践活动，鼓励孩子们自己组建团队、创新产品、确定商业模式把商品推销出去，通过一个完整的商业模拟活动锻炼孩子的观察思维、动手能力、合作意识和对胜负的承受力，用在课堂上无法实现的方式全面提升孩子的综合素质。我平时能陪伴孩子的时间有限，但是每年孩子参加"创·智汇"活动时，都会尽力抽出时间陪她度过愉快的"创业季"。总结孩子们在这种实践活动中的受益主要有两大方面。

一是激发了创新能力。多年来我们的基础教育因为束缚孩子的创造性思维而饱受诟病，"创·智汇"较好地解决了此类问题。用成年人的眼光看，孩子们的多数创造都是比较稚嫩的，但老师们非常注意鼓励和保护每一个微小的创新点，孩子的自信心就来源于这些小成功的积累。我看到孩子通过 3 次参加活动，从对创新的茫然，到认真观察生活发现问题，再发展到积极思考解决问题的方法。我女儿家熙因为教室空间受限不便于跳绳，就想做一种无绳跳绳；团队 CTO 觉得妈妈炒菜油比较多，就想做一个能漏油的盘子。虽然因为市场上已有同类产品而未能实现，但她们都坚信自己有解决问题的能力。

二是增强了责任意识。史家奉行有家国情怀的教育理念，这在"创·智汇"活动中也有充分的体现。家熙发起的"快乐猫咪公司"的创意产品都来自于对生活的观察和对社会的融入，通过创意制作这些产品，孩子们看到了别人的需求，学会了关注社会和关爱他人。孩子们在家里都是被大人精心照顾着，但在团队中表现出的高度责任心，也让我看到了他们的无限潜能。岳佳琳是个腼腆文静的小姑娘，展销会上为了拉到一张选票，追着高她一头的小哥哥绕场走了一圈，锲而不舍地介绍了 10 多分钟。周静涵患有慢性咽炎，但她坚持站在展位前不停推销产品，累得嗓子都发不出声音了也不叫一声苦。家熙为了绘制宣传册，顾不上吃饭干到深夜，她妈妈开玩笑说，孩子如果能一直保持这样的劲头，将来做什么事都不用担心了。

孩子们在嬉笑打闹中建立了小公司，却当成大事业一样去奋斗，并从中受到了全方位的锻炼，这应该就是素质教育的魅力。我在陪伴中看到了孩子们的成长，也非常感谢学校和老师们的辛勤付出！

案例11 "i 动"——微动能自发电可穿戴设备

【教师推荐】

  2018年这个草长莺飞的春天，三(9)班的11位小伙伴刚刚接触"创·智汇"时，仿佛初生的小精灵，对活动充满着好奇和兴奋，每一位小成员都跃跃欲试、叽叽喳喳地表达自己天马行空的想象力和饱含童话色彩的团队理念。岳耀霆同学作为这个团队的小小负责人，整合了每一位小成员的想法和提议，发现原来大家的活泼、大家的团结和大家坚定的信念都与蚂蚁的团队精神如此契合，于是"金蚂蚁"公司诞生了！

  孩子们经常会安静地俯瞰一群蚂蚁，看一只蚂蚁四处漂泊寻找食物，与同伴一起搬回比自己身体大几倍的食物，也会与同伴一起击退另一窝蚂蚁的进攻，看这一只蚂蚁怎样从急急匆匆茫然不知所措的生活伊始到逐渐学会思考，学会避险，学会合作……慢慢地，孩子们发现，这是一个如此庞大的社会，每只蚂蚁都承担着自己的角色，辛苦忙碌而不知疲倦，然而看上去又是那么的踏实、满足。因为每一只小蚂蚁都不甘心被淹没，都有着当"英雄"的梦想，都在自己的位置尽力发挥自己的作用。就仿佛一个巨人在高空安静地俯瞰我们的人类社会，我们与小蚂蚁是如此的相似，只有团结、勤劳、努力、合作才能让我们真正认识自己。

  于是，在每一位"小蚂蚁"积极踊跃地出谋献策中，充分发挥自己的特长，提出了"i动"微动能自发光穿戴装备的产品理念。

  这群初生的"小蚂蚁"通过观察、采访、走进科技馆参观、请教体育科学研究所的专业工作人员等一系列调研、学习，历经反复绘制设计草图及多次试验，慢慢地，一套闪亮而又颇具趣味的自发光T恤、帽子、臂圈初具雏形。这其中，孩子们也曾遇到重重问题而觉得难以找到突破口，也曾因小伙伴们意见不同而争论不休，但是，每每困难面前，每一位"小蚂蚁"都铭记着蚂蚁的团队精神，大伙牢牢团结在一起，尽力而为地将自己的长处恰到好处地运用在产品逐渐实现的过程中。最终，当红色的帽子、黑色的T恤、灰色的臂圈伴着一闪一闪的磁力切割发电装置亮相在学校的展销会上时，听着老师们的称赞，看着试穿的同学们好奇地跳跃出闪亮的图案，你们兴奋、自豪、雀跃，这是小伙伴们团队合作、共策共力的结晶，它让每一位"小蚂蚁"都如此地充满了自信和成就感！

这是一套既能起到警示提醒的安全作用，又能够绿色环保重复使用的穿戴设备，作为"金蚂蚁"的第一件产品，它也有很多不够成熟和现实的地方，但是，它却带着每一位"小蚂蚁"对傍晚在广场游戏的小朋友、凌晨在马路上作业的清洁工人、下班后夜跑的叔叔阿姨，以及晚高峰忙于维持交通及城市秩序的警察叔叔和交通协管员等这类人群的衷心祝愿。希望"金蚂蚁"的创意和产品能为他们在黑暗中的活动及工作带去便利和生活趣味。这套产品洋溢着你们的爱心、饱含着你们小小年纪颇具特色的智慧！我为你们骄傲，我的每一只"小蚂蚁"们。

期待"小蚂蚁"们健康成长。在成长的道路上，你们还会有重重考验和历练，希望依然用你们"金蚂蚁"的团队精神接受挑战，拥抱成功！等待你们抱团成群、队伍壮大、收获颇丰的时刻！

推荐教师：王 滢

一、创意孵化

我们设计这样一款便携式的发光装备的创意，最初是来自于我们夜晚的游乐活动。虽然现在大部分的游乐场所都有路灯等照明设施，但也有一些场所在晚上照明条件不好。在几次滑雪的时候就有这种苦恼，有时比较开心地玩到天快黑了，雪地漆黑一片，但附近还有飞速滑过的人，地面也有暗坑和冰凌，稍有不慎就会滑倒，很危险。但是，在滑雪时拿着手机或者手电筒提供照明是不可能的，我们就想能不能设计一款便携发光设备，以便在这些场景下应用。

有了这个点子之后，团队成员们进行讨论，发现了这种装置更多的应用情景，深挖它的市场需求和社会需求。如为路上工作的环卫工人、夜跑人群做警示，为建筑工人提供照明等等。我们都认为这是一个具有不错的前景的创意，于是就想着如何来实现它。

便携式发光装置的关键要突出"便携"，佩戴或者持有的方式要方便，于是我们设计了头戴式和臂绕式两种佩戴方法，解放了双手。实现便携的另外一个要解决的问题是电源问题，一种方法是用电池来供电，市场上现有的便携式照明设备大多是使用电池来供电的,但是电池更换起来很麻烦,而且也不环保。有没有不需要电池供电也能照明的装置呢?于是我们通过学习,了解到切割磁感线的装置可以将运动时的能量转化成电,正好契合我们这个装置。于是,结合这两个因素,我们就设计出了通过运动来发电,佩戴在头或者大臂上的便携发光装置。

二、团队建立

公司基本信息						
届别	第三届	团队编号	D0920	指导教师	王滢	
团队名称	金蚂蚁(北京)创意科技有限公司					
产品名称	i 动——微动能自发电可穿戴设备					
团队口号	致力绿色生活,实现节能创想　i 运动,i 创想,i 闪亮					
团队 Logo 及含义	蚂蚁虽小,团结起来力量大。我们要像小蚂蚁那样,团结协作、坚持不懈,学习创造,为社会做出贡献。					
规章制度	1. 积极参加公司各项活动,不能参加需提前请假; 2. 禁止做出有损公司形象、声誉或破坏公司发展的事情; 3. 服从管理,团结互助; 4. 鼓励创新,不断提高自身水平与素质; 5. 财务透明,提倡节约,反对浪费; 6. 鼓励成员发挥才智,提出合理化建议; 7. 所有成员均需遵守公司的规章制度,对违反者予以追究。					
团队照片						

续表

成员基本信息				
职位	姓名	班级	任职理由	
CEO	岳耀霆	三(9)	三(9)班中队长,拥有全面的团队管理能力,擅长全局统筹与协调	
CTO	曾望明	三(9)	动手能力强,勤于思考,可把握产品关键特性和设计方向	
CTO	张家赫	三(9)	能熟练使用多种工具,勤于思考,对创造新事物充满热情	
CSO	施语轩	三(9)	善于发现生活中细节,能对产品设计提供建议和方案	
CSO	刘芯涵	三(9)	能够充分发挥创意和设计能力。	
CPO	吴凯渤	三(9)	思维活跃,观点新颖,动手能力强,善于团队沟通,良好执行力	
CPO	曾与皙	三(9)	充分发挥自己的艺术创意优势,促进团队合作效益	
CMO	于 涵	三(9)	充分发挥想象力和策划能力,整合调查数据来支持产品研发	
CMO	冀雪菲	三(9)	善于观察、总结、提炼,沟通能力强	
CFO	张乐人	三(9)	思维缜密严谨,做事情一丝不苟,具有较强的执行能力	
COO	王 清	三(9)	善于沟通和交流,写作实施能力强	

三、市场调研

基于解决人们在夜间户外运动、夜间作业时因为光线昏暗产生的安全问题,i动——微动能可穿戴设备结合原有臂包类产品,配备自发电设备和灯条,利用人体运动产生能量,带动灯条闪亮。该方案实用性强,绿色环

保，还有很大的延展性。

此次产品市场调研主要采用针对夜间户外活动的人群。采用了线上问卷调研和线下实地访谈相结合的方式。调研累积收集问卷 67 份，受访者年龄主要集中在 20~40 岁。

i 动——微动能可穿戴设备调研问卷

1. 您的性别？
   ☐男 ☐女

2. 您的年龄？
   ☐20 岁以下 ☐20~30 岁 ☐31~40 岁 ☐41~50 岁
   ☐51~60 岁 ☐60 岁以上

3. 您的职业？
   ☐交警 ☐环卫工人 ☐学生 ☐老师
   ☐企业员工 ☐其他

4. 您天黑后会不会户外活动？
   ☐会 ☐不会

5. 您夜间照明用什么工具？
   ☐手电筒 ☐反光条 ☐头灯 ☐其他

6. 您觉得夜间照明有什么不方便的地方吗？
   ☐不易携带 ☐笨重 ☐其他

7. 您天黑后户外活动的频率？
   ☐从不夜间活动 ☐偶尔夜间活动 ☐经常夜间活动

8. 您接触过夜间照明设施吗？
   ☐有 ☐没有

9. 便携式夜间照明设施需要哪些功能？
   ☐照明 ☐计步 ☐卡路里统计 ☐音乐
   ☐微信、钉钉、QQ 等软件关联 ☐定位 ☐其他

10. 您觉得夜间照明设施最吸引人的地方是什么？
    ☐时尚运动外观 ☐方便实用 ☐社交互动 ☐安全贴心
    ☐趣味性

11. 您了解纳米材料吗？
    ☐了解 ☐了解一点 ☐没听过

12. 您是否需要一台夜间照明设施？
    ☐需要 ☐不需要 ☐无所谓

13. 您感觉一台夜间照明设施的售价是多少？

□100元以下	□100~200元	□201~300元	□301~400元
□401~500元	□501~600元	□601~700元	□701~800元
□801~900元	□901~1000元	□1000元及以上	

14. 您对夜间照明设施有什么期待吗？

关于夜间户外活动的现状：约有88%的受访者表示自己偶尔会有夜间活动的情况，3%的受访者表示自己经常有夜间活动的情况，9%的受访者表示从不夜间户外活动。

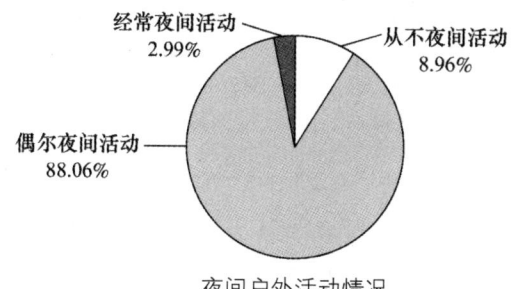

夜间户外活动情况

关于夜间户外运动时照明情况：约35.8%的受访者夜间采用手电筒照明；4.48%的受访者采用头灯进行照明；1.49%的受访者采用反光条进行照明。

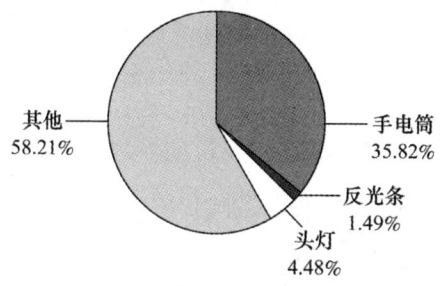

夜间户外活动照明情况

关于夜间户外照明设备的使用情况：约65%的受访者表示现有夜间照明工具主要存在不便携带；4.48%的受访者表示现有照明设备笨重不易于携带。

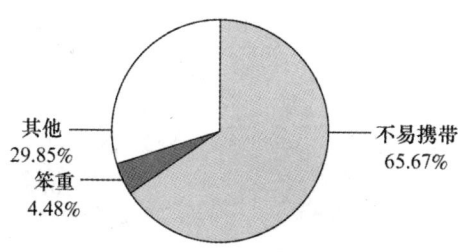

夜间户外照明设备的使用情况

关于夜间便携式照明设备功能的期望：35.8%的受访者期望有计步功能，37.3%的受访者期望有音乐播放的功能，23.8%的受访者期望有卡路里统计的功能，23.4%的受访者期望与钉钉、微信等软件连接。

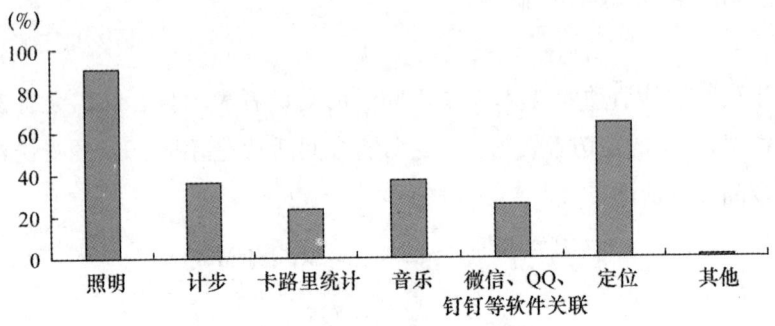

夜间照明设备功能期望

关于便携式照明设备优势：58.2%的受访者表示是方便实用；20.9%的受访者认为安全贴心；17.9%的受访者认为是时尚运动的外观；3%的受访者认为是社交互动。

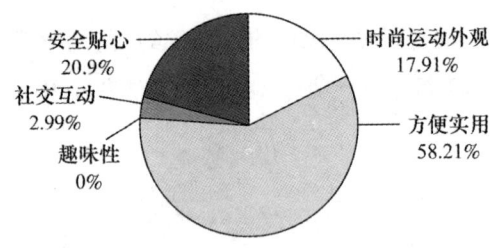

便携式照明设备的优势

调查显示有关夜间可穿戴设备的建议售价：37.3%的受访者表示自己可以接受的价格是100元以下，46.3%的受访者表示可以接受100~200元的价格，13.4%的受访者表示自己可以接受201~300元的价格，分别有1.5%的受访者表示自己可以接受301~400元，1.5%的受访者可以接受401~500元。

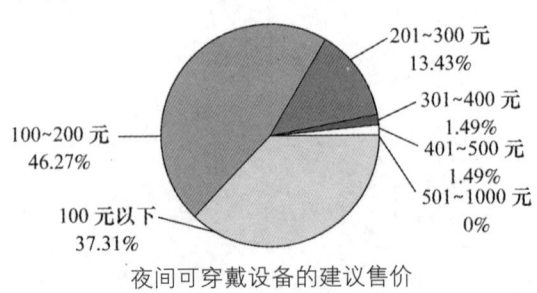

夜间可穿戴设备的建议售价

针对夜间作业的特殊工种，小队成员来到了警务室、马路边、建筑工地和街心公园，就夜间照明现状、照明设备功能需求、外观设计等分别采访了警察叔叔、环卫工人、建筑工人、夜跑爱好者。

CTO 曾望明同学采访了警察叔叔，了解到一款便携的、摩擦式夜间发光的照明产品非常适合警察的夜间执勤。

CMO 于涵同学采访了环卫阿姨，阿姨表示佩戴发光的产品可以方便警示来往车辆，便于工作。

CMO 冀雪菲同学采访了建筑工人，了解到他们也经常要夜间作业，一款便携的照明设备可以方便他们的高空作业需求，提高安全性。

团队成员采访了夜跑爱好者，在热爱夜跑、坚持锻炼的过程中，希望能在帽子上、手臂上、鞋上增加运动发光体，这样既让夜跑不孤单，还能避免安全隐患。

四、产品设计

1. 产品方向的选择

根据调研反馈的信息，夜间活动会存在一些安全隐患，成员们想设计出一款产品，能够帮助大家解决夜间出行、工作、运动时的安全问题。经过大家的讨论，我们期望设计的产品应该具备如下功能。

（1）可以在夜晚发光，人们在晚间运动或者进行户外工作时，灯光闪亮，提示周围人群，保障穿戴者的安全。

（2）装配 GPS 定位系统，可随时将穿戴者的位置反馈到指定软件上，让穿戴者的家人可以随时掌握设备穿戴者的行踪。

（3）装配紧急警报按钮，一旦设备穿戴者遇到危险，比如小学生冬天清早上学，清洁工人夜间作业，滑雪者遇到特殊情况，都可以按动按钮，警报响起，引起周围人群的警觉，从而保证安全。

同时调研时又显示，现有的发光产品都使用电池作为能源，但是一旦电池没电，或者忘记充电，那么发光产品就形同虚设，这也是现在发光设备没有普及的一个原因。电池是一种强力的污染源，对自然环境的伤害非常大，既然如此是不是可以不使用电池而使用其他更为环保的能源呢？经过了解，现在已经有一些高科技的自发电能源，比如利用纳米级的摩擦产生电流。这种自发电设备的优点在于没有电池污染，无需充电，更为环保绿色，但同时缺陷也非常突出，即电流不能稳定持续，对于像 GPS 以及警报这些功能实现起来有难度。至此，产品设计出现了第一个分支：

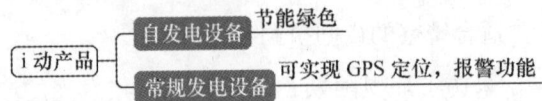

金蚂蚁们激烈讨论，大家认为，对于未来的世界而言，节能绿色更为重要，所以大家决定朝自发电方向前进。

2. 核心模块确定

确定了设计方向之后，最重要的就是要寻找核心技术，明确项目的可行性。最开始大家定位于纳米摩擦自发电技术，这是利用纳米级的摩擦产生电流，从而带动光源发电。它的优势非常明显，发电模块非常的小巧、轻便。可以放置在衣物上，真正实现绿色节能同时又轻巧好用。

我们得到了王中林院士工作室的大力支持，他们正在进行相关产品的研发。但是当我们拿到实际的纳米自发电模块时，发现实验室技术同我们理解的内容还是有一定差距。经过测试，我们发现纳米摩擦产生的电压非常优秀，可以达到 20 伏，但是电流很弱，而且需要比较大力的按压，对于我们这些小孩子有点费力。纳米自发电电池因为正处于实验室研究阶段，所以直接应用于产品，还有一定的难度。原来设想的纳米技术没有实现，大家都很失望。经过再次开会讨论，我们都认识到这是创新道路上经常会遇到的坎坷，于是就激情满满地投入到新的研发当中。经过了很多次学习和讨论，又聘请专业工程师给大家讲解了发电原理，同时大家亲自测试，我们最终确定了利用磁力线切割发电这种技术。

通过切割磁力线发电这个原理在中学就可以学到，具体说，就是利用在磁场中导体运动的方向和穿过导体的磁力线相互垂直或成一个角度（只要不平行），导体在力的作用下切割磁力线，在导体中会有感应电动势产生，在导体外接的闭合回路中会有电流产生。利用磁力线切割可以产生电流的原理，可制作成发电模块。"i 动"产品将发电模块固定在衣服、帽子和手臂上，运动时带动电池晃动，切割了磁力线，产生的电流点亮灯条。这实际上是将人体运动的动能收集起来进行发电，也叫微动能发电。

3. 产品设计

我们进行了产品的市场调研，发现目前市场上利用微动能收集提供能源的可穿戴设备非常少，只有那种夹在衣服上的小灯。这种小灯的缺陷主要体现在：第一，产品个头比较小，容易丢失；第二，发光面积小，不容易看到；第三，样式单一，没有造型，不符合个性化需求。所以我们就设计和制作衣服、帽子、臂灯以及手环一整套产品。增大发光面积，更好地确保安全，更为个性化的设计，让消费者有更多选择。

我们还进行了测试，将发电模块戴在发卡上、衣服上、鞋子上、胳膊上，还有同学戴在眼镜上，大家带着发电模块跑、跳，看到底哪种产品效果最好，最符合我们的期望。同时也测试了发电模块安装的角度问题。测试的过程非常欢乐。最终我们决定设计包括帽子、T恤、臂灯的一整套可穿戴产品，既解决夜晚工作、行路、运动的安全问题，又非常炫，很帅很好看。

4. 产品制作

确定产品后，我们开始焊接发电模块，设计T恤衫、帽子以及臂灯的样式，然后选择服装的制作工艺，发电模块要怎么固定在衣服上，用哪种材质才能效果最好，这些我们和家长探讨了很多次，最终做出的样品效果还真的很不错。做出来的衣服有几个不同的图案，非常有动感。之后为了在学校展演上登台，我们又进一步做了改良，因为图形设计复杂，发光模块在焊接时难度增大，大批量制作时间不允许，于是我们又设计出"雷电"版，简单的直线条制作简单，在黑暗之中效果非常酷。

下一步，我们还会开发出一些更为轻便简单的自发光小配饰，大家随时带上，随时闪闪亮。

第一版设计稿

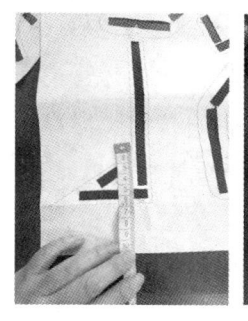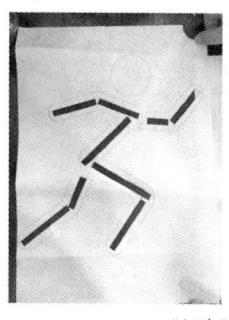

"i动"产品

5. 产品意义

别看我们制作的产品小,但是我们很自豪,因为这其中包含着大家很多的想法和期待,老师们、家长们都认为我们的产品很有意义。

环保:利用运动产生的动能通过磁力线切割转化为电能,带动灯条闪亮,减少了电池的污染,减轻环境压力。节能:运动自发电可以持续使用,不存在其他的能源损耗。学以致用:中学物理中孩子们就会学到磁力线切割产生电流的原理,这次的创新将原理进行了实际转化,有利于我们更好地了解理论与实践之间的关系。

助力安全:夜间无论是孩子还是特定人群的活动都存在一定危险,"i动"产品为晚间活动的人群提供明显的提示作用,无论是夜跑的人群,还是晚间回家的学生,或者环保工人,夜晚巡逻的警察、保安,只要在运动,都会产生闪亮的灯光,减少受伤害的危险。

主动健康:遵循国家中长期科技发展规划纲要的精神,将健康管理前移,提倡主动健康,"i动"产品增加了运动的及时反馈,能更好地促进使用者的运动积极性,有助于落实主动健康要求。

五、营销策划

1. 定位及定价

"i动"产品主要面对晚间出行人群,比如晚回家的学生、夜跑运动爱好者以及警察、环卫人员、停车管理员、建筑工人等需要在夜间工作的特定人群。

"i动"产品定价如下:

种类	文化衫	帽子	臂灯
价格	198元	128元	128元

定价原则：成本定价法。作为一款新产品，市场上并无太多类似竞品。但是对于新能源发电的可穿戴设备人们尚不熟悉，而且作为学生，营销渠道以及费用有限，所以采用成本定价法，以成本为基础设定价格，慢慢摸索市场。

经过测算，成本如下：

	原材料（元）	人工（元）	宣传（元）
T恤	80	48	30
帽子	50	28	20
臂灯	40	40	20

"i动"产品定价在成本之上少量上浮。当产品进入批量生产之后，可以有效降低成本，届时售价盈利空间会更大。

2. 宣传及渠道

我们的宣传口号如下。

（1）"i运动，i创想，i闪亮"：这句口号简单流畅。i是英文的"我"，也是汉语"爱"的谐音，口号强调的是我们充满活力，充满想象，我们热爱运动，热爱创造，我们都会散发各自不同的光彩。

这句口号充满了激情与活力，要把"i动"的精神传达给所有"i动"客户。

（2）"金蚂蚁，致力绿色生活，实现节能创想"。这句口号直接传达了金蚂蚁公司的使命和价值观，绿色生活是我们所追求的，我们会为之而努力。

这两句口号会在网络宣传、电子屏、展销会、视频、印刷品以及礼品上使用。

3. "i动"产品的主要销售渠道

（1）网络销售。

（2）实体销售。

（3）通过联合协会、专业运动俱乐部等推荐销售。

我们通过联合体育协会、校园等组织慢跑活动及各类赛事；作为赛事支持品牌进行推广，扩大知名度。同时还联合媒体平台将i动产品作为奖品进行赞助，扩大品牌认知度。另外在各种场合举办免费体验活动，这些活动都为我们积累了人气和知名度。

六、产品发布

经过三个月的准备终于迎来了产品展销会。由于布展时间只有短短的一个半小时,我们这些第一次参加的小不点,可是做足了准备。我们查阅了许多往届布展信息,并向参加过"创·智汇"活动的"前辈"们取经,决不打无准备之战!在展台设计上,用金色系作为主色调,与金蚂蚁公司的整体想象保持一致,并用绿色作为展板底色,突出环保。

我们将成员进行了分工:产品组、表演组和宣传组。产品组的同学主要负责向大家介绍"i动"特性和原理,并鼓励大家试戴产品体验。由于我们产品的特殊性,常规的静态展示不能展示出运动发光的特性。因此,表演组的成员们还特别编排了"i动"舞蹈,她们身着产品在展位前活力四射,动感十足,吸引参观者驻足了解。宣传组的伙伴们手持产品手册,在人流间勇敢自信地推荐我们的产品。每一名金蚂蚁都热情高涨,全情投入。

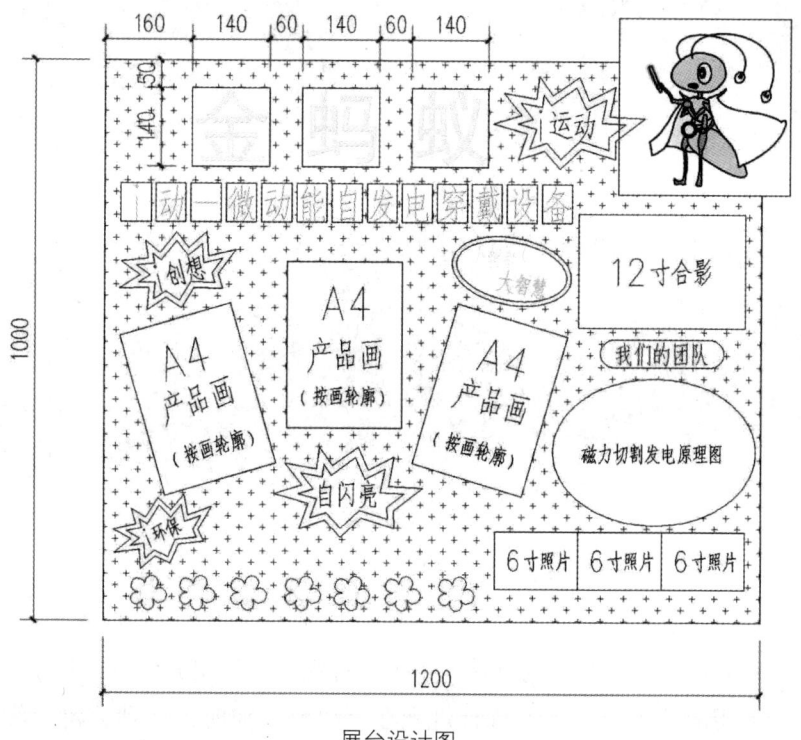

展台设计图

展销会期间,评委和同学们向我们提出了许多问题,大家一一认真作答。针对一些尚不能解决的问题,同学们及时记录下来,在今后产品升级研发中进一步落实。我们的产品得到校领导、老师、评委的高度认可与称赞。CEO 岳耀霆在现场还接受了"一家关注"媒体采访呢!

布展完成

产品发布会

非常荣幸,金蚂蚁作为"创·智汇"代表,在学校六一活动中对全校同学们进行了展示。只有短短的一个周末时间进行排练,学校领导、老师、家长们对我们给予了最大的支持。为了更直观的展示出我们的"i 动"产品在夜间使用的效果,学校的舞台灯光在金蚂蚁表演时,特别关闭,营造出夜晚场景。

(全场灯光熄灭,动感音乐响起,伙伴们身着我们研发的"i 动"产品跑上舞台，我们的衣服上、手臂上、帽子上的产品模块，随着身体的运动闪闪发亮。伴随着一段神秘的舞蹈，音乐停止。舞台灯光亮，金蚂蚁团队正式亮相。）

CEO：大家好，我是金蚂蚁科技团队的负责人岳耀霆。大家刚刚注意到跳舞同学身上的衣服、帽子，还有胳膊上的臂章，都会随着舞蹈闪闪发亮没有？这就是我们团队研发的产品——i动微动能自发电可穿戴设备。我们的产品主要是针对在夜晚灯光昏暗工作或者进行休闲运动的人群，它不需要电源、电池、充电等设备，只需运动就可以发光。那我们是怎么做到的呢？下面有请我们团队的两位技术支持给大家介绍！

CTO：户外充电十分不方便，因此我们想不使用电力发光。我们翻阅书籍，上网搜索，还咨询了很多叔叔阿姨，试验了一些新型材料，例如，纳米摩擦发电模块，但是实验的效果并不理想。

CTO2：我的家里有一个小玩具，摇一摇灯泡就能亮。经过妈妈的讲解，我知道了，这是磁力线切割发电原理。经过调研，现在市场上还没有利用这种技术制作的可穿戴产品，太棒了，那就让我们来试一试吧。经过多次的实验、制作，我们终于成功了。通过运动就可以发光的i动微动能自发电可穿戴设备诞生了。

CEO：在产品制作过程中，我们也进行了市场调研，发现不同的人群对i动有不同的需求。下面请我的伙伴来说说。

成员甲：我们先对警察叔叔进行了采访，经调研他们身穿的条纹发光警服属于被发光体。当我们把主动发光的衣服介绍给叔叔时，他们很感兴趣。

成员乙：在我们调研环卫工人时，他们提出如果除了发光衣服，再增加一款手臂上的就好了。

成员丙：我在调查一些喜欢夜跑的人群时，他们希望能在帽子上、手臂上、鞋上增加运动发光体，这样既让夜跑不孤单，还能避免安全隐患。

成员COO：于是，在调研基础上我们目前研发了i动这三款产品，我们还会根据市场需求研发更多i动产品，把环保、运动、生活、创想，爱心奉献给更多的人！

全体：谢谢大家！

七、反思复盘

【学生感悟】

"创造生活，服务社会"
岳耀霆

作为金蚂蚁科技团队的负责人，我带领来自三（9）班的 11 只小小金蚂蚁，第一次参加了学校最有影响力的创·智汇校园 MAKER 分享会，就取得了全校十强的好成绩。这对我们三年级的小不点来说绝对是最大的荣誉与鼓励，我的身体里仿佛注入了无限动力，激励我去学习更多的知识，发挥非凡的想象力，创造出美丽的生活，更好地服务社会。

我们为团队起名为"金蚂蚁"。因为，大家都知道，蚂蚁虽小，但团结起来力量无穷！我们虽然年纪小、个子小，但可以像蚂蚁一样，团结合作、相互帮助、创造奇迹！

参加"创·智汇"，我学到了很多新知识，为实现通过运动就能产生能量，我们做了许多小实验。特别是磁能生电，据说在初中物理才能学到。而刚刚三年级的我们不仅了解了这个知识，还能把它转化到生活中应用，我觉得我们很了不起。

创·智汇锻炼了我们的自主与自学能力。我亲身体验了产品开发中的艰难，特别是进行充分市场调研后完成一件市场上没有的产品时那种自豪。

我们团队的 i 动——微动能可穿戴设备已经初步成型。今后，我们会对现有的产品进行升级和完善，最终更好地为他人服务、为社会服务。如果有可能，我希望明年申报学校的"服务学习，益路同行"项目，把我们的产品回馈给需要的人群，更好地服务社会！

【家长感悟】

点亮创业的梦想
施语轩爸爸　施永辉

创·智汇的活动和真实的商业世界很接近。需要同学组建团队，在很短的时间内完成商业项目的创意讨论，产品设计、市场调研和潜在客户访谈。这对于还在小学三年级期间的孩子们是很大的挑战，也需要老师和家长的深度辅助。孩子们很认真地思考和讨论各种创意，从 20 多个方案中挑选出最终的创意：i 动——微动能自发电可穿戴设备。团队从需求出发，努力地弄明白"专利"和"技术"的区别，一个个地去拜访潜在的用户，挑选和设计舞蹈和文字展示方案，周末和晚上排练最后的展示。同学们看到自己的工作成果最后进入 30 强，在全校展示，不仅激发了孩子们对于创业和产品设计的兴趣，在多次的团队配合中也充分锻炼了沟通能力和领导力。

作为一个平时工作出差非常多的父亲，我很感谢学校组织这样的活动，能够让家长和孩子能够有一个系统性参与的活动，兼具智力和情商的挑战和成长。在一个校园项目上，如同在真实的商业社会中，团队、产品和商业计划也经历了迷茫、疑惑和混乱，经过了内部的充分争论后才明确了方向。我也是第一次见到孩子很专心、很系统地对于一个项目开动脑筋，很投入地去准备与排练。产品的想法一开始也经历了各种质疑，和设计的挑战，甚至好几次失败。在市场调研中，最初 3 月份的访谈并没能很有效地发掘用户的痛点，这时候离提交方案的时间已很近，团队成员们很沮丧，但在老师和家长的鼓励下并没有放弃，仍然不屈不挠进行第二次、第三次市场调研，才确定最终产品设计。在展示环节，团队成员也根据自身的优势（朗诵能力、语言组织能力、舞蹈能力）各自分配了任务，在 5 月份各种紧凑的校园活动安排中，见缝插针，加班加点排练，最终圆满完成了展示。

金蚂蚁的寓意是，蚂蚁虽小，团结力量却大，精诚团结的团队，能否发挥出巨大的能量，去创造绿色生活，实现节能的创想。经过这次参与"创·智汇"，我也觉得能更深地理解史家的教育理念，身体力行地告诉孩子们，要读万卷书，行万里路，实践出真知。要走出教室的课堂，去参加课外实践，在运动中学习，寓教于乐。

再一次感谢学校和老师的辛勤组织！

案例12　无人水质检测船

【教师推荐】

　　"我们的水质监测船是在船上装上水质检测的传感器,通过岸边遥控,就可以方便快捷地完成水质检测……"在毕业典礼上,毕雯皓抱着自己发明的水质检测船面对千余名家长、同学们侃侃而谈。望着他神采飞扬的脸,我不禁回想起五年级时他带着自己组建的团队做水质检测船的情景。

　　毕雯皓的创意来源于生活中一个偶然的发现,那是2016年暑假,他和家人到郊外的一个水库去玩,看到有一队工作人员刚开船回到岸上,了解到他们是去做水质检测,水库很大,需要开船去,十分辛苦。这件小事使他萌生了开发制造遥控水质检测船的想法。我校每年都要举办"创·智汇"的活动,他上网搜索关于无人水质检测船的信息,发现还没有人做出此类似的产品,他希望通过努力开发出这个产品参加学校的"校园MAKER分享会"。但我和他的家长都觉得这个想法不可思议,一个小学生做出目前如此专业的产品,怎么可能呢?但出乎我们意料的是,平时一天到晚嘻嘻哈哈的淘气包,在这件事上却表现得异常的认真和执着。他在班里招兵买马,组建了自己团队;他一次次地请教科学老师,做好攻克技术难关的准备;他组织和他志同道合的小伙伴们利用业余时间开会、研发、设计草图,使自己的梦想呈现在纸上……正是他的坚持,正是他的这份热情,赢得了家长的大力支持,协助他一起把梦想变为现实。

　　三个多月的研发,毕雯皓经历了一个从无到有的过程。既要改装现有的遥控船,只保留电机和舵机,还要按照水质检测的项目,选定各个相应的传感器及控制模块。听起来,这不像是一个小学生在搞小发明小创造,更像是一个专业团队在研发制作。但是他坚持下来了。一个11岁的孩子和他的团队对待自己的产品的态度是非常认真的。他们不止一次到公园湖泊进行测试,及时发现、解决问题。

　　水质检测船的研发成功了,孩子们打入了"分享会"的十强,毕雯皓同学还代表我校参加了北京市青少年创新大赛，取得了优异的成绩。在研发的过程中，这个经常违反纪律的孩子也发生了巨大的转变。曾经很自我的他开始为别人着想了，能够接纳团队伙伴的缺点，变得豁达了很多；在学习上，他变得踏实努力，成绩有了很大的提高。

回想毕雯皓的成功，不仅得益于家长大力的支持，更得益于学校搭建的科技创新的平台。学校的创客教育是"做中学、创新教育、体验教育、基于项目的学习等理念和思想"融于一体的创新型教育方式，顺应了孩子们的好奇心和创造力的天性，以多元化成果呈现，培养学生的创新精神和实践能力。每年一度的"校园 MAKER 分享会"是孩子们展示才华和能力的盛会，学校积极地为孩子们营造了创新教育的浓厚氛围，鼓励他们提出问题，关注生活细节，引发创新灵感。同时"分享会"还注重评价细节，比如有仪式感的颁奖典礼，奖励给每个创新团队的证书和奖金，激励了孩子们创新后劲。

这就表明了，学校是把把创新教育的"着力点"放在实践创新的过程中。学生只要去做了，结果并不十分重要，重要的是在科技创新课题实施的过程中学生拓展了思路，开阔了视野，培养了创新思维，锻炼了实践能力。更重要的是，它启迪了学生科学的思维方式，激发了学生的科技创新潜能，拓宽了学生的科普知识视野。无论是否得奖，都实现了创新教育的目的。未来，属于这些年轻的创客们！

学校的"校园 MAKER 分享会"历经三年了，涌现出了一个又一个喜欢科学、勇于实践的少年团队，也成为他们心中最美好的童年回忆。作为班主任，我认为创新教育的终点绝不是在各类创新竞赛获奖或是申请专利，然后被束之高阁。如何利用社会力量推动创新教育的发展，将分享作为创新教育新的目标，推动社会一起来关注创新教育，这也是对热爱创客的学生和投入极大精力的老师最好的奖励。

推荐教师：刘 岩

一、创意孵化

2016 年暑假，我和家人到一个水库去玩，看到有一队工作人员刚开船回到岸上，手里拿着很多仪器还有记录表格。我很好奇，上前询问，了解到他们是去做水质检测了。水库很大，需要开船到很多地点检测水质，十分辛苦。

水是生命之源，人类在生活和生产活动中都离不开水，生活饮用水水质的优劣与人类健康密切相关。对工业用水来说，因工业生产用途不同对水质也有不同的要求。水与人体健康息息相关，但形形色色的污染让水不再安全。对于江河、湖泊、水库、养鱼塘等我们怎样才能及时发现水质的好坏以避免影响家人健康呢？这就需要通过水质检测来实现了！

现在的水质检测方法是人工乘船采集指定点的水样测量，需要花较大的人力，有时也会有一定的危险性，因此不是好的方法。

我受到无人机的启发，想到了研制一款无人船，船上装上水质检测的传感器，通过岸边遥控，就可以方便快捷地完成水质检测。此外如果加上GPS/北斗自动导航功能，还可以实现按照设定轨迹完全无人遥控水质检测，就可以解决检测水质遇到的困难啦！

二、团队建立

公司基本信息					
届别	第二届	公司编号	B0304	指导教师	王 红
公司名称	得贝数据技术有限公司（dBDBD）				
产品名称	无人水质检测船				
公司口号	测量无处不在，科技改变未来！				
公司 Logo 及含义	dB：分贝，测量的单位 DB：data Base 的缩写，表示数据库 d：design 的首字母，表示设计 合起来 dBDBd 表示公司的产品面向测试测量的数据采集及分析				
规章制度	1. 团队成员需要服从公司的整体管理，包括职务的分配及工作内容的安排。 2. 团队成员应团结互助，为公司发展做出努力。 3. 每周一下午下学后要召开团队例会。 4. 不得泄露公司技术秘密。				

续表

团队照片			
成员基本信息			
职位	姓名	班级	任职理由
CEO 兼 CTO	毕雯皓	五（3）	提出了产品构想及功能，沟通能力强。具有一些电路基本知识和编程经验，有把控产品开发的能力
CFO	赵依嘉	五（3）	擅长数学，做事踏实认真，计算准确，具有一定的财务知识
COO	于采南	五（3）	有组织能力，具有亲和力，善于团结同学
CMO	王嘉悦	五（3）	性格外向，善于表达，善于沟通
CSO	高露珊	五（3）	善于挖掘问题，有协调缓解问题和解决问题能力
CAO	关馨逸	五（3）	学习绘画多年，熟练使用 PPT 等

三、市场调研

我们通过两种方法做了一些市场调研。

1. 实地考察：一次去水库游玩看到水质检测人员测量水质，并询问了解到了水质测量的具体项目以及现在人工水质测量的缺点。为产品的立项及功能的确定起到了关键的作用。

2. 网络信息检索：通过百度搜索关于无人水质检测船的信息，发现还没有人做出此类似的产品，坚定了我们一定要做出这个产品的信心。

四、产品设计

1. 首先确定产品要完成的功能

我把产品划分为两大功能:

(1) 水质检测船的遥控及驱动功能。要求可以通过手机遥控检测船的前进、后退、转弯、翻转自动复位等功能。

(2) 水质检测功能。我通过实地问询以及网上查阅相关资料,了解了水质检测具体需要检测酸碱度、温度、纯净度、水深度等指标,并确定在第一代产品中,哪些指标是我们必须完成的。

2. 按照功能需求选定功能模块

首先我选定一款现有的遥控船,在此基础上,去掉原有控制部分,只保留电机和舵机,改用树莓派来控制。

按照水质检测的项目,选定各个相应的传感器及控制模块。

3. 硬件集成

在硬件集成方面,首先我需要学习树莓派的基本功能,学习了如何使用树莓派控制无人船的马达驱动、转向舵机,如何采集水质检测传感器的数据等。

把所选定的控制器、传感器及模块安装到船壳里面,并且完成相应的连线。

4. 软件编程

对树莓派控制器进行编程,编程语言采用python。

需要编写如下程序模块:

(1) 控制船前进后退转向的程序。

(2) 传感器水质采集程序。

(3) 手机遥控程序。

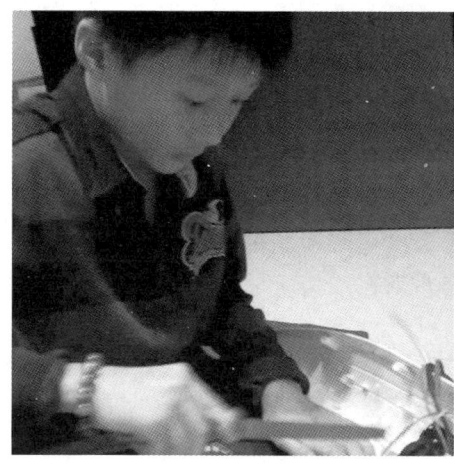 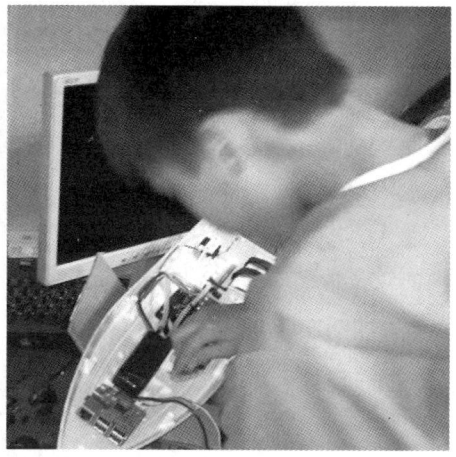

改造遥控船壳，安装传感器和控制板

对树莓派控制器编程　　　　　　　　现场调试

5. 功能调试

完成硬件集成以及软件初步编程后，可以开始对各模块进行功能测试，所有功能测试之后，还要进行整机测试。

6. 现场调试

整机测试完毕，产品还要去现场测试和调试，现场可以是公园湖泊等。

完美取代传统人工乘船水质检测

五、营销策划

针对不同消费人群,可以设计两类产品。

1. 专业版

传统的水文水质检测通常需要工作人员坐船到合适的地点来测量,繁琐而效率低。本产品可以通过遥控无人船来完成传统的水质检测,通过手机遥控和实现数据采集。

2. 玩具版

通过手机遥控无人船同时完成水质的远程检测,对于孩子来说在比较有吸引力,既可以娱乐同时也可以学到一些物理知识。

产品价格

专业版:3999 元,由于需要从事精确水质参数的测量,所以需要采用专业级的测量传感器,这些会大大增加产品的成本,此外遥控船体也要采用更加坚固、更加专业的船体,所以综合定价在 3999 元可以有一定的盈利。

玩具版:399 元,可以采用玩具版船壳及普通传感器,成本可以大大降低,售价 399 元可以盈利。

宣传语:测量无处不在,创新改变未来!

销售方式:(1)网店销售;(2)微信营销;(3)实体店销售。

六、产品发布

在展销会中,我们通过会议讨论,确定展板如下图所示。

展销会分工：

毕雯皓、赵依嘉：负责展台演示及现场答疑；王嘉悦、于采南：负责发宣传传单，并对感兴趣的同学进行一对一讲解；高露珊、关馨逸：负责寻觅潜在支持该产品的同学，有机会拉到展台做演示。

展销会照片及舞台设计如下图。

在创意品的发布会中的发言：

水是生命之源，人类在生活和生产活动中都离不开水，生活饮用水水质的优劣与人类健康密切相关。对工业用水来说，因工业生产用途不同对水质也有不同的要求。水与人体健康息息相关，但形形色色的污染让水不再安全。对于江河、湖泊、水库、养鱼塘等我们怎样才能及时发现水质的好坏以避免影响家人健康呢？这就需要通过水质检测来实现了！传统的水质的水质检测方法费时费力、不安全，采用我们开发的无人水质检测船可以完美取代人工，我们相信我们的产品会有非常好市场前景！

谢谢大家！

七、反思复盘

【学生感悟】

毕雯皓　这次我参加的是第二届史家小学创智·汇校园 MAKER 分享会，其实在第一届的时候我就想参加，但是当时只是为了参加比赛而去绞尽脑汁去空想出一个产品，结果准备很不充分，产品也没有太大的实际意义，所以没有参加。在这之后，我明白了一个好的产品不是靠空想出来的，而是应该来源于生活，服务于生活的。因此在第二届"创·智汇"开始前的大半年我都在留意自己周边所遇到的一些事情，看看能不能有更好的创意去完成，无人水质检测船就是其中的一个创意。因此在开赛后，我们可以很快地确定参赛的产品，并且一步一步地完成产品的开发。

此次比赛，也让我感悟到团队的重要性，如果没有团队成员的协同支持，我们的产品也不可能顺利的完成！

【家长感悟】

毕雯皓的爸爸毕杰　作为毕雯皓的家长，这次商业挑战赛的最大感受就是做一件事一定要执着与坚持！当孩子提出产品设想时，作为家长，一开始我并没有支持，甚至极力反对，认为项目的可行性不大，难度较大，不一定能够做出来。但是孩子却不一样，从一开始就抱定了一定要做出来的信念，并且逐渐说服家长，得到了家长的支持，遇到困难时一起来克服，最终做出了产品！

案例 13　城市积水监测预警系统

【教师推荐】

从"英雄工厂"到"梦想之巅",这个由一群8岁孩子自主创立的科技公司,参加了学校历届的"创·智汇"商业挑战赛。他们公司所研制的"城市积水监测预警系统"更是史无前例的成为唯一连续两届入围全校十强的产品。

2012年时,虽然公司大多数成员刚满5岁,但是7·21特大暴雨所造成的巨大损失仍给他们留下了深刻的印象。在三年级学校隆重推出了一个全新的实践活动"创·智汇"商业挑战赛。此时恰好科学老师在课上讲到了基本的电学知识,让孩子们想到如果制作一个仪器,通过亮起红灯提醒行人和车辆避开积水路段,将会最大限度地避免惨剧的发生。于是便有了公司的第一代产品,利用水能导电的原理制成的"水位光电报警仪"。

四年级时,孩子们觉得原来的产品虽然能够起到预警的作用,但一般都是人或车快到跟前才能发挥作用。怎样才能让人们更早的预见危险,避免灾害呢?这个问题当时困扰着这几个能干的小伙子。后来他们经过讨论产生了一个新的想法:如果能把实时监测的水位信息传输到负责城市监控的信息中心,实现分级预警就更棒了!这样市政部门、交管部门就可以及时预警、快速决策。开车路过的人也可以根据预警及时选择道路,这样不仅避免了车辆损失更避免了由于拥堵造成其他伤害的可能。

这个想法要实施起来已经大大超出了孩子们的能力范围。但他们想到了争取老师和家长帮助。后来孩子们的创意成功地获得了软件公司的技术支持。经过团队成员多次讨论、研究、实验,在反复实验失败的时候努力坚持不放弃,经过不懈努力,"城市积水监测预警系统"终于研制成功,初步实现了公司成员的想法。

"城市积水监测预警系统"主要服务于政府决策,可为市政排水,交通调度等提供信息支持,还可以通过广播、电视等媒体为群众提供出行指南。具有成本低、功能强大的特点,市场前景广阔。"城市积水监测预

> 警系统"是公司梦想"保障城市安全,建设智慧城市"的开始。
> 　　"创·智汇"商业挑战赛,无论是产品研发的过程还是不断完善的过程,均见证着孩子们坚持梦想永不放弃决心与勇气。活动中孩子们所表现出的科学精神和创造性,是"创·智汇"活动要体现的核心价值。
>
> 推荐教师:化国辉

一、创意孵化

2017 年,梦想之巅科技有限公司的创意品是城市积水监测预警系统。从创意品的定位、设计、完善再到完成,历经 2 年时间,终于在第二届"创·智汇"校园 MAKER 分享会中与大家见面。

2012 年 7 月 21 日,北京及其周边地区遭遇 61 年来最强暴雨及洪涝灾害。全市道路、桥梁、水利工程多处受损,全市民房多处倒塌,全市积水 496 处,几百辆汽车损失严重,79 人因此次暴雨死亡。虽然当时我只有 5 岁,但 7·21 特大暴雨事件震惊了我,震惊了我的伙伴们。我们为那么多人的死亡感到难过,为上百亿财产的损失感到遗憾。史家小学强调家国情怀,综合实践强调责任担当,身为红领巾的一份子,我想我一定要为社会作出自己的贡献。

三年级时,我们参加了史家小学第一届"创·智汇"分享会,成立了英雄工厂有限公司。经过前期市场调研,利用科学老师讲解的水能导电的电学知识,我们制作出公司的第一代产品"水位光电报警仪",通过亮灯提醒行人和车辆避开积水路段,这样既能避免拥堵,也能防止 7·21 的惨剧发生,保障城市安全。四年级,第二届"创·智汇"开始了,我们对公司进行重组后成立了梦想之巅科技有限公司,我们想将上一届的产品"水位光电报警仪"升级改造,增加声音报警,并利用无线传输模块将信息远程传输到监测平台进行报警,供市政部门、交管部门及时预警、快速决策,开车的叔叔阿姨也可以根据预警提前选择道路,这样不仅避免了车辆损失还避免了拥堵。在老师和家长的帮助下,取得了软件公司的技术支持,团队成员多次讨论、研究、实验,在反复实验失败的时候坚持不放弃,经过不懈努力,"城市积水监测预警系统"终于研制成功。"城市积水监测预警系统"主要服务于政府决策,可为市政排水、交通调度等提供信息支持,还可以通过广播、电视等媒体为群众提供出行指南。

"城市积水监测预警系统"是公司梦想"保障城市安全,建设智慧城市"的开始。

二、团队建立

公司基本信息					
届别	第二届	公司编号	C0507	指导教师	化国辉
公司名称	梦想之巅科技有限公司				
产品名称	城市积水监测预警系统				
公司口号	有梦想 见未来				
公司 Logo 及含义	这个 Logo 包含四个含义,一是 Logo 外侧圆代表梦想,山峰代表巅峰,用梦想圈住山峰寓意梦想达到顶峰;二是山顶的英文 D 到 H 的箭头表示梦想达到巅峰顶点;三是标红的双 H 表示高上加高,因为 high + high = heights;四是在山中隐藏了一个 high,每个字母代表我们团队的队员在勇攀梦想高峰。				
规章制度	第一条　公司成员应树立主人翁精神、增强责任感; 第二条　公司员工应各司其职、做好自己的本职工作; 第三条　公司员工要通力合作、发挥创意,开发品质完美的产品; 第四条　公司员工要友爱相处、同舟共济。				
团队照片					

成员基本信息			
职位	姓名	班级	任职理由
CEO	庞楚宣	四(5)	热爱创客、热爱创新、善于发现问题,留心生活中的点点滴滴;思维活跃、具有不同维度的发散思维;表达、协调能力强,有过组队经验
CFO	齐城锐	四(5)	母亲是财务总监,从小在财务知识熏陶下长大的,并擅长数学,对数字较敏感;个性稳重,做事踏实认真
CMO	郭冠辰	四(5)	协作、沟通能力强;富有亲和力;文字水平高
CAO	候靖宸	四(5)	领导能力强、富有责任心
CNO	李宬达	四(5)	开朗乐观、责任心强;热爱读书、知识面非常广
CTO	马世宸	四(5)	动手能力强、擅长制作、手工;做事稳重,踏实认真;思维活跃,对产品改进可提出建设性意见

三、市场调研

从产品创意、设计再到最后的产品实现,每一步都考验团队成员。起初,公司成员商议开发盲人智能手环,实现 GPS 定位导航、报警或求助、FM 广播和语音书、UBS 充电、盲文按钮触摸屏、关联手机、盲文翻译等功能,但是实现起来存在极大的困难。于是我们在 2017 年 4 月 15 日开会讨论是否要更换产品。CEO 庞楚宣提出可以对上届产品"水位光电报警仪"进行升级改进,大家讨论后觉得可行,于是决定开发"城市积水监测预警系统"。如何升级改进呢?我们决定先进行市场调研。

我们想通过市场调研了解城市易积水区域或地点地形;行人、车辆对监测积水情况的实际需求;产品的服务定位;产品应具备的功能与特点等问题。市场调研采用下发问卷、口述笔录、线上投票、专家建议等方式进行,主要以下发问卷的形式为主。主要的调研对象为市政管理部门、公路交通管理部门、市场上相关类型产品生产或服务部门、公交司机、私车车主等不同部门与群体代表。根据调研对象的要求或需求,在已有产品或服务项目基础上,我们将立足城市交通状况实际,调整"城市积水监测预警系统"的信息传输或警报提示方式,由声光现场警报提示提升为 App 地图信息显示或推送、信息同步无线传输至终端(包括管理部门、App 使用者等),实现功能齐全、使用方便、信息及时准确的产品服务目标,让安全提示及时送达,做到时刻确保民众出行安全。

四、产品设计

1. 产品设计

产品设计时,首先对传感器进行了升级改造,将上一代的简易传感器升级成了探头加控制盒的形式,增加了产品的使用寿命及美观度。然后增加声光报警模块、信息无线传输模块及网络终端显示模块。设计过程中我们也得到中科软及一洋科技等公司的技术支持,解决了单片机网络传输编程及网络终端开发等技术难题,使最终产品具备了功能齐全、使用方便、操作简单、语音清晰、提示明了、造价不高、水位预警信息及时准确提示及时等特点，让安全的提示信息能够及时送达使用者。

整个产品的设计我们将电解质水导电原理、电路连接、无线传输、声光报警等知识有机地结合在一起。产品研制开发过程中，我们学习并掌握了以下知识与技能。

电解质水导电原理：电解质是溶于水溶液中或在熔融状态下就能够导电的化合物。导电的主要原因在于自来水、江河湖海的水中包含各种各样的离子，而蒸馏水中仅存在水分子，这也是蒸馏水不能导电的原因。

电路连接：在电路连接中，分为串联、并联及串并联组合。在此产品中，采取了串联的方法。

无线传输：无线传输主要应用到集成电路及单片机编程的知识，我们学会了将 WIFI 模块与单片机进行焊接，利用在科学课上学习到的单片机编程知识，完成了信号传输。

声光报警：在第一代产品中我们利用电解质水导电原理实现了用光报警的功能，本次研发我们又加入扬声器，实现了声光同时报警。

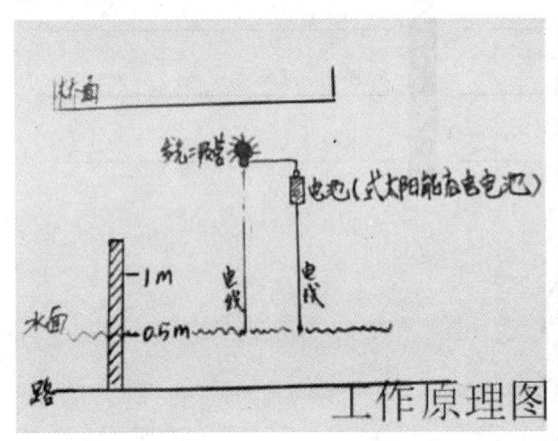

第一代产品及设计图纸

2. 产品制作

首先我们学会了电焊的基本要领，利用焊枪我们把电路板、单片机、WIFI 模块、发光二极管、扬声器、电池盒、电源开关等进行焊接，再将组合好的电路板安装到监控盒内，连接监测探头，完成了现场采集系统。

单片机　　　　　WIFI 模块　　　扬声器　　LED 三极管

电源开关　　　　　　电池盒　　　　水位传感器

原材料

电路板

第二代产品零部件

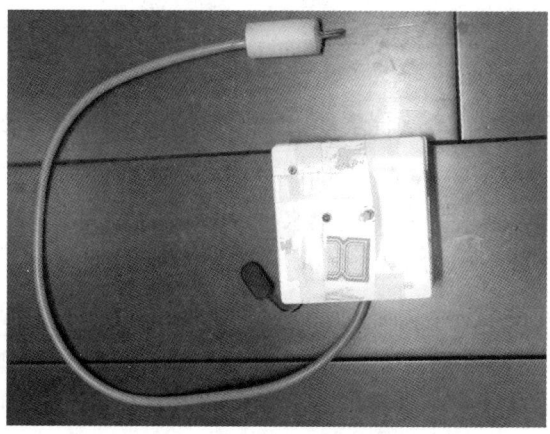

第二代产品监测传感器

然后利用在科学课上学习到的单片机编程知识，将电信号转换成数字信号，通过 WIFI 模块传输出去。通过中科软的软件工程师的帮助，我们完成了网页版的监测预警平台，将接收到的数字信号以不同颜色的线条显示形成预警。

研发过程——单片机编程

研发过程——数据传输测试

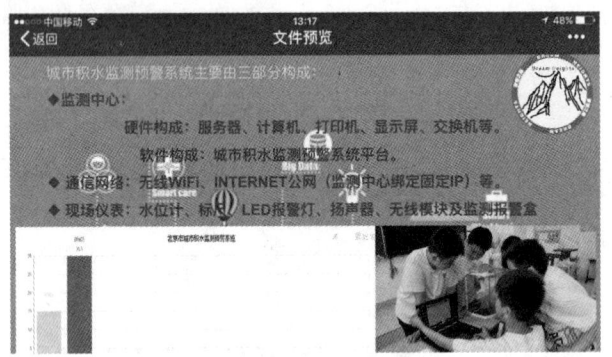
城市积水监测预警系统

五、营销策划

我们的产品用户定位为城市市政管理部门、防汛部门、交通管理部门及旅游景区管委会等。市政管理部门及国家防汛指挥部借助该系统可整体把握整个城区内涝状况，及时进行排水调度及防汛抢险；交通管理部门通过该系统可获取各路段的实时积水水位，并借助广播、电视等媒体为广大群众提供出行指南；广大群众通过该系统可及时避开积水路段。

产品成本为 650 元（包括原材料 500 元，设计及研发 100 元，市场调研及宣传 50 元），市场定价为 999 元/套。公司将通过上门推销介绍产品、建立专业网站、手机推送等形式进行宣传，我们的宣传语是"生命安全、财产无忧，请选择城市积水监测预警系统"。

六、产品发布

我们经历了两天的展销会,一天的创意品发布会,一起看看当时的盛况吧!

展销会的分工:庞楚宣、郭冠辰、侯靖宸讲解;马世宸、齐城锐、李宬达分发广告推销产品。

1. 舞台展示

展销会布置与展示

2. 我们的创意品发布会——脚本

庞楚宣:各位老师、同学们大家好,我是梦想之巅科技有限公司首席执行官 CEO 庞楚宣。第一届史家商业挑战赛中,我带领英雄工厂成功闯进 10 强。今年公司重组后改名为梦想之巅,成员也有所变化,但是公司服务于平安城市、智慧城市建设的定位没有变,公司成员坚持梦想,勇攀高峰的决心没有变。下面请欣赏公司宣传片。

庞楚宣:下面有请首席品牌官 CNO 李宬达。

李宬达:梦想之巅致力于打造科技创新品牌。公司 Logo 代表"攀知识高峰,登梦想之巅",表达了每个成员不畏困难,勇于挑战的决心和信念。下面有请首席行政官 CAO 侯靖宸。

候靖宸：第一届商挑结束后，梦想之巅并没有停下探索的脚步，十强展示时我们提出要继续研究，产品除了能光电报警，还要实现声音报警。和远程数据传输功能。下面有请首席技术官 CTO 马世宸。

马世宸：团队成员多次讨论、研究、实验，在反复实验失败的时候我们坚持不放弃，经过不懈努力，城市积水监测预警系统终于研制成功啦，我们兑现了上届的承诺，下面有请首席财务官 CFO 齐城锐。

齐城锐：公司本着节约成本的原则，淘宝购买原材料，用旧鱼缸改造成演示模型，寻找到中科软科技公司的技术支持。最终计算出城市积水监测预警系统的开发运营成本为 650 元，初步定价为 999 元。下面有请市场总监 CMO 郭冠辰。

郭冠辰：城市积水监测预警系统主要服务于政府决策，可为市政排水，交通调度等提供信息支持，还可以通过广播、电视等媒体为群众提供出行指南。具有成本低、功能强大的特点，市场前景广阔。下面我们进行产品演示。

庞楚宣：我们的城市积水监测预警系统主要由三个部分组成：传感器、无线传输模块以及网络平台。当传感器接触水面的时候信号会通过网络传输模块传到网络平台，市民就可以随时随地通过网络平台来了解城市积水情况。下面我给大家进行演示。

庞楚宣：参加"创·智汇"校园 MAKER 分享会，我们每个人都收获很大，编了一个五句半请大家欣赏。

雨天乘车去上学
转眼来到朝阳门
警察叔叔拦下车
桥下积水无法过
呆若木鸡车里等
——太急人！

换条道路咱走走
雨雾朦胧看不清
猛轰油门急刹车
一头扎入积水中

熄车开门冲下车

——真要命！

城市积水出行难

预警系统来帮忙

水深15黄灯亮达到30转为红

光电声音齐上阵

分级预警平安行

——全智能！

运用信息新技术

远程传输到平台

交警到岗管疏导

市政加班来泄洪

广播电视齐播报

——超给力！

六个男孩有担当

集思广益出创意

建设平安新城市

报警系统来护航

梦想之巅见未来

——去远航！

庞楚宣：我们的展示到此结束，谢谢大家。

七、反思复盘

【学生感悟】

CEO 庞楚宣 今年史家小学组织了第二届"创·智汇"校园 MAKER 分享会，同学们要自己组建公司，研发出实际产品，并且在全校的展销会上推销自己的产品。去年，我担任 CEO 带领我的公司英雄工厂成功进入 10 强，今年我又重新组队成立了梦想之巅科技有限公司参加比赛，回到了熟悉的赛场。

前期，我们公司成员商议开发盲人智能手环，但是由于技术问题产品研发存在极大的困难，公司一度面临破产。关键时刻，有人提出将上一届的产品"水位光电报警仪"升级改造，增加声音报警，并利用无线传输模块将信息远程传输到平台进行报警。在历经艰苦的产品开发过程，几经挫折后，"城市积水监测预警系统"终于成功研发出来了。

在全校的展销会中，我们的产品连连获得评委老师和同学们的好评，成功进入32强。在32强的展销会中，大家都很兴奋，当天大家都早早地到学校布展等待同学们的到来。伴随着上课铃声，第一波同学来了，我们忙得不可开交，一边调试系统，一边用产品模型为大家展示，把全部热情都投入到宣传、推销产品中。同学们如流水般一波刚走又来一波，公司成员个个口干舌燥、汗流浃背，可依然都竭尽全力地进行推销介绍，一天下来已经争取了45票，我们笑了。这时我又想起妈妈对我说的话："不要总想着赢，要怀有一颗平常心，享受比赛的过程。"于是，我更加轻松地享受着比赛，享受着公司成员团结一心干事的过程。

当第二天学校公布我们公司再次成功闯进10强时，我感到无比兴奋。想起赛前有人说"你不可能再次成功的！"赛中有人说"你们的产品不好，肯定进不了10强"。我再次用坚持和努力证明了自己，我想对他们说："你们说错啦，我们又成功入围10强啦！"

在10强发布会的当天，上台展示前，我不停地想台词，又兴奋又紧张，甚至能清清楚楚地听到自己的心跳。当时我突然想起了上一届10强展示时真正的CEO盛希泰评委对我说的话："紧张的时候，把你的手抬起来，想怎么挥就怎么挥，舞台是你的！"后来，我又得知评委里有郑渊洁时，顿时兴奋取代了紧张。最后，我战胜了心魔，和伙伴们成功完成了展示，并得到了评委们的高度好评。

通过比赛，我作为CEO主要有三点感受：在比赛中要怀有一颗平常心，不要把胜负看得太重；遇到困难不要退缩，坚持就是胜利；你真正的敌人不是别人，而是你自己，战胜自己你就一定能成功！另外还有三个收获：懂得了团队合作的重要性；收获了许多的知识；培养了永不放弃，努力拼搏的精神。

CFO 齐城锐 此次"创·智汇"的收获：商业团队更加团结，分工明确，是保证产品升级成功的关键。存在问题：在宣传、销售阶段还存在不专心问题，玩闹心太重，流失了很多有兴趣的潜在客户。

CMO 郭冠辰 此次"创·智汇"的收获：深刻了领悟了团队协作的重要性；增长了的自信心，提高了自己胆量，使我们再一次有了质的突破。感受到了团队组织领导者的重要性和决定性作用。深刻感受到家长对我们深切的关爱和巨大的支持。

存在问题：宣传、销售方式单一，对产品的介绍没有很好地抓住顾客心理。

CTO 马世宸 此次"创·智汇"的收获：为了共同的目标，与团队每个成员磨合讨论，与队友之间建立良好的关系，深有体会团结合作才是取胜的法宝；个人牺牲业余时间，当个人利益与集体利益发生冲突时，集体利益高于一切；大胆提出创想，并努力付诸实践；参观其他公司产品，学习创意理念。

存在问题：在展会宣传时分工不太明确，现场秩序混乱，造成潜在客户流失，下次展会前要提前开会研究制定好销售方案。下一届可否考虑吸收些女生加入，弥补男生粗心大意，把细节之处做得更好。

CAO 侯靖宸 此次"创·智汇"的收获：团队意识更强，团内分工明确，责任意识提高，相互配合默契；伴随年龄的成长和知识的增长，对第一代水位光电报警仪的技术和功能有了新的研究和思考，成功实现水位光电报警仪的更新换代。

存在问题：产品宣传方式比较单一，不利于吸引客户，宣传力度不够；自我约束力有待提高，团队活动有时因注意力不集中影响整体工作效率。

CNO 李宬达 此次"创·智汇"的收获：团队合作到位，所向无敌；分工明确，并相互补位，才不混乱；遇到挫折和问题，不要急躁或放弃，要勇于面对；集体利益永远高于个人利益，要民主集中形成决议或安排后，按计划执行不随意行动。

存在问题：产品展示会前期分工不够明确，拉票不尽力，讲解相互补位不够；产品展示会期间，一旦闲下来出现玩闹不听从指挥现象；出现问题时，不够主动去献策献计，协助大家积极应对。

【家长感悟】

庞楚宣妈妈戴迎春 历经三个月的"创·智汇"，对孩子们来说既是一次完美的校园 MAKER 分享会，更是一堂生动的教育课程。梦想之巅一路挺进 10 强、进入决赛，作为亲历其中的家长，深刻感受到孩子们的成长和蜕变：公司组建和团队分工锻炼了沟通协调的能力；产品开发和更新研制增强了科学探索的兴趣；产品宣传和市场营销启发了商业思维的萌芽；公司路演和产品展示提升了团队合作和责任担当的意识。孩子们渐渐学会用他们的眼睛来打量这个世界，并想象自己像英雄一样来做些努力来改变这个世界。这体现了史家小学有生命力的渗透式教育，是一次成功的情景式课程探索！

案例14　老人跌倒报警器

【教师推荐】

一、产品诞生

老人跌倒报警器这样一个离小学生很远的话题，是如何引起同学们的关注呢？还记得产品诞生前，同学们正在头脑风暴，热烈地讨论制作点什么能够帮助到身边的人。这时，一位同学说："最近我看到了很多关于老人因为行动不便，在家中或是室外摔倒的新闻。"这句话引起了大家的关注，他们希望能够通过自己的力量帮助到他们。经过激烈的讨论，最终孩子们决定要制作一款方便老人随身携带的报警装置，在老人意外摔倒后，能够通过报警的方式获得帮助。

二、设计理念

关于老人跌倒报警外形的设计，孩子们可是讨论了很久。报警器应该怎样携带在老人的身上呢？挂在脖子上？戴在胳膊上？还是挂在腰间？孩子们认为，随身携带的报警器越不影响老人的日常活动，越小越轻就越方便。因此，孩子们准备设计一款挂在腰间的报警器，并对报警器的外观、材质、功能做了详细的计划。

三、制作过程

想象永远比实践简单得多，当同学们真正进入到制作环节，遇到了不少问题。首先是关于报警器对老人跌倒的判断。为了使报警器更加精确的判断老人是否跌倒，学生们在三维坐标系的三个轴方向上对报警器的位置变化都有判断，并利用加速度传感器实现只有报警器快速产生位置变化时才会报警，正常速度的弯腰等动作不会出现误报警的设计。其次是外观，为了使报警器的体积最小，学生们对报警器内部的硬件逐一进行测量，并通过各种不同的摆放方式进行试验，以找到最优方案。

四、我的感受

作为指导教师，和学生们一同经历产品的整个设计和制作过程，在无数个瞬间都觉得非常感动。感动于孩子们从小就具有的社会责任感；感动于学生们遇到困难勇于解决不退缩的精神；感动于孩子们相互帮助相

> 互鼓励的温暖；感动于孩子们每一个专注的眼神和成功后的微笑。我想这一次的经历，一定在孩子们的心中埋下了一颗种子，这颗种子会随着他们的长大而生根发芽，然后枝繁叶茂，使他们成为勇于创新、会思考、会实践、懂得合作、学会担当的好少年。
>
> 推荐教师：隗晶晶

一、创意孵化

从中午的广播中得知学校会在六一儿童节开展创·智汇校园 MAKER 分享会的消息，我和同学们都非常感兴趣。课间我们几个参加过创客比赛的同学就约在一起组成了"公司"，准备撸起袖子大干一场。创·智汇校园 MAKER 分享会要求每个团队制作一个"有科技含量的自造品"，这可把我们难住了，做什么产品才好呢？

放学了，我们不约而同留在了教室里，开始头脑风暴。我们想：首先我们的产品应该是可以帮助到别人的，这样才能有市场；而且我们的产品还得是高科技的，够酷才行。有的同学建议做个智能窗帘盒，可以在太晒的时候自动拉窗帘；有的同学建议做个游戏程序，帮助大家纠正错别字……大家七嘴八舌，很难达成一致。

这时候，李梓添同学说起了他看到的一条新闻：有位"空巢老人"，在家中不慎跌倒，因为家中无人发现，耽误了救治时间，给老人带来很大痛苦。他建议我们做个报警器，有老人摔倒的话，可以及时报警。我们每个同学家里都有老人，爷爷奶奶或者姥姥姥爷都有 70 多岁了，这个建议立刻得到了我们大家的认可！

通过上网查找资料，我们发现：我国已进入老龄化社会，65 岁及以上老年人已达 1.5 亿，按 30% 的发生率估算每年将有 4000 多万老年人至少发生 1 次跌倒。老人跌倒后，如不及时救治，所引起的后果将严重威胁着老年人的身心健康、日常活动及独立生活能力，也增加了家庭和社会的负担。如果我们能为老年人设计一个合适的产品，我们的产品一定很有市场的。

说干就干！在我们团队中，我参加了"3D 设计"的课程，为产品设计个漂亮的外壳不在话下。张博阳是我们的程序设计小能手，他自学了 Arduino 编程，可以利用所学知识实现产品功能。

通过与团队成员商讨，我们设计的老人跌倒报警器可以随身携带，当老人发生摔倒情况，我们的产品可以发出"help"的蜂鸣声，及时引起周围人的注意，同时自动通过程序发信息通知老人的家人。于是我们确定了产品制作方案：使用3D打印设计便于携带的外形，利用Arduino编程，并加入三轴加速传感器、GPS、蜂鸣器等元器件。

二、团队建立

公司基本信息					
届别	第一届	公司编号	B43	指导教师	隗晶晶
公司名称	史家生命科技有限公司				
产品名称	老人跌倒报警器				
公司口号	创新科技 服务老人				
公司Logo及含义	"生命科技"是公司名称； "蓝天、沙滩、椰树"代表生命、生态； "齿轮"代表科技，我们是一家科技公司，要用科技创新，服务社会。				
规章制度	公司制度包括： 1. 产品设计开发制度 2. 公司财务制度				
团队照片					

续表

成员基本信息			
职位	姓名	班级	任职理由
CEO	李梓添	五（11）	愿意为大家服务，了解 3D 打印、Arduino 编程
CTO	庄明睿	五（11）	擅长 3D 设计、3D 打印、了解 Arduino 编程
CIO	张博扬	四（7）	擅长 Arduino 编程、各类新型电子元器件组装
CFO	刘昊轩	五（11）	很强的成本意识
CMO	孙轶凡	五（11）	平面设计及绘画能力强，擅长市场宣传
CBO	吴 悠	四（7）	表现力强，擅长市场宣传

三、市场调研

什么样的产品设计才能适合老人的需求呢？市场上有这类的产品了吗？我们想起了"万能的淘宝"。通过上网查找，我们发现，市场上现有的产品大多都是"报警器"。遇到危险、不适的时候就按一下报警按钮，通过之前设定的程序，将报警信息传到家人的手机上。这类产品最大的问题就是，不能自动报警。如果老人摔倒时已经昏过去的话，就不能去主动报警了，这样可能影响及时救治；再有，如果报警器被别人按下按键，就可能造成误报。

我们同学们家中都有 70 多岁的老人，通过征求家人的意见，结合我们公司的宗旨，为保护老人的放心出行，我们决定设计一款创新产品。

我们确定：

（1）老人正常行走时，即使是上楼、下楼，或临时坐下，我们的产品都不应报警；

（2）只有当老人意外摔倒时，报警器会立即工作，发出嗡鸣声，提醒周围的人注意，并能发短信给老人的家人。

（3）我们的产品还应该尽可能体积小、重量轻、方便携带。

四、产品设计

我们的设计过程就像下面这张图显示的，主要经过了 7 个阶段。

在产品设计过程中，经过头脑风暴和征求家人意见之后，我们就开始利用 Arduino 编程来实现我们想要的"跌倒报警"的功能。为了保证能够精

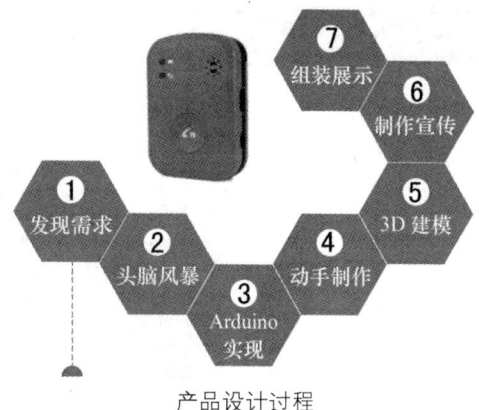

产品设计过程

确地检测到"摔倒的状态",在查找、测试了多款不同的传感器之后,我们找到了三轴加速传感器,这款传感器可以有效地解决"感受"身体体态、位置发生改变的情况。我们还在 Arduino 板上内置了一个 GPS 模块,可以检测到老人的具体位置。

在找到了合适的硬件之后,我们必须把内置了程序的硬件装在一个盒子中,确保硬件能工作正常。我们根据硬件的尺寸和线路要求,使用 3D 打印技术整体打印了承载全部硬件的报警器的盒子,并预留了嗡鸣器的传音孔。为了携带方便,我们利用 3D 设计软件,在报警器外壳上设计了一个皮带扣的装置,这样就可以把报警器直接穿在皮带上,系在腰间。这样就可以做到随身携带,不会用的时候找不到了。

考虑到报警器不能太重,我们设计的盒子就不能太大,可盒子内又要装下所有的硬件,这就要求我们的 Arduino 板链接各个硬件的线路一定要合理,做到最简。为此,我们经过反复的调试,终于设计出来最完美的小盒子。

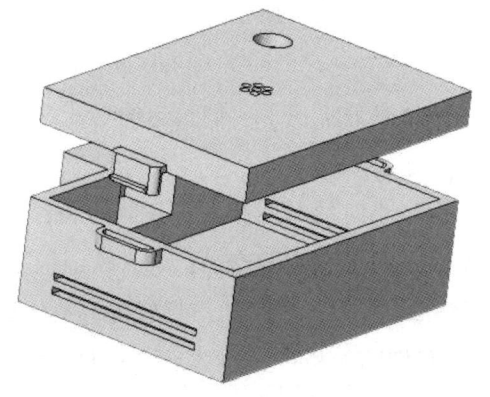
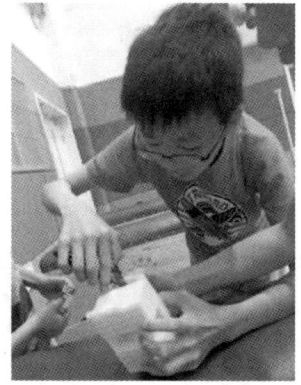

产品外观 3D 设计、打印、制作

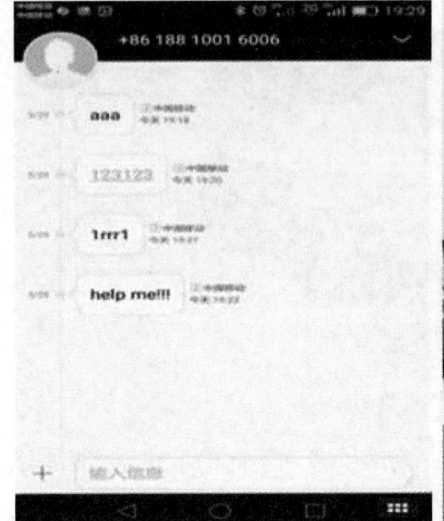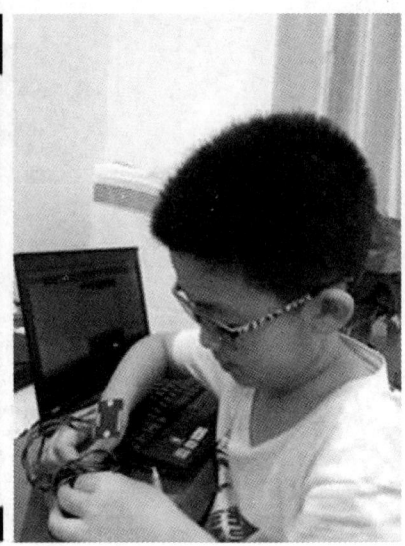

产品功能设计、调试

五、营销策划

我们设计的老人跌倒报警器是一款面向老年人和他们家人的产品。这款产品的功能在于在老人发生意外跌倒时可以及时呼救并发信息给老人的家人报警。

产品价格：一台老人跌倒报警器售价 1250 元。为保证报警的准确性和及时性，我们才用了质量精良的三轴加速度传感器、GPS 模块，这些元器件的成本都比较高。

宣传语：我爱我的家人，我为爷爷奶奶、姥姥姥爷的出行安全保驾护航！

六、产品发布

经历反复调试和修改，我们的产品完美实现了我们预想的功能。终于，展销会的时间到了！

按照学校的规定，我们利用一个半小时的时间布置了我们的展台 B43。在展板上，我们用突出的红色美术字点明了我们的产品：老人跌倒报警器；用简洁的语言列示了我们产品的特点，突出了产品的市场优势；我们也展示了我们的公司 Logo 和公司愿景。我们的展板设计也体现了我们产品设计的风格：简洁明了，重点突出。

展销会展板　　　　　　　展销会现场

为了给参加展销会的老师和同学留下深刻印象，我们还印制了我们的公司宣传单，色彩明亮，特点鲜明。

公司产品宣传单

我们甚至还录制了产品展示的视频：李梓添同学腰间系着老人跌倒报警器，坐下、站起是报警器很安静；突然梓添同学跌倒了，腰间的报警器立刻发出了嗡鸣声，红灯也闪了起来；而博扬同学的手机里立刻收到了梓添同学跌倒了的信息。

我们放置了一个 iPad 在展台上展示我们的产品功能，同学们立刻就围了上来，大家都觉得这个小盒子好神奇啊，功能是怎么实现的？这么高科技！

李梓添和孙铁凡两位同学口才好，坚守展台，向参观的同学们大声介绍我们的产品；张博扬和吴悠一个劲地招呼四年级的同学来了解我们的产品；而我和吴轩则站在展会的入口处，将我们公司的宣传单发给每一个来参观的老师、同学，并且告诉他们 B43 有既酷又高科技的产品等着他们。有的同学甚至戴上了老人跌倒报警器，亲自实践，当他们故意倒在地上听到报警器响起的时候，大家都兴奋极了。

七、反思复盘

由于搞错时间，我们公司没能按照学校要求完成资料提交，我们最终与"十强"公司失之交臂。我们有些失落，也有些埋怨搞错时间的同学。后来，在老师和家长的启发下，我们认识到，一个公司，光有好产品是不行的，团队的团结是公司良好运作的保证。大家都要劲往一处使才能确保成功。这次活动，我们每个同学的聪明才智都得到了展现，但大家在互相帮助方面还是需要加强的。

【学生感悟】
- 首先通过学习简单的商业知识，使我们了解了一个公司是怎么运作的，好的产品是怎样产生的。
- 这次由来自不同班级的同学共同组队，参加学校的活动，锻炼了我们的沟通能力和团队配合能力；在为产品拉票的环节，我们团队的力量一下就显现出来了。
- 在产品设计和讨论的过程中，光自己有想法还不够，需要多听听团队的意见，也要学会说服团队成员。
- 团队的组织是非常重要的。时间紧任务重，先干什么后干什么谁干什么，都是很重要的。
- 要做好一款产品，光有想法还不行，还要有专门的知识，能够实现自己的想法。
- 大家组成一个团队就应该互相帮助，互相提醒，这样才能少犯错。如果只是互相抱怨，那是一点用也没有。

- 有自己的不同意见要及时提出来，否则别人也不知道，自己还会不开心。
- 大家的能力各有不同，应该互相尊重。
- 一开始，三轴加速传感器怎么也调不好，不会用，我都快崩溃了，幸好后来坚持下来，终于调好了。
- 3D 打印，我更自信了！
- 下一次，我也要做 CEO。这次参加五年级的活动，我发现我最大的长处就是能够倾听，并且帮助大家解决问题。

【家长感悟】

- 之前完全没有想到孩子们能完成这次商业活动，活动中既展示了产品创新的能力，又展示了策划、宣传、销售的能力，太感谢学校提供的舞台了！
- 活动中，孩子们都纷纷使出各项本领，争着为团队创造佳绩，点赞！
- 我们需要相信孩子，他们总能给我们惊喜！
- 这次产品通过 Arduino 实现功能，又通过 3D 打印技术完成了产品外型，孩子们实现了完全的自己制造！真是没想到孩子们的潜力这么大！
- 孩子们各有所长，活动中能够互相配合，互相学习，相信他们都收获很多。
- 中间看见孩子们有不同意见，闹矛盾了；过了一会儿，几个人商量了一下，又一起干了起来。看着孩子们能自己化解矛盾，真是欣慰。
- 有的孩子强于表达，有的孩子强于动手，通过这样的创客活动，孩子们能够清楚地看到自己的长项可以给团队带来的力量，这无疑会增强他们的自信！

案例15 自加热水杯

【教师推荐】

"一杯热水,就是对老师最好的感恩!"这是我们的日晞科技公司在学校的第二届"创·智汇"校园MAKER分享会中向评委们自豪地喊出的话。孩子们介绍的产品,是一款自加热水杯。这款产品的创意来自于哪里呢?

在史家教育集团"创·智汇MAKER创意商业挑战赛"活动中,我作为日晞科技公司的指导教师,在公司创意孵化期间,引领学生开发他们的创新思维能力和创新想象力。在公司成立之前,我明确地告诉孩子这不是一个小发明或者小制作,而是要运用现代的科学知识和技术,为现实生活设计一款具有一定科技含量的自造品。

在学校生活学习的过程中,孩子们发现几节课下来老师们的嗓子常处在超负荷工作状态,怎样才能让老师马上喝上一口热水?缓解老师一节课下来的口干舌燥呢?如果能有一个随时随地自动加热的保温杯该有多好。就这样,他们有了一个温馨的创意,就是制作出一款自加热水杯,让老师在辛苦地上完一节课之后,很快就能喝上热水。当我听到他们这个创意之后,真是高兴又欣慰。在产品研发阶段,我做到不能让孩子成为消极被动的被塑造者,而是让孩子大胆探索、独立学习、勇于创新,充分发挥孩子的主体性和主动性。我和孩子们利用课余和放假时间首先画出自加热水杯的概念图纸;为了实现最终的加热目的,又翻阅了大量资料,找出科学依据;接着一张具备产品载体、加热体、能量体、控制体的产品草图就画好了。在准备好所有原材料后进入到生产阶段,其间他遇到许多困难,但是我鼓励孩子们不要气馁,经过无数次的实验、调试,一个自加热水杯诞生了!这款水杯采用的杯体材质坚硬,因为采用中空设计所以保温性能非常的好。在中空部分我们加入控制芯片、锂电电池组、加热芯片、温度传感器、微动开关等高科技产品;利用这个设计能把杯内的饮用水快速进行加热。倒入一瓶普通550ml的矿泉水,从20度加热到40度仅需要大约五六分钟;在电池充满电的情况下,低档位可持续加温3个小时。产品就绪之后,孩子们开始制定商业计划书并明确了分工。随即,开始准备创意商品展销会和商品发布会。展台构图、设计商品宣传册、制定产品销售推广策略等一系列问题,都是孩子们独立完成。

作为班主任,作为公司的指导教师,参与到"创·智汇"的活动中,深感学校搭建这样的平台让老师和学生都获得了知识和情感上的体验。参与其中,让我更加明白:在学科或者各项活动中不能是知识的灌输者,也不能把我们的意识强加于学生;而是要扮演好组织者、指导者、帮助者、评价者的角色。在教学中要让孩子通过独立思考,处理所获起的信息,使新旧知识融会贯通,建构新的知识体系,只有这样才能使学生养成良好的学习习惯,从中获得成功的喜悦,满足心理上的需求,体现自我价值,从而进一步激发他们内在的学习动机,增加创新意识。

推荐教师:李 婕

一、创意孵化

创新科技不是一个简单地小发明或小制作,而是要运用现代的科学知识和技术,为现实生活设计一款具有一定科技含量的自造品。

老师,是我们最敬重、最要感恩的人!我在日常学习生活中发现,几节课下来老师们的嗓子常处在超负荷工作,怎样才能让老师马上喝上一口热水?缓解老师一节课下来的口干舌燥呢?尤其是在寒冷的冬天,如果能有一个随时随地自动加热的保温杯该有多好。

因此,我利用课余和放假时间首先画出自加热水杯的概念图纸;为了实现最终的加热目的,我又翻阅了大量资料,找出科学依据;接着一张具备产品载体、加热体、能量体、控制体的产品草图就画好了。在准备好所有原材料后就进入到了生产阶段,其间我曾遇到许多困难,比如:电路连接、控制芯片的设计,但是我并没有气馁,经过无数次的实验、调试,一个自加热水杯就诞生了!

在学校的第二届"创·智汇"校园 MAKER 分享会中,我和我的团队最终进入十强,在最后的答辩环节我自豪地向评委们介绍:我们采用的杯体材质坚硬,因为采用中空设计所以保温性能非常的好。在中空部分我们加入控制芯片、锂电电池组、加热芯片、温度传感器、微动开关等高科技产品,利用这个设计能把杯内的饮用水快速进行加热。倒入一瓶普通550ml 的矿泉水，从 20 度加热到 40 度仅需要大约五六分钟；在电池充满电的情况下，低档位可持续加温 3 个小时。最后我们团队一起说出了心底的声音"一杯热水，就是对老师最好的感恩！"

二、团队建立

公司基本信息					
届别	第二届	公司编号	B0102	指导教师	李 婕
公司名称	日晞科技				
产品名称	自加热水杯				
公司口号	一杯热水，就是对老师最好的感恩！				
公司 Logo 及含义	![日晞科技 Xi technology] 古人有诗："青青园中葵，朝露待日晞。阳春布德泽，万物生光辉"，春天把幸福的希望洒满大地，我们是一群热爱科技、勇于创新的少年，像茁壮的小苗一样成长，因此我们给团队起名为"日晞科技"。				
规章制度	1. 遵守职业道德，热爱创新科技、具备创客精神，以服务老师和同学为己任。 2. 遵守公司规定，保守公司机密。 3. 全体员工要互助友爱，具有团队协作精神。				
团队照片					

成员基本信息			
职位	姓名	班级	任职理由
CTO	李瀚文	五（1）	负责公司的技术研发，热爱科技的他，将继续带领日晞团队研发出更环保、更实用的产品

续表

职位	姓名	班级	任职理由
COO	张嘉顿	五（1）	灵气而有口才，市场推广是她的强项，相信有了她的推广，日晞一定会变成家喻户晓的品牌
CEO	陈玺钰	五（1）	对公司的一切重大经营运作事项进行决策，主持公司的日常业务活动
CFO	张弘阳	五（1）	一个阳光大男孩。对数字的天生敏锐和有财务头脑的他，指挥着公司的所有财务规划
CIO	范思涵	五（1）	负责制定公司信息化战略和规划；建立起良好的内部沟通机制和信息共享网络；并对全公司的信息资源进行管理和控制
CMO	亓翊欢	五（1）	负责公司企业形象的宣传推广和市场公关；制定公司广告宣传及市场推广活动的创意、设计、制作、实施、媒体计划、媒体购买和发布
CPO	杨子矜	五（1）	负责公司企业形象的宣传推广和市场公关；制定公司广告宣传及市场推广活动的创意、设计、制作、实施、媒体计划、媒体购买和发布

三、市场调研

在确定了产品后，以下三个问题开始困扰着我们。

1. 我们研发的产品是否符合市场需求？
2. 产品的合理定价是多少？
3. 受众人群大致为哪些人呢？

为了产品在市场的中的需求和预期售价。于是，我们决定对同学、同学家长以及部分教师进行调研，来寻求答案。经过团队会议讨论，我们将调查问卷确定如下所示。

日晞科技市场调查问卷

1. 您所在的年级？（   ）

    A. 四年级   B. 五年级

    C. 六年级

2. 在日常生活中您和家人外出时是否经常携带温水？（   ）

    A. 是   B. 否

3. 如果您外出时已喝完所带的温水，您是怎样再次获得热水？（   ）

    A. 自己携带热水壶   B. 到快餐店或餐厅索要

    C. 忍着回家再喝

4. 如果有自加热温水工具，您是否会选择？（   ）

    A. 是   B. 否

5. 如果您购买自加热温水工具，您可以承受的预算？（   ）

    A. 100 元以下   B. 100～200 元   C. 200 元以上   D. 都可以

6. 您和家人外出时，是否必带充电宝？（   ）

    A. 是   B. 否

7. 在冬天外出时，您和家人是否携带保暖贴取暖？（   ）

    A. 是   B. 否

8. 如果有一种方便携带的保暖工具，您是否会为自己和妈妈购买？（   ）

    A. 是   B. 否

9. 如果您购买取暖产品，您可以承受的预算。（   ）

    A. 30 元以下   B. 30～80 元   C. 80 元以上   D. 都可以

感谢您的参与！

确定问卷以后，我们进行了调查，调查结果如下：

（1）自加热水杯产品需求：有需求 75.5%，没有需求 24.5%。

（2）自加热水杯预期售价：A. 15%，B. 57%，C. 16%，D. 12%。

因此，根据调查我们发现：

（1）我公司产品市场需求强烈，一旦投入市场会占有一定份额。

（2）合理定价会促进我公司产品销售量。

四、产品设计

1. 设计产品

    2017 年 3 月 28 日，全体成员在史家小学三层，进行团队的第一次会议。主要确定职位安排，产品研发部门汇报工作进度。

    ● 会议流程或研发过程：

    （1）指导教师——李婕老师宣布第二届创客项目正式启动。

    （2）公司每位成员根据自身特点，自荐工作岗位。

    （3）李瀚文向公司每位成员介绍新一届创客的产品。

    ● 形成决议或研发结果：

(1) 人事任命：CEO 张嘉顿，CTO 李瀚文，COO 陈玺钰，CFO 张弘阳，CIO 范思涵，CMO 亓翊欢，CPO 扬子矜。

(2) 确定"自加热水杯"为参加第二届创客产品。

2. 产品制作

(1) 我们采用的杯体材质坚硬、保温性能好、中空设计。通过对杯体内部的测量，详细计算出内部可利用的空间。

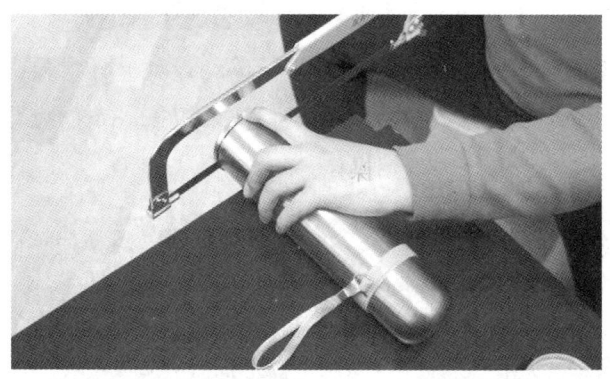

(2) 在中空部分我们加入了控制芯片、锂电电池组、加热芯片、温度传感器、微动开关等高科技产品。通过多重对温度的精密控制，使杯内的饮用水达到加热效果。

(3) 我们采用双路供电系统，利用两套各 1300 毫安的锂电电池组并联后，为整套系统提供动力。

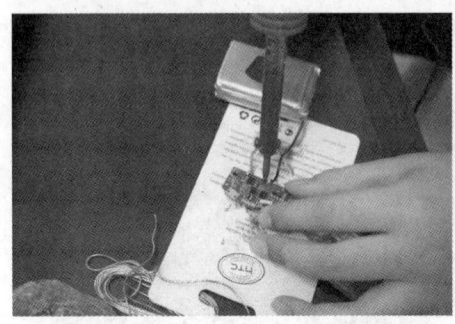 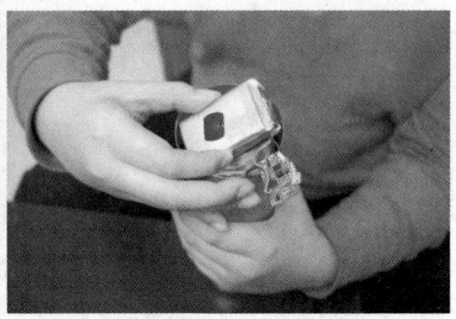

(4) 在控制芯片上我们定制了适合不同功率的低档、高档可调节电压输出控制，同时，将微型温度传感器与电加热芯片进行融合，利用温度传感器为控制芯片提供的数据，对整套加热芯片的温度进行周密的控制。为了提高工作效率，加热芯片也采用的双套系统，而且是完全独立的两套系统。为的是在特殊情况下，例如杯体受到外部冲击造成部分电路损坏的情况下，双套独立系统的抗干扰性更强。

(5) 在控制开关方面，我们也采用了简约设计。杯体只有一个充电口和一个独立开关。通过这个独立开关的长按，短按等不同操作方法，可对加热杯进行开、关、升档，降档操作。

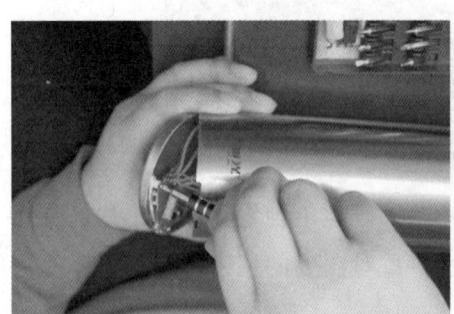 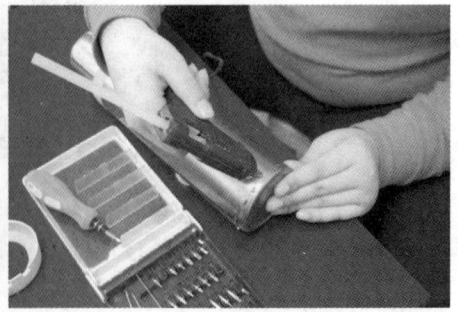

（6）同时，我们在外部还采用了多色 LED 灯显示方法。用一枚 LED 灯的不同颜色，闪烁方法，来表示不同的工作状态。再倒入一瓶普通 550ml 的矿泉水的时候，从 20 度加热到 40 度仅需要五六分钟；在电池充满电后，低档位可持续加温 3 个小时。

3. 产品迭代

在第一代产品中，我们发现，续航时间较短，为了解决加热问题，我们增大电池组，增加续航时间。

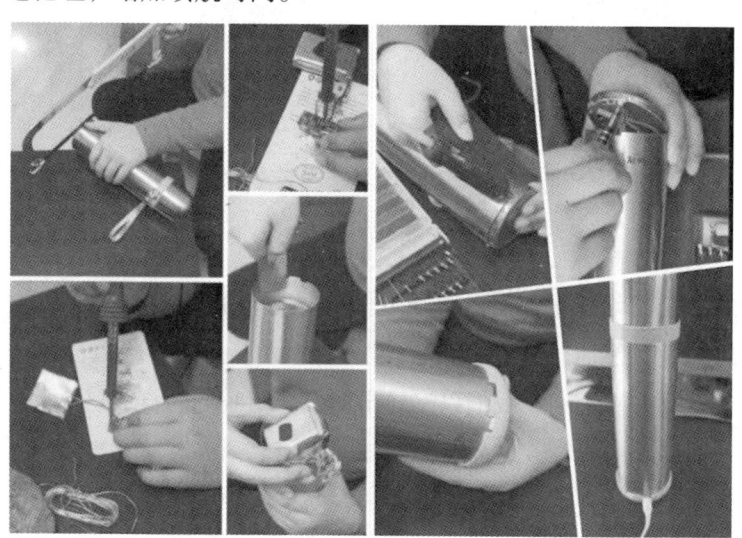

五、营销策划

1. 哪些消费者会对该产品感兴趣？

男性、女性、老年顾客，其中包括老师、职场女性、长期户外工作者以及相关消费群体。

2. 该产品可以满足这些消费者的哪些需求？

健康、养生、保暖、方便携带。

3. 产品销售方式：

（1）网店销售。

（2）实体销售。

（3）其他：公益活动中赠送。

（4）产品价格：自加热水杯：218元。

（5）宣传语：一杯热水就是对老师最好的感恩！

六、产品发布

在"创·智汇"展销会中，我们将宽1.2米、高1米的展板设计如下图所示。

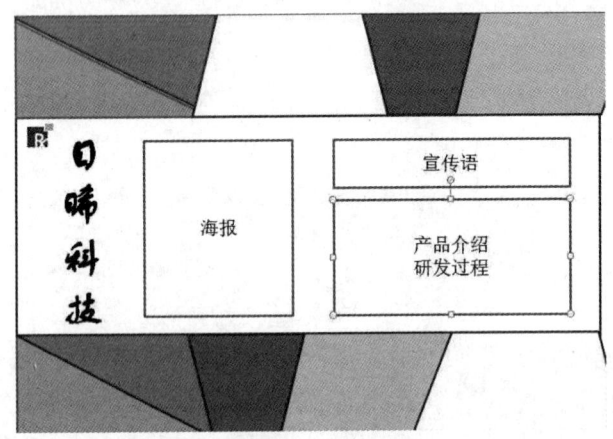

经过会议讨论决定，展台上摆放的物品：桌布、产品（迭代）、司旗、国旗、宣传册、笔插、试验品。

在创意品发布会中，我们以三句半形式介绍我们的自加热水杯！

去年展示净化器，今年新品热潮掀，您问主题是什么？温暖！

数九寒天做体锻，老师冻手又冻脸，如若手中有暖宝，舒服！

研制自动加热杯，外加暖宝恩师献，为啥提出这创意？感恩！

日晞科技要腾飞，创新产品年年添，要说谁的功劳大？小胖！

1. 产品介绍

我们采用的杯体材质坚硬、保温性能好、中空设计。首先，通过对杯体内部的测量，详细计算出内部可利用的空间。然后，在中空部分我们加

入了控制芯片、锂电电池组、加热芯片、温度传感器、微动开关等高科技产品。通过多重对温度的精密控制，使杯内的饮用水达到加热效果。

首先，我们采用双路供电系统，利用两套各 1300 毫安的锂电电池组并联后，为整套系统提供动力。在控制芯片上我们定制了适合不同功率的低档、高档可调节电压输出控制，同时，将微型温度传感器与电加热芯片进行融合，利用温度传感器为控制芯片提供的数据，对整套加热芯片的温度进行周密的控制。为了提高工作效率，加热芯片也采用的双套系统，而且是完全独立的两套系统。为的是在特殊情况下，例如杯体受到外部冲击造成部分电路损坏的情况下，双套独立系统的抗干扰性更强。在控制开关方面，我们也采用了简约设计。杯体只有一个充电口和一个独立开关。通过这个独立开关的长按，短按等不同操作方法，可对加热杯进行开、关、升档、降档操作。同时，我们在外部还采用了多色 LED 灯显示方法。用一枚 LED 灯的不同颜色，闪烁方法，来表示不同的工作状态。再倒入一瓶普通 550ml 的矿泉水的时候，从 20 度加热到 40 度仅需要大约五六分钟；在电池充满电后，低档位可持续加温 3 个小时。

2. 愿景

未来我们可以通过电池性能的提升，加热芯片的能耗处理，处理芯片的蓝牙控制，外部温度显示控制等多种方案，来提升我们的产品。

3. 优势

自动加热杯适用群体广泛；方便携带；不受环境、电源的限制；随时随地根据自己的需要控制加热水温。目前我们正在研制明年创客的新产品，将水质检测、过滤、加热、保温合为一体，让我们的下一代产品更人性化、智能化，更实用、更便捷！不仅适用于民用市场，也会运用到军事领域。

七、反思复盘

【学生感悟】

李瀚文 记得在"全国科技星榜样校园选拔活动全国总决赛"的最后答辩中,我是以这样一句话作为结束语:"这次我递交的作品虽然很小,但是它代表了我对科学的热爱!"这就是我,具备创新意识、创新思维能力和创新想象力的我。

我认为,创新科技不是一个简单的小发明或小制作,而是要运用现代的科学知识和技术,为现实生活设计一款具有一定科技含量的自造品。老师,是我们最敬重、最要感恩的人!我在日常学习生活中发现,几节课下来老师们的嗓子常处在超负荷工作,怎样才能让老师马上喝上一口热水?缓解老师一节课下来的口干舌燥呢?如果能有一个随时随地自动加热的保温杯该有多好。因此,我利用课余和放假时间首先画出自加热水杯的概念图纸;为了实现最终的加热目的,我又翻阅了大量资料,找出科学依据;接着一张具备产品载体、加热体、能量体、控制体的产品草图就画好了;在准备好所有原材料后就进入到了生产阶段,其间我曾遇到许多困难,比如:电路连接、控制芯片的设计,但是我并没有气馁,经过无数次的实验、调试,一个自加热水杯就诞生了!

"勇于创新、大胆探索、独立学习"是我一直未曾停止的脚步。在学校生活学习的过程中,我们和老师朝夕相处。在和老师的接触中,我们发现了一些老师在日常工作生活工作中遇到的不便。经过我的深入研究,我还成功研制了"小型空气净化器"。它体积小,可以随意摆放在办公桌、讲台旁，采用的是 USB 供电设计使用起来非常方便，不会影响到老师们的工作和学习，而且还保护了老师的健康。在"全国科技星榜样校园选拔活动全国总决赛"获得银奖，在"第 25 届中国儿童青少年创客挑战赛"中获得北京市第二名，在"全国小学生创新项目设计挑战赛"中获得二等奖。目前已经进入"中国青少年创客奥林匹克"挑战赛决赛，进入"2017 青少年环保创意大赛"决赛阶段。

我设计的这些小产品和"大发明""大创造"还有很大的差距，但是爱科学、学科学、用科学是我一直秉承的观念。我就是要用科技创新精神汇聚大爱，感谢恩师！

张嘉颀 记得四年级我参加了"创·智汇"，我在艺术特长方面突出，却对商业一窍不通。我与同伴们一起发现生活中的不足，提出创意，再到产品制作、修改，一步步走到了十强的舞台上。过程中我们有欢声笑语，也有悲伤烦恼，在这个过程中我也有过中途放弃的念头，可我看到团队的小伙伴们一直坚守，锲而不舍地努力着，我也坚持了下来。"创·智汇"带给我的不仅是科学知识，更让我懂得了要坚持不懈。

陈玺钰 创客大赛让我懂得了很多，让我了解到作为一个 CEO 身兼的责任，如何带领团队完成既定的目标，如何让产品吸引更多的关注并伴着销售的增长，都是团队需要共同面对的问题。在这过程中，有过挫折、有过争吵、有想过要放弃，但最终我们还是克服了一切困难，在团队的共同努力下，一路拼进了十强。

感谢史家小学的老师们为我们搭建了这么好的平台，让我们在小学阶段就可以接触到未来商场上我们将面临的挑战，学习了必备的商业基础知识，这让我们增加了自信，为未来的创新创业打下了良好的基础，相信我们的未来一定会在阳光下精彩绽放。

亓熠欢 这次商挑让我学到了怎样更好地与人沟通，又怎样在同样的起跑线上凸显自己的优势。当然更重要的是离不开所有人的默契配合。

杨子衿 活动让我们体会到了很多，团结合作，成果的来之不易，还有晋级的喜悦，是一个不错的活动！

【家长感悟】

李瀚文妈妈张健 如何培养孩子的创新意识、创新精神和创新能力，对于学校来说是实施素质教育过程中要着重研究的创新教育课题。

　　创新教育不同于创造教育，实施创新教育要从培养创新精神入手。在史家教育集团的"MAKER 创意商业挑战赛"活动中，班主任作为一家公司的指导教师，首先是培养孩子的创新精神，让孩子具备创新意识和创新品质。在公司创意孵化期间，指导教师引领学生开发他们的创新思维能力和创新想象力。在公司成立之前，明确地告诉孩子这不是一个小发明或者小制作，而是要运用现代的科学知识和技术，为现实生活设计一款具有一定科技含量的自造品。在产品研发阶段，老师没有让孩子成为消极被动的被塑造者，而是让孩子大胆探索、独立学习、勇于创新，充分发挥孩子的主体性和主动性。最终，孩子根据目前环境的变化，查阅了大量资料并论证了一定的科学数据，研制成功了"自加热水杯"。很快，孩子们组建了日晞科技公司，制定了商业计划书并明确了分工。随即，开始准备创意商品展销会和商品发布会。展台构图、设计商品宣传册、制定产品销售推广策略等一系列问题，都是孩子们独立完成。老师们在学科或者各项活动中不是知识的灌输者，也不是把老师的意识强加于学生，而是扮演好组织者、指导者、帮助者、评价者的角色。在教学中要让孩子通过独立思考，处理所获起的信息，使新旧知识融合贯通，建构新的知识体系，只有这样才能使学生养成良好的学习习惯，从中获得成功的喜悦，满足心理上的需求，体现自我价值，从而进一步激发他们内在的学习动机，增加创新意识。

案例16　自动翻书器

【教师推荐】

　　科技点亮生活，创意助力梦想，智慧凝聚出精华，少年创意团队亦不例外！"卓越公司"的经典产品——"自动翻书器"便是如此，一部小小翻书器的背后让我们看到的是创智少年们满满的团队智慧和阳光正能量，值得推荐！

一、生活中的发现促思考

　　公司产品的研发源于两方面的因素，初始想法源于孩子们在自己的日常生活中，公司CEO张甲林和CIO刘禹汐两位同学都是学校管乐团成员，平日排练中，他们发现即使手拿乐器演奏时有乐谱架，但是很多时候，因乐器的宽大导致腾出手翻阅谱页的不方便，如何轻松翻阅谱页不影响演奏？这成为萦绕他们脑海的问题，他们希望自己能够有巧妙的办法解决。另一方面，更为重要的因素在于两个孩子在书店看到了一位手臂残障人士艰难翻书，耐心阅读。这一幕，让他们更多地开始关注并思考能够用什么样的办法来解决"翻页"这一问题。

二、智慧火花碰撞触灵感

　　任何一个创意的孵化都是一个在生活中点滴渗透、日积月累的过程。学生将发现问题"如何巧妙翻书页"和解决问题"不用手臂翻书页"定位为突破口，二者的巧妙结合点那就是"肢体感应"！CEO张甲林同学从与CTO伍柳衡同学一直以来都对乐高搭建和机器人编程有着浓厚的兴趣，因而尝试"学以致用"，这一智慧火花的碰撞是值得点赞的！

三、精英团队组合出精华

　　"卓越公司"的团队组合不得不说是一个卓越的精英团队。身为班主任，班级日常已然看到这几个孩子的不同特长与综合能力。公司CEO张甲林是一个思维缜密，组织能力强并且有着扎实机器人编程技术基础的学生。CTO伍柳衡擅长机器人乐高搭建，并且精心细致。COO赵小雪是一个有着超强策划能力与协调能力的学生，她在团队中成为"公司推进运营"中的得力"干将"，与张甲林可谓珠联璧合。CIO刘禹汐和CFO魏舒扬是两个才艺双全，口才表达与艺术宣传方面的精英。公司成员王奕菲、申辰嘉是两个在班级工作中充满积极向上精神，尽心尽责的小干部。因此，公司成员的组合可谓强强联合，这也正反映出高年级段的学生在参与活动与分析问题中的综合能力。

四、暖心公益服务好少年

公司产品"自动翻书器"的宣传口号为"公益善举，让全民阅读更彻底！"我们看到学生的产品研发关注点已经不仅仅是解决自己生活中"翻乐谱"的问题，而是将目光聚焦在"公益"，希望自己的产品能够"服务残障人士"，让他们享受阅读的快乐。可以说，这一点是最值得称道的：史家和谐教育理念的种子渗透学生心灵，家国情怀的教育影响，学生创意无极限的最终目的是"公益善举，爱心奉献——自己的成就服务社会！"

推荐教师：范晓丽

一、创意孵化

在生活中，我们常常会看到行动不便者。

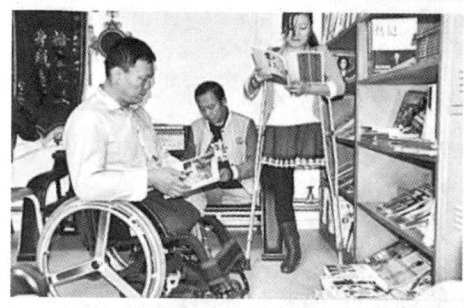

他们多因生理上的缺陷，导致生活不能自理、行动被限制，很多职业也与他们无缘，甚至导致心理上的疾病，自卑、抑郁等。

而作为学生的我们,最重要的事情是学习。我们坐在教室里,拿着书本、刻苦攻读时,又是否想过,这些年轻的残疾人,是否也需要读书?

这是个简单的、单方面的问题。但这样简单的问题,我们是否可以解决?

我们展开想象,努力寻找各种合适又新颖的解决办法。又出于对我们的能力、精力、技术的考虑,我们决定做一个小小的帮助。

作为红领巾的我们,要具有家国情怀,勇于帮助他人,于是我们决定设计自动翻书器。

二、团队建立

公司基本信息					
届别	第二届	公司编号	A0609	指导教师	范晓丽
公司名称	卓越公司 The magnificent				
产品名称	自动翻书器				
公司口号	卓越的公司,非凡的人员,只为更好的产品				
公司 Logo 及含义	图中的一本书表示与我们的产品有关的翻书功能; 彩虹象征美好、卓越; 蓝天对彩虹及书本进行衬托。				
规章制度	平均分配工作量,按照每个成员的能力及特长下发任务;并按劳分配利润等。				
团队照片					

续表

成员基本信息			
职位	姓名	班级	任职理由
CEO	张甲林	六（6）	组织、协调能力强，多次担任队长，并擅长乐高编程
CTO	伍柳衡	六（6）	掌握机器人搭建、编程技术，产品主要设计制作者
CFO	魏舒扬	六（6）	思维缜密，做事严谨认真，适合管理团队资产
CIO	刘禹汐	六（6）	擅长绘画，艺术宣传能力强
COO	赵小雪	六（6）	思维活跃，具有亲和力，策划能力强
成员	王奕菲	六（6）	美术绘画能力强、适合公司各项美化及展板布置
成员	申晨嘉	六（6）	口语交流能力强，适合介绍推广产品

三、市场调研

第一代产品制作完毕，我们团队在产品测试时对身边同学进行了试用感受的访谈。

访谈后出现的问题分为：

（1）产品外形不整，结构够不稳固，不方便移动或携带。

（2）在执行动作时偶尔会出现失误。

通过对同学的访谈，我们的产品初衷以及创意得到了百分百的好评与认可，同时发现了一些技术上的缺陷等相关问题，我们做了如下改进：

（1）改进了产品的结构，修改升级了产品的程序，使得运转更稳定。

（2）通过不断的讨论，我们也在不断地提高翻页器的精准程度，使得使用几乎没有问题。

在调查过后，我们团队的成员开始了全面的产品维护及改进的工作。包括产品功能以及实操问题。

四、产品设计

产品为行动不便者设计，可以帮助行动不便者在看书时保持书的稳定，并在需要时自动将书翻页。

出于对能力的考虑，产品全部由乐高机器人组件搭建。

产品的制作包括硬件模型上的制作，以及软件程序的编辑。

图中，产品通过机械手臂配合完成一系列动作，使得书本翻页。

需要翻页时，使用者只需将身体方便的部位靠近右下方的传感器，就可以触发机器人执行翻页动作。

在产品设计中，面临最大、最明显的问题就是在于技术上是否能保证书本一次操作只翻一页。的确，在产品初步的调试中，会出现这样的问题。在产品迭代中，以及发布会前，产品的失误率减少了很多。但因书本纸张大小、材质的差异，以及机器人组件的精确度有限，所以失误仍然存在。

五、营销策划

自动翻书器主要面向的使用者是行动不便或残障人士。产品出售给需要使用的家庭及人员，或者批量出售给慈善机构等。

公司在开发期间制作出产品的模型，因原材料为乐高模型，非正规批量生产原料，所以产品模型不直接出售。在上市前及公司的生产期间，会按照原理重新设计生产模式的产品。原料可以是普通电子元件，并对其外观进行处理。此时对于定价，在几百元（300~500元）人民币。

公司的创始成员在职期间，对产品进行了发展道路的设定。其中包括上述的制造、生产模式、定价、产品营销推广。最初，公司成员对产品在周围人面前进行了发布及推广；若有继承者，产品将会继续推广，逐渐面向社会；具体的平台，视情况而定。

六、产品发布

公司创始人员在职期间，通过校内平台进行了在全校的展销、发布活动。

在展销会进行中，公司人员进分工。技术人员在展位负责配合公司解说人员介绍产品，并演示、维护产品。宣传人员在摊位及附近通过海报、传单、介绍等方式进行宣传。由此吸引大批感兴趣的顾客。

发布会中，我公司成员在舞台上展示了一段舞台情景剧。再现了一位残疾人在看书时遇到的不便。并引入产品。

七、反思复盘

【学生感悟】

张甲林 这是第二届商业挑战赛。和上一届相比，我们有了很大进步。我们的团队在努力工作下，成功进入了校际比赛的前十强，这让我们心中充满成就感。同时，在这次活动中，我们也收获了很多经验。

通过这次商业挑战赛，我们的收获主要有以下几点：

- 对于所有的公司成员，学会了细心观察身边的小事，这给我们带来很大的灵感。
- 对于所有的公司成员，学会了关心、关爱他人，为他人着想。
- 对于公司技术成员，学会了将自己的爱好特长融入生活实践中，开拓了我们的思维，提高了我们的技术。
- 对于宣传方面的公司成员，学会了用不重复的语言向他人介绍、与他人交流。
- 对于策划等公司成员，学会了如何更加靠近真正的公司运转制度、模式，锻炼了自身能力。

【家长感悟】

张甲林妈妈范佩 史家小学的商业挑战赛是给孩子们一次真实的挑战，孩子们团结、凝聚，各司其职，一丝不苟，培养了认真负责的精神，是成长中的重要的一课！作为家长，觉得商业挑战赛非常有意义，是提高实践能力、增强综合素质的有效平台。

在我们毕业来临之际，给我们的小学生涯最后又印上了一个烙印，带给了我们念念不忘的无尽回忆！感谢学校提供的平台！

案例17　鹦鹉螺造型无源音箱

【教师推荐】

当我第一次了解未来之光创客团队的创意——鹦鹉螺造型无源音箱时，不禁被他们的创意拍案叫绝。

随着时代的进步，手机、iPad、电脑等电子产品渐渐成为我们生活的必需品。它们在给我们带来便利和高效之余也带来了一系列的社会问题。如手机不离手的"低头族"、习惯于通过社交软件交流而忽视了人和人之间的情感交流、使用电子产品导致的视力下降等等。

针对这些问题，史家小学号召开展"童年不插电"行动，鼓励同学们远离电子产品，注意观察生活、了解生活，从日常生活中获得快乐。未来之光团队敏锐抓住了这一社会热点问题，并且很好地与学生的活动进行了结合。可以说他们有一双"慧眼"。

鹦鹉螺造型的无源音箱不用任何电子设备，很好地利用了鹦鹉螺的外形特点进行扩音，解决了没有电源的情况下需要扩音的问题，而且节能环保。他们还发现了斐波那契螺旋线的奥秘，感受到了数学之美。

创·智汇校园MAKER分享会是我校传统创客项目，深受同学们的喜爱。每年2~6月，同学们都纷纷行动起来，组成团队、研发产品、召开展销会，一时间，人人都是小创客。创·智汇校园MAKER分享会要求同学们制作"具有一定科技含量的自造品"，我们同学不仅要有一双"慧眼"还要有一双"巧手"。要能够把创意变成现实，摆脱"眼高手低"的弊病。我个人认为这也是创·智汇校园MAKER分享会的目的之一。

未来之光创客团队的几位同学一直参加学校的"三维设计"课程，从中学习了三维建模、3D打印的知识。他们把自己的知识应用到产品的研发、制作过程中。设计中发现自己知识的匮乏，他们没有退缩而是迎难而上。积极主动向老师、专家请教，不懂就问，逐步掌握了相关的知识和技能。我为他们的坚持和执着点赞！

创新是不是很难？创客是不是一定要会三维设计、Arduino编程？优秀的创客作品是不是一定是高深的原理、很多的传感器、复杂的程序控制？

> 我想未来之光创客团队和他们的鹦鹉螺造型的无源音箱给了大家一个很好的答案：一对慧眼、一双巧手、求知好学、一点坚持。有了这四样法宝，相信每个同学都能成为创意无限的小创客！
>
> 推荐教师：付　航

一、创意孵化

学校要召开创·智汇校园 MAKER 分享会啦！这个消息像一阵风一样传遍了整个校园。大家都兴奋得讨论起来，校园里到处都是公司、产品、CEO、CIO 的声音。我和一起的参加三维设计课程的李梓添、庄明睿也坐不住了，决定组成团队参加创·智汇校园 MAKER 分享会，利用所学的 3D 建模和 3D 打印的知识设计制造一个"有科技含量的自造品"。

学校倡导童年不插电，引导我们思考在离开电子设备后可以开展什么样的活动，如何快乐生活。由此我们想到开发一款不依靠电子元件，仅凭自身造型来达到目的、功能的设备。

经过多次头脑风暴，最终聚焦无源音箱。选取海螺造型是因为在远古时期，人们经常依靠海螺来吹响召集的号声，还衍生出成语"大吹法螺"。海螺的外形利于传播声音，如果把手机等设备放入海螺音箱，利用海螺的天然的造型对声音进行放大，既环保又能放大声音一举两得。在对海螺造型有了更多的了解后，我们又进一步明确了使用鹦鹉螺造型。

我们确定了产品的特点是：

（1）不用电源，节能环保；

（2）扩音效果好；

（3）造型美观，惹人喜爱。

二、团队建立

公司基本信息					
届别	第一届	公司编号	B43	指导教师	付 航
公司名称	未来之光创客团队				
产品名称	鹦鹉螺造型无源音箱				
公司口号	未来之光 希望之光				
公司 Logo 及含义	用七巧板拼成的大写的 M，是创客（MAKER）的首字母。表明了我们小创客的身份。 绿色代表我们的团队倡导绿色环保，倡议童年不插电。希望同学们离开手机、iPad 等电子产品。走进生活、走进大自然，你会发现身边其实有很多有趣、好玩的事。				
规章制度	1. CEO 负责团队的日常运作，当有重大分歧时 CEO 有一票否决权。 2. 产品设计、制作中要充分讨论，采用民主集中制原则。 3. 团队成员积极主动参加活动，有事情要提前请假。无故不来的罚做俯卧撑 20 个。 4. 按时完成团队交给自己的任务，每拖延一天罚做 20 个俯卧撑。 6. 如需购买材料采用 AA 制，资金交由 CEO 负责。提倡节约，禁止浪费。				
成员基本信息					
职位	姓名	班级	任职理由		
CEO	李梓添	五（11）	愿意为大家服务，了解 3D 打印、Arduino 编程		
CTO	庄明睿	五（11）	擅长 3D 设计、3D 打印、了解 Arduino 编程		
CIO	高靓瑜	五（9）	擅长艺术设计、PPT 制作、AI 设计、产品宣传		

三、市场调研

确定产品方向后我们进行了产品调研，通过网络在京东、淘宝、亚马逊等网络购物平台上搜索有没有类似的产品。在上网进行了调查后我们发现：市场上没有鹦鹉螺造型的无源音箱。仅有一款有源音响采用了海螺造型，还仅仅是造型而已。和其他音箱一样利用电源驱动扬声器对声音进行放大，而没有利用鹦鹉螺造型的扩音原理。

因此我们认为：鹦鹉螺造型无源音箱是有创造性的，符合创·智汇校园 MAKER 分享会的"具有一定科技含量的自造品"的要求。因此我们选取鹦鹉螺作为无源音箱的造型，造型美观的同时达到了音量的扩大效果，节省了电力资源，还可以在任意地方使用，不受外部环境条件的限制。

四、产品设计

在设计过程中，通过查找资料我们发现：鹦鹉螺和大熊猫一样稀有，是国家一级保护动物。鹦鹉螺已经在地球上经历了数亿年的演变，但外形、习性等变化很小，被称作海洋中的"活化石"。在研究生物进化和古生物学等方面有很高的价值，更让我感兴趣的是鹦鹉螺中所隐含的数学奥秘。

鹦鹉螺身上包含了斐波那契螺旋线，也称"黄金螺旋"，是根据斐波那契数列画出来的螺旋曲线。在这些优美的自然结构中，可以看到这一精准的数列。斐波那契螺旋线，以斐波那契数为边的正方形拼成的长方形，然后在正方形里面画一个 90 度的扇形，连起来的弧线就是斐波那契螺旋线。

我们决定用鹦鹉螺作为产品的外形，在三维设计中，最主要使用的功能是"双轨放样"，这是在之前没有接触过的操作方法，通过这次制作鹦鹉

螺无源音箱进行了反复的练习，现在可以很熟练的操作。

在不同平面上，绘制了鹦鹉螺造型需要的曲线（图1），其中的中轴位置是平行的两条线（图2），方便进行双轨放样，否则在放样过程中会出现变形问题。

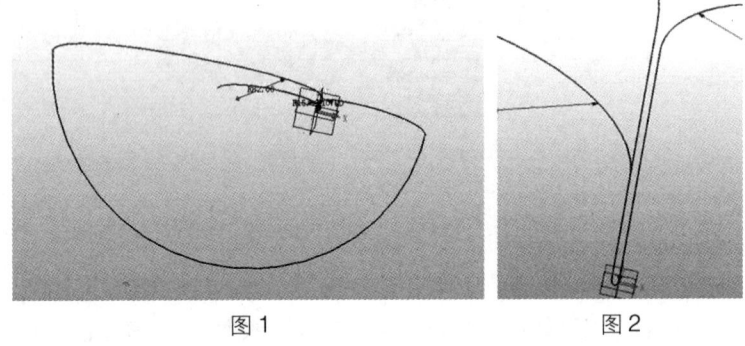

图1　　　　　　　　　　　图2

完成后出现如图3的效果。用同样的方法，先后放样大小不同的3次，形成鹦鹉螺的基本造型。然后抽壳完成半个鹦鹉螺的造型（图4）。

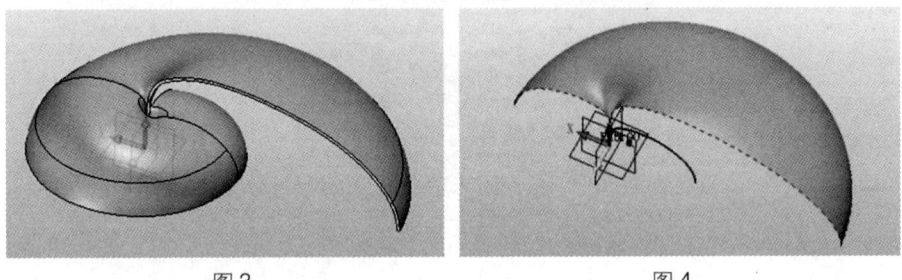

图3　　　　　　　　　　　图4

鹦鹉螺口的造型不是平面，因此画了一条曲线拉出平面进行分割，因为会影响到鹦鹉螺的主体部分，所以又围着中心画了一个圆作为分割面（图5），对分割鹦鹉螺口的分割面进行了曲面修剪，达到了最终效果。

我们的鹦鹉螺造型无源音箱可与 iPhone6 配套使用，螺身上的开口是按

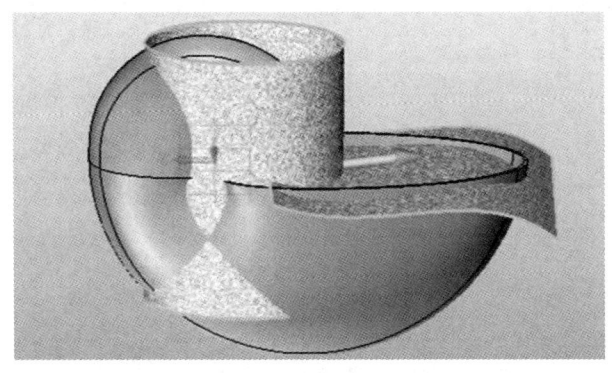

图5

照网络提供的 iPhone6 的尺寸设计的。

在设计过程中,我们遇到了很多难题。我们就组成攻关小组,通过查找资料、向老师和专家请教,一个一个难点的突破。经过 60 余次的修改,终于我们成功了!那一刻,我内心的喜悦是无法用语言表达的,我们终于战胜了困难、战胜了自我!

五、营销策划

产品定位:所有需要扩音设备的人都是我们的潜在用户。特别是使用场所没有电源的情况下,我们的无源音箱就能够大显身手了。

产品价格:我们的产品造型独特,在研发阶段使用 3D 打印技术完成样品制作,成本较高。当批量生产后价格会有大幅度降低,经过测算小号鹦鹉螺音箱成本 18 元,中号 38 元,大号 58 元。因此我们的定价为:小号 38 元,中号 68 元,大号 99 元。

宣传语:海螺音箱 绿色环保 童年不插电 环保我先行!

六、产品发布

展销会的布展是非常紧张的,只有短短的一个半小时。我们团队的人数较少,相比其他团队的"人多势众"就有很大劣势。我们几个同学密切协作,写的写、画的画,男孩子吹气球,女孩子布置拉花……一个半小时的时间转瞬即逝,随着陈主任的一声令下,所有团队一齐停下手上的工作。看着漂亮的展板和展台,我高兴地笑了。

展销会从第一个参观者一踏入体育馆就直接"引爆"了。各公司的宣

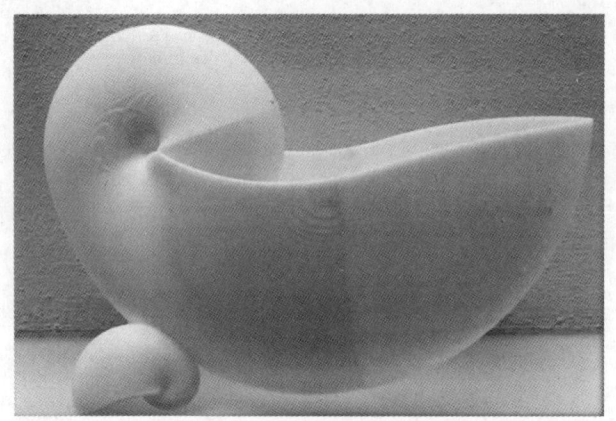

传员奋力挥舞着手中的宣传单；推销员看到自己认识的同学，生拉硬拽也要拉倒自己展位前进行宣传；有的同学穿上玩偶装推销自己的产品；有的团队演奏乐器吸引顾客……真是八仙过海各显神通啊！

我们团队有着先天的优势：我们来自不同班级，在票源上远远领先。我们的讲解员坚守岗位，为每一个参观的人介绍自己的产品，一天下来嗓子都沙哑了。我们的宣传员一天中分发了几百份宣传材料，不停地在场馆里走动宣传。我们的设计师拿着手机配合演示，一会儿把手机放进鹦鹉螺音箱，一会儿拿出来，忙得不亦乐乎……

一天的展销会结束了，我们身体虽然是疲惫的，但心里是兴奋的。大家猜测着我们能得到多少"订花单"，能否脱颖而出进入 30 强。那一刻，我真的觉得名次不那么重要了，我们努力过、奋斗过就行了。

七、反思复盘

【学生感悟】

高靓瑜 通过创·智汇校园 MAKER 分享会，我们学习了一些商业知识，使我们了解了一个公司是怎么运作的，好的产品是怎样产生的。这对我们今后参加类似的活动以及日后走向社会都有很大的帮助。

李梓添 这次我们的团队都来自三维创意课程，但我们来自不同班级。在组织管理上就有一些困难，由于时间不同步，有时召开会议就比较困难。我作为 CEO 就要担负起责任，有时一天要各个班级跑好几趟。通过参加学校的活动，锻炼了我们的沟通能力和团队配合能力；在为产品拉票的环节，我们团队的力量和优势一下子就显现出来了。

庄明睿 在产品设计和讨论的过程中，光自己有想法还不够，需要多听听团队的意见，也要学会说服团队成员。通过这次的设计和制作，我深感自己所学知识的不足。好在我们有老师可以请教，有专业的设计师可以为我们指点迷津。我最高兴的是学习到很多书本上没有的知识，我明显感觉自己的设计水平提高了一大块！我们参加的三维创意课程给我们打开了一扇通往发明创造的大门，只有你想不到的，没有我们做不到的！

【家长感悟】

我一直关注孩子们创·智汇校园 MAKER 分享会的进展情况。看到他们有了新点子、新创意时的雀跃；看到他们遇到困难时深锁的眉头；看到一次次失败后沮丧的表情；更看到了获得成功的喜悦！

我的公司就是从事三维设计的，有很多大咖设计师。如果我请他们出手，分分钟搞定设计。看着孩子们困惑的表情，我有好几次提议让我们的设计师帮忙设计，没想到的是被孩子拒绝了。他们向设计师请教，一点一点攻克难关。耗费了几倍、几十倍的时间，但是我觉得是值得的。不仅学会了知识，更主要的是意志品质的提升，为孩子们点赞！

之前完全没有想到孩子们能完成这次商业活动，活动中既展示了产品创新的能力，又展示了策划、宣传、销售的能力，太感谢学校提供的舞台了！

案例18 秒变环保伞包

【教师推荐】

今年,我们五班的孩子们升入三年级。这一年对于孩子们来说,有很多新的成长体验和收获,其中孩子们最喜欢的就是"创·智汇"活动。

最开始,当孩子们听到学校要进行"创·智汇"校园MAKER分享会的时候,懵懵懂懂,不知为何物。学校播放宣传片,介绍往届的分享会获奖作品,又进行了多次的培训,孩子们很感兴趣。我鼓励孩子们开动脑筋,积极投入进去,帮孩子们出谋划策,提供帮助,直到最后入围28强,一路走来,我和孩子们的收获满满,惊喜多多。

我跟孩子们讲,创意要从生活中来,到生活中去,我们不能仅仅做一个学习者,还应该做一个思考者和实践者。现在大家最关注的是与我们的生活环境息息相关的问题,环保主题的创想是我们迫切需要的。正巧,有一天下大雨,同学们进了教室,收伞的时候,湿漉漉的雨伞不是把同学的衣服弄湿,就是在书桌和柜子上滴了很多水,非常不方便。能不能让水淋淋的雨伞方便收纳又方便携带呢?同学们开始开动脑筋,把使用过的雨伞往里翻,雨水不就不会弄得哪里都是了吗?翻过来不好携带,那就在伞面外侧缝上背带,就可以收拢雨伞后像挎包一样挎在肩上,这样就腾出手方便拿别的物品。最初生活中的这些小问题,往常孩子们是不会在意的,是"创·智汇"的平台给孩子们创设了学会发现问题,自己想办法创造性地解决问题,开动脑筋的设计可行性方案并实践的机会。

在孩子们的想法通过讨论初步成型以后,我们在课后找来不同类型的雨伞进行改造试验,在一次次失败、改进、再失败、再改进的过程中,孩子们的体力、脑力和精神层面都得到了磨砺和升华。雨伞秒变挎包的设计终于成功实现,孩子们激动不已,我们的设计完成了第一个里程碑。

"创·智汇"的魅力不仅仅局限于此。后续,孩子们要想方设法把自己的创新产品进行推广、宣传,得到大家的认可。这个过程更加美妙,也更锻炼孩子的统筹、总结、表达、应变等多种能力。孩子们把自己"伞包"画上精美的装饰画,把产品进行了完善,梳理产品的优势设计了宣传海报，布置醒目吸引眼球的展台，在"创·智汇"展示会上积极大方地向老师和同学们宣传自己设计产品，当场讲解当场演示，不骄不躁不卑不亢，得到了老师和同学的认可。在这个过程中，我与孩子们一起经历、一起实践，付出的很多，收获的更多。

"创·智汇"活动，促进了孩子多元智能的发展，提升了综合能力，整个团队分工合作，在创想、创新、创意与实践中，孩子们体验到创新的快乐，成长的快乐。

推荐教师：王 华

一、创意孵化

发现问题，解决问题。从公司成立那一天开始，所有成员就达成了一致：我们的产品应该解决一个生活中遇到的问题，哪怕是一个小问题。

顺着这个思路，大家在学校里召开了产品研发会议，在家里则使用视频会议开展了头脑风暴。畅谈各自在日常生活中的小问题、小发现。最终确定从防水自动收纳伞、毛猴校园安全引导模型和智能行李箱这三种产品中进行选择。

通过探讨产品实用性、可行性、科技含量，首先淘汰了"智能行李箱"，我们通过市场调研发现已有同类产品。随后"毛猴校园安全引导模型"由于没有找到非遗产品和科技的切入点、市场比较难推广、生产成本相对较高、无法实现批量生产的原因而淘汰。当讨论到"防水自动收纳伞"时，大家认为雨伞在使用后沾满雨水不好收纳，乘坐公交车和地铁时有可能把雨水沾到其他乘客身上；出入学校、医院等公共场所时，雨水溅落会造成地面湿滑，容易造成他人滑倒摔伤。有些饭店、商场门口用发放塑料袋解决这个问题，但塑料袋会造成资源浪费并且不够环保……大多数成员都认为这是一个亟待解决的问题。

如果能生产出防水自动收纳的伞，这个生活中的小困扰就迎刃而解了。最终按"产品实用性、可行性、科技含量"为依据，遵循少数服从多数的原则，通过投票决定生产"防水自动收纳伞"。理由有4点：①具有实用性，能够解决生活中的困扰，符合环保理念。②生产过程中容易找到科技切入点。③生产成本相对较低，可以批量生产。④有市场推广潜力。

大家最初的设想产品的功能：自动弹出伞套，达到防水、环保、美观、轻便、易操作和收纳的目的。当最终成品完成后，根据产品的特色，确定为"秒变环保伞包"。

二、团队建立

公司基本信息					
届别	第三届	公司编号	D0513	指导教师	王 华
公司名称	芝麻开门				
产品名称	秒变环保伞包				
公司口号	持之以恒，芝麻开门				
公司 Logo 及含义	未来是怎样的？谁也不知道，可是我们一起努力的过程，却打开了一扇通向未来的门，看见了未来。				
规章制度	股权分配：采用期权形式，规定在任职几年后，可以按约定时的价格购买本公司的股票。公司经营者把业务做好做大，让股票价格上升，就可能得到可观的回报。 奖惩措施：奖励工作勤奋、业绩突出，追求进步的团队和个人。以精神鼓励为主、物质奖励为辅。设立最佳团队奖、优秀管理奖、明星员工奖等。 处罚不遵守纪律、影响公司运作的情况。以批评教育为主，罚款为辅。				
团队照片					

续表

成员基本信息			
职位	姓名	班级	任职理由
CEO	曾子越	三（5）	有号召力和组织能力，擅长沟通，执行力强
COO	李佑然	三（5）	有责任心、上进心和团队协作精神
CFO	林铄帆	三（5）	做事认真负责、专心细致，逻辑性较强
CTO	何睿洋	三（5）	知识面广，懂的事情多，执行能力强且做事认真、负责，善于沟通
CIO	赵泽羲	三（5）	逻辑思维能力强，对信息敏感度高
CDO	戴悠行	三（5）	有一颗爱幻想、好奇的心，大胆设想，小心求证。爱设计、绘画、做手工
CAO	杨西语	三（5）	热爱绘画，做事认真负责、专心细致，团队意识强
CMO	张率汀	三（5）	有毅力，不怕困难不怕失败，敢于接受挑战

三、市场调研

产品确定后，公司成员分为几组：（1）曾子越、戴悠行、杨西语负责去公共场所发放调查问卷；（2）李佑然、林铄帆、张率汀负责收集各种雨伞的价格、材料、功能。（3）何睿洋、赵泽羲负责拆解雨伞、了解雨伞的结构。

调查表

日期：

您好！感谢您花费几分钟的时间帮助我们完成调查，您的回答对我们至关重要。

1	您是否遇到过拿着湿雨伞不知所措的时候？	是		否	
2	乘车、去公共场所时您如何解决湿雨伞的放置问题？	放在门口	自备袋子	用商家提供的袋子	尴尬地拿着
3	您认为雨伞除了防雨和遮阳还可以有哪些功能？	定位	警示	装饰	其他
4	您愿意花多少钱购买一把便携式防水收纳伞包？	20～30元	31～40元	41～50元	其他

1. 调查的对象与方法

调查对象：逛商场的叔叔阿姨、协和医院的医生、在校同学

调查地点：悠唐商场、协和医院、史家高年级部

调查方法：发放调查问卷 180 份，共回收 166 份，回收率 92%

2. 调查的统计和分析

第一问"是否遇到过拿着湿雨伞不知所措的时候？"共有 152 人选勾"是"，占 92%，14 人选勾"否"，占 8%。说明湿雨伞不好收纳，是一个日常生活中人人都会遇到但没有找到解决方法的问题。

第二问"如何解决湿雨伞的放置？"只有 7% 的人勾选"自备袋子"，有备无患地解决了问题。34% 的人勾选"放在门口"和 32% 的人勾选"用商家提供的塑料袋"。表面上看问题得到解决，可是前者要担忧雨伞是否会丢失，无法再次使用；后者要浪费很多塑料袋，不符合环保理念。41% 的人勾选"尴尬地拿着"，说明没有找到解决的方法，十分烦恼。这个问题的调查结果，坚定了我们研发"防水自动收纳的伞"的决心。

选项	选择人数	所占百分比
放在门口	34	20%
自备袋子	12	7%
用商家提供的塑料袋	53	32%
尴尬地拿着	67	41%
合计	166	100%

第三问"雨伞的其他功能。"52% 的人勾选"装饰"，说明雨伞除了防雨、遮阳的主要功能，大多数人还是希望雨伞能够生产得美观漂亮。24% 的人勾选"定位"和 19% 的人勾选"警示"，雨伞是功能性很强的用品，除却主要功能，其他的功能属于锦上添花。只有 8% 的人勾选"其他"，认为雨伞还可以开发出很多的功能。这个问题的调查结果，让我们确定研发时集中精力，攻克主要问题，有能力了，再研究其他。

选项	选择人数	所占百分比
定位	40	24%
警示	32	19%
装饰	86	52%

续表

选　项	选择人数	所占百分比
其　他	8	5%
合　计	166	100%

第四问"雨伞的定价。"14%的人勾选"20~30元",说明他们认为雨伞是临时性低值生活用品,不愿意花更多的钱购买。35%的人勾选"31~40元"、41%的人勾选"41~50元",说明这2个价位符合大多数人的心理定价,他们觉得只要雨伞质量过关,这个价格合理。10%的人勾选"其他",愿意为雨伞的品牌、特殊纪念意义等花更多的钱。这个问题的调查结果,帮助我们后期如何给产品定价,确定主要营销对象。

选　项	选择人数	所占百分比
20~30元	23	14%
31~40元	58	35%
41~50元	68	41%
其　他	17	10%
合　计	166	100%

四、产品设计

最初我们的设想是在伞柄上安装类似自动开伞的按钮,收伞时只要轻轻一按,就会自动弹出伞套,真是太酷啦!又或者在伞柄上增加一个圆柱形伞套,收伞后达到防水收纳的效果。

我们还设想改进雨伞的面料,在伞布上增加涂层,使雨滴落在上面像露珠一样滑落。还要增加雨伞安装在书包上的功能,可以解放双手。

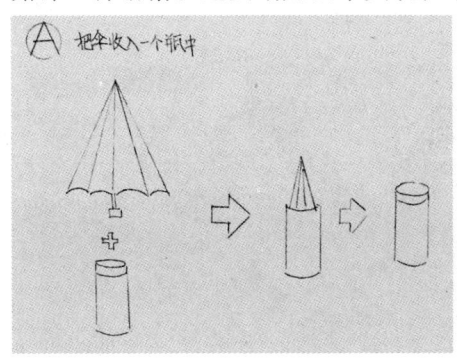
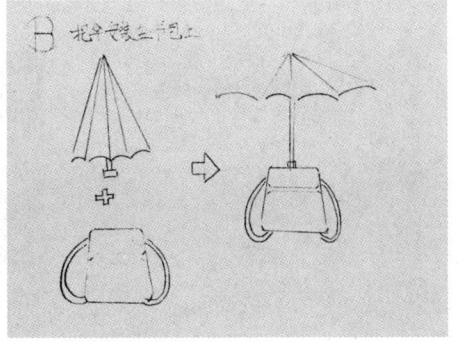

在拆解完雨伞，了解雨伞的构造以后，我们发现原设想中的自动收伞功能有很大的难度，防水用的伞套无法在雨伞上安装；机械自动化收伞的装置也没有解决。在伞柄上增加一个圆柱形伞套，会让雨伞体积变大，不够轻巧不方便携带。这真把我们难住了，甚至有了放弃的打算。

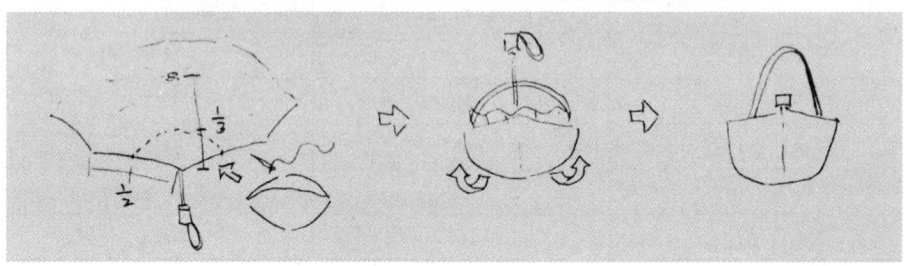

恰好在这时，我参加了在学校开设的创意"折"学课。课上的折纸变形记带给我很大的启迪，我想能不能像折纸一样，在雨伞上加一块布，将收好的雨伞反过来一兜变成伞包，就能起到防水收纳的作用。由此，在原设想基础上，将自动收纳伞改变成"秒变环保伞包"。

第一个产品由戴悠行制作完成，在给成员们讲解了制作过程后，大家提出改进的意见，增加的伞布在雨伞表面不美观，而且这块布也淋湿了起不到防水的作用。为此李佑然想到把伞布增加在雨伞的内层，这样问题就迎刃而解啦。

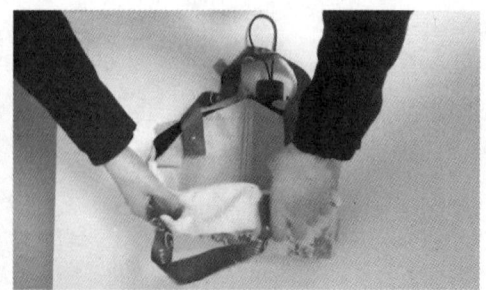

在反复试验、测量和计算之后,大家发现将增加的伞布缝制在伞骨的24CM处,反转雨伞后的伞包大小正合适,既美观又实用。

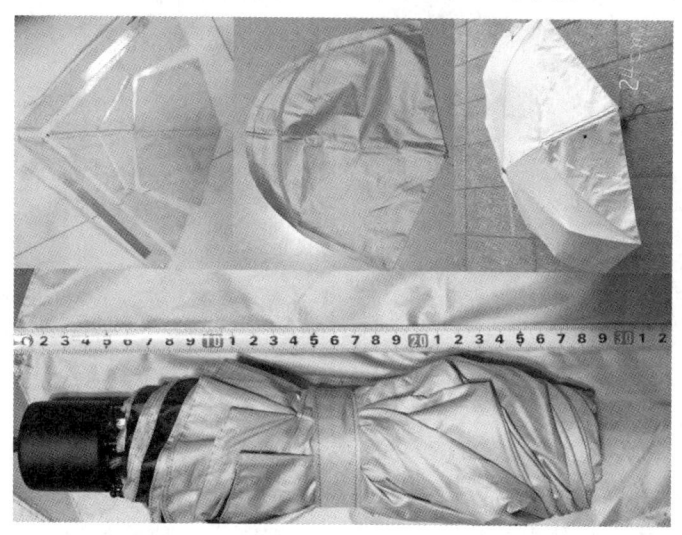

公司所有成员施展"十八般武艺",每一个人都缝制了个性的伞包。在接下来的讨论中,李佑然和杨西语提议给伞包的图案定制一个主题"守护蔚蓝的海洋",大家积极响应,在杨西语做了颜料防水测试后,大家纷纷拿起画笔,将心中的大海图案绘制在雨伞上。

种类	优点	缺点
马克笔	色彩柔和,便于使用,易挥发	颜色浅,油性墨水,含有油精成分,气味刺鼻
油性笔	快干,耐光性好。不易溶水,不易退色	气味重,有油漆的味道
丙烯	颜色鲜艳、坚固、耐磨、耐水,无异味	重复涂抹后会结硬块,颜色容易整块掉

  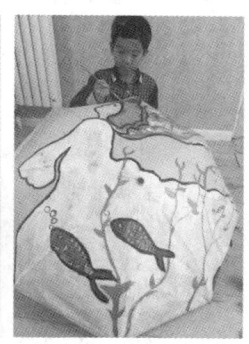 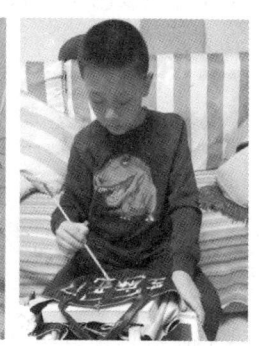

当每一人在伞包上写上"芝麻开门"四个大字,公司的第一批产品"秒变环保伞包"正式出炉。

五、营销策划

在制作伞包的同时,销售的策划方案也在齐头并进。大家首先确定的目标消费群体是有环保意识、注重个人素养的人,特别是乘坐公共交通出行的人,在医院、写字楼上班的叔叔阿姨,在校学生,去影院和商场休闲娱乐的人们。

雨伞作为人们日常生活消耗品,前期营销小组负责的市场调研发现超市、商场普通雨伞的定价在 30~40 元/把,在计算单把伞包的成本(包括原材料、租金、员工工资和宣传等费用约 20 元)和预测大批量投产的成本以及营业利润后,"秒变环保伞包"最终定价 40~50 元/把。

"秒变环保伞包"的产品优势:环保、美观、方便收纳、成本低。公司成员经过讨论确定产品的宣传语:秒变伞包,时尚环保。并采用网店销售和实体销售两种模式。实体店主要针对超市和商场,人群集中的地方;网络平台是利用微店、淘宝和京东的网店进行销售。除了使用宣传语,大家还计划通过网络宣传、路演、参加环保主题博览会等方式推广伞包,吸引消费者。

六、产品发布

随着时间的临近,展销会的日期就要到了,缺乏经验的我们提前做了精心的准备,分配好每一个人的具体工作。预先设计好展板布置方案,备足参展物料。在家长的帮助下,还制作了推广视频。不打没有准备的仗,我们还整理预设了有关公司和产品的问题,大家提前了解掌握,以便在展销会时能够顺利回答同学和评委老师的提问。

宣传展板信息包括了：①公司名称：芝麻开门；②产品名称：秒变环保伞包；③研发过程照片；④产品功能示意图。

"芝麻开门"展板样式：

布展准备

序 号	物 品	负责人
1	方 案	杨西语、李佑然
2	照 片	曾子越
3	美术字	曾子越
4	挂 钩	杨西语
5	伞 包	所有人
6	示意图	杨西语
7	胶 钉	何睿洋
8	马克笔	林铄帆
9	拉 花	戴悠行
10	剪刀等	赵泽羲

5月23日我们按规定时间来到体育馆，没有人嬉笑打闹，没有人遛弯串台，大家争分夺秒，有条不紊地按照计划方案进行展板的布置。大家齐心协力，分工协作，短短的一个半小时高效地完成布展工作，还秉承学校的优良传统，清理完环境卫生。

见证奇迹的时刻终于到来了，年级展销会是我们亮相的第一场，整个展会现场气氛热烈，商战气味浓厚，而作为"小白"的我们既紧张又期待，个个摩拳擦掌，跃跃欲试。曾子越和戴悠行是营销的最佳拍档，俩人配合默契，一人解说，一人演示，一刻不停地向客户——同学和老师推广产品，回答疑问。很多人正是通过她们精彩的展示，了解到"秒变环保伞包"的优点，好几位评委老师都关心询问产品上市时间，想立刻下单购买呢。性格内敛害羞的杨西语、张率汀也克服自己的弱点，鼓起勇气走到前面，开始推销介绍产品。在现场，我们发现营销的方法比较单一，只靠嘴说，难以给客户留下深刻的印象。我们立刻商量，学习其他公司的经验，赶制了宣传单，现场投放，让客户进一步了解我们的产品。

这是一场硝烟弥漫的商业战，我们体会到营销工作的艰辛。产品再好也要让客户接受才行，真是大有学问啊。常常是磨破嘴皮，对方却毫无反应，更让人沮丧的是，还没等我们话说完，他就扭头而去。这一次是经验的积累，我们还得好好下功夫学习这方面的知识和技巧。

发布会现场和营销活动图片如下。

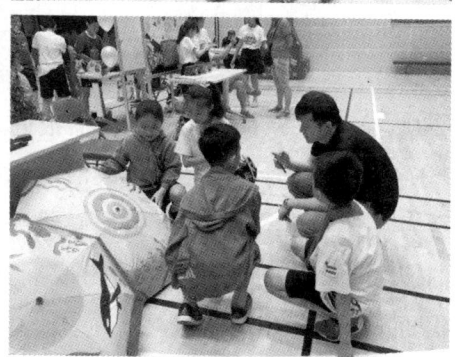

七、反思复盘

【学生感悟】

公司成员的心路历程。

1. 公司成立初期

曾子越：成立一家公司并不像想象中的那么容易。

何睿洋：那么多想法，选哪一个好呢？怎样才能做到独一无二？

赵泽羲：糟糕，没有记全公司编号。怎么办？——找老师。

戴悠行：每一个人的想法都很好，好不容易才合在一起，沟通很重要。

李佑然：每一粒芝麻的力量也是力量。

2. 研发设计期间

曾子越：认真倾听真的很重要。

林铄帆：想法很美好，实现总有这样那样的困难。

杨西语：只有充分的了解，才能更好地完善产品。

张率汀：终于有了一个明确的制作方向，可以边做边改。

3. 产品制作环节

曾子越：万事开头难，但也要试一试。

赵泽羲：产品的每一个环节都要考虑到。

4. 产品展示阶段

戴悠行：二人同心，其利断金；咱们八人团结，实现梦想。

赵泽羲：基于我们的友谊，发挥我们的智慧，我们努力，我们成功。

何睿洋：创意活动让我们开启头脑风暴，团队的力量无穷大。

曾子越：我们的每一小步，都在接近目标；齐心协力的过程，就是最好的收获。

5. 活动结束

曾子越：妈妈，谢谢您从一开始就鼓励我参加"创·智汇"，亲历者和旁观者的感觉完全不同，那天播报进30强名单的时候，我的心怦怦直跳，当听到D0513时，我高兴得眼泪都要掉下来了。如果我只是个旁观者，我会为入围的同学鼓掌，祝贺他们。可是作为亲历者，那一刻我只想拥抱我们公司的每一名成员，和他们击掌，我们这三个月的一切努力都是值得的，我爱我们这个团队。

【家长感悟】

厉害了，"芝麻开门"的小O们

3月的一个下午，放学后的孩子们不同以往各自散去，围住我们几位妈妈叽叽喳喳，"妈妈，我们几个人准备成立一家公司"。"妈妈，大家让我当CEO。""妈妈，我们准备设计一件高科技含量的产品。"等等，你们要干什么？当妈妈们疑惑的眼神和孩子们坚毅的眼神确定之后，家长们终于明白了，这8位孩子决定参加学校第三届"创·智汇"校园MAKER分享会。于是乎，一夜之间，几位家长乘着火箭晋级，迅速站队各色小O。

为时三个月的"疯狂"，小O们时而兴奋、狂喜；时而沮丧、痛苦，从成立公司、市场调研、产品设计、制造成品、营销推广，亲历每一个真实的商业环节，完成了一次真枪实弹的商业实践。"疯狂"的实践，以挺进30强落幕，但他们收获不仅于此，真实的感受最有力量。作为旁观者，家长这一程感慨颇多。

愿望的美好，过程的残酷，当最初的热情渐渐褪去，接踵而至的是创想的局限、设计的瓶颈和知识的匮乏。小O们迷茫和沮丧，但没有退却，一次次的大胆尝试，一次次的自我否定，就这样一步一步往前努力，积累经验。认真的小O们最可爱，大家用心血浇灌出来的成果似乎没有那么高大上，或有点不成熟和幼稚，但是弥足珍贵，倍感自豪。凡事没有随随便便的成功，所谓的成功都是在人们看不见的地方努力流汗，在人们看得见的地方收获喝彩。这一点，小O们用自己的实践证明了。

性格各异的8位小O，或外向开朗，或沉稳睿智，或机灵好动，各有各的特点，各有各的脾气，但基于史家的规矩教养，学会尊重不同的意见，倾听不同的声音，汇聚集体的智慧。各位小O即是领导者，也是被领导者，其中的平衡只有在不断的磨合中寻找，被接纳、被拒绝，不同的结果代表着不同的体验，其中一位小O说："我们公司的每一个人做到最好，就是最好的公司。"

作为家长，每每遇到孩子们的活动，总有一个声音：这不是给家长布置的作业吗？不同的角度，有不同的解读。当一件又一件孰可忍士不可忍的事情扑面而来：不知所云的文案、杂乱无章的图纸、歪七扭八的针脚……总有抑制不住往前冲的念头。而此时最需要做的就是"忍"，你退后一步，他（她）就前进一大步。认定他们的能力，小O们亲历亲为的这些事，无一不夹杂了他们自身的体验，他们正以"拙美"的珠子，串起完美的项链。当"秒变环保伞包"完工之际，我们不禁感叹他们的能力，只有我们"看"不到，没有他们做不到。

"持之以恒，芝麻开门"，未来是怎样的？谁也不知道，可是我们一起努力的过程，却打开了一扇通向未来的门，看见了未来。

厉害了，芝麻开门的小O们！赞！

"芝麻开门"家长的集体感悟，曾子越妈妈 林勍执笔

2018年7月

案例19　楼宇绿肺系统

【教师推荐】

　　首先祝贺五5班以刘斯丞为首的"创·智汇"小组研发的楼宇绿肺环保产品成功。在这个过程中，孩子们多次考察、深入思考、激烈讨论，一次次地实践，不断地经历着、成长着！

　　一、产品系统美好合成

　　虽说此项目可行性高，但是真要做起来也是困难重重：零部件的选择、不同系统的组装、水泵动力不足、系统漏水。如何模拟雾霾，如何联调，等等，孩子硬是从一次又一次失败中走了出来，最后打造出了一套完整的喷淋绿肺系统。

　　二、产品展现力求完美

　　有了系统但是不知如何展现是不完美的。刘斯丞同学还想办法用电脑程序展现了雾霾检测的变化曲线，这一下子整个绿肺系统就活了。无论是同学来参观还是老师来指导我们都可以让绿肺系统除霾的实时曲线一下子展现在他们面前。

　　每当经过喷淋系统清洗的空气雾霾指数抛物线下降的时候都能迎来老师的滋滋赞赏和同学的鼓掌叫好。这个完美的系统和它所描绘的雾霾下降抛物线一路把我们的绿色天使送进了"创·智汇"的前十名。

　　可喜可贺的是同学在创造出心爱的绿肺系统后，也都成了小小的演说家。他们自己编撰宣传材料自己演说。我最最欣慰的是学校的"创·智汇"活动，为孩子的成长提供了无限可能，为孩子们创设了敢于大胆创想、实践的空间。这种连续的实践活动潜移默化地提高了同学们的综合能力。

　　三、孩子变化令人欣慰

　　在这个"创·智汇"活动之后，绿色天使的CEO刘斯丞同学参加了由东城区教委举办的金鹏科技竞赛，北京市少年科学院举办的小院士评选和中国少年科学院举办的全国小院士评选。荣获东城区金鹏科技竞赛三等奖，2017 年北京市小院士称号，2017 年中国预备小院士称号，外加他 2016 年获得的中国小院士称号共四个奖项。

绿色天使的 CTO 田天阳同学也获得了 2017 年北京市小院士称号和 2017 年中国预备小院士称号。

这次创新实践活动，实质上融合了多门学科：语文、数学、物理；融合了科学考察、科技新知；结合了动手创作，以及商业实践；使孩子们参与了创新创作、研究分析、实验实践，等等，是一次全新的尝试。我们尝试用 STEAM 的办法让学生们自主的实践，大大地提高了学生的参与热情，提升学生面对变化的能力，提高了学生克服困难的能力。

我们在实践中也创造出了一套独特的由学校、老师、家长、学生四方共同参与的教学实践方法。由此可见，学校开展的"创·智汇"活动，的的确确为孩子的学习成长提供了无限的成长可能，真是太好了！

推荐教师：孔宪梅

一、创意孵化

几年来，雾霾问题常常困扰北京，困扰我们的生活。例如，在雾霾天气，我们的室外活动只能改为教室内与走廊，我们的课间操只能改为室内课间操，我们出门每个人要带着一个厚厚的口罩……在日常生活中我常常在思考一些问题：到底是什么造成了雾霾，又到底是什么能够很好地解决雾霾问题呢？在无法改变大环境的前提下，很多家庭、学校购买了大量的空气净化器，还有的写字楼进行了大规模的空气净化系统的安装，劳民伤财，有没有更好的方法改善室内小环境呢？

基于以上思考，我们展开了细致的调查。我选用了最精确的雾霾表，并挑了七八个不同的地点开始了测量，有繁华大街、工厂附近、停车场、广场、街心小花园、生活小区和公园，等等。我预测，不同的气候条件同样对结果产生影响，于是，选取了不同气候条件比如下雨后、大风后、无风的冬天、秋高气爽的日子，记录了很多的数据进行对比（见下表），这一下子我就看出了门道。

对不同天气不同地点空气质量的测量值

测试仪表	斯拓普 PM 测量仪	STP – 1	STP – 2	STP – 3
日期	日均 PM 值	国贸附近繁华马路路边进风口 PM 值	东四环外小区花园进风口 PM 值	朝阳门北街运动公园进风口 PM 值
9月20日无风无雨	189	129.9	117.6	104.5
9月22日雨后强风	12	14.6	8.7	7.8
9月23号下午微风	38	38.9	35.2	28.5

经过对空气质量的测量发现，原来风和雨对雾霾的影响非常大，在大风和大雨后雾霾都会大大的下降。而公园的树林灌木则较难影响雾霾。这究竟是为什么呢？

经过查阅书籍和网络发现，雾霾其实就是由漂浮的固体微颗粒构成的，结合我们曾经学过的自然科学、力学等原理，固体在受力以后会顺着力的方向前进，这就不难解释了。由固体微颗粒组成的雾霾当然会受风和雨的影响大一些，树林灌木自然对固体微颗粒就影响不大了。

我于是有了一个大胆的设想，在不改变楼宇现有通风系统的前提下，只在楼宇通风系统的进风口处搭建一个"小宇宙"，在里面人工造风造雨彻底扫除雾霾，再把干净清洁的空气送入千家万户。

依据这个设想，我们团队开始设计我们的创意产品。

二、团队建立

公司基本信息						
届别	第二届	公司编号	B0304	指导教师	孔宪梅	
公司名称	绿色天使					
产品名称	楼宇绿肺系统					
公司口号	用我们一己之力帮千家万户呼吸到自然清新的空气					
公司 Logo 及含义	G 代表 Green A 代表 Angel 红心代表关心环境关心社会 翅膀代表飞扬的想象力和创造力					

规章制度	1. 鼓励每一个成员贡献新鲜创意； 2. 投票决定最后创新方向； 3. 团队活动团员务必出席； 4. 任务分工须及时完成； 5. 鼓励学习鼓励交流； 6. 所有产品要经过严格测量以验证其功能。
团队照片	

成员基本信息			
职位	姓名	班级	任职理由
CEO	刘斯丞	五（5）	有较强的社会责任感，有雄厚的知识背景外加清晰的科学思路，善于引导组织团队，把握项目进度，走向成功。对项目总体设计及建设有重大贡献
CTO	田天阳	五（5）	动手能力强，善于组装、设计产品，善于建模
CFO	娄含之	五（5）	有较强的经济头脑善于定制产品价格策略，有创意
CMO	卢沁怡	五（5）	思路清晰，口齿伶俐，有推广经验，善于宣传
CIO	王天逸	五（5）	会编程，有较强 IT 基础
CBO 品牌官	陈怡霖	五（5）	对公司的品牌设计有重大贡献，对产品及用户进行定位
CKO 产品官	赵小菘	五（5）	收集产品资料，形成产品概念，纪录管理日志等公司文件形成知识库

三、市场调研

目前，市面上已经出现净化空气的产品，绿肺系统具有空气净化器及新风系统的两套功能所以市场前景广阔。我们通过网络及实地调研，将空气净化器和空气清新器列举在下表中。下面我们来看看空气净化器和新风系统的价格调查表。

空气净化系统价格 单位：元

单体环保设备价格表	德国欧朗	瑞士 IQair	飞利浦合资	国产佳光	国产高博士
空气净化机	6288	14231	2399	2950	2999
单用户中央新风系统	德国造梦者	松下	空气堡（国产）	ERA Clean	德国帛珑
单用户中央	10999	13999	9698	8800	18800
单用户单间	三个爸爸	远大 Broad	中科睿赛	布朗	德国诺森伯格
单用户单间	4180	3180	7990	3588	5980

根据以上表格我们可以发现，无论是国产净化器还是进口净化器，价格相对较高，其原理可分为三类，分别为：被动吸附过滤式、主动释放净化式、双重净化式（主动净化＋被动净化）。被动式空气净化器的主要原理为：利用风机将空气抽入机器，通过内置的滤网过滤粉尘、异味、有毒气体，并起到杀灭部分细菌的作用。其中，价格差异主要集中在滤网上，也就是说，风机和滤网的质量决定了净化的效果，成本比较高的是 HEPA 滤网，它过滤颗粒物的效果非常明显，而且能起到分解有毒气体和杀菌作用，能抑制空气二次污染。同时，机器放置的位置以及室内的布局也会影响净化效果。主动式的空气净化器的原理与被动式空气净化原理的根本区别就在于，主动式的空气净化器摆脱了风机与滤网的限制，有效、主动地向空气中释放净化灭菌因子，通过空气会扩散的特点，到达室内的各个角落对空气进行无死角净化。目前市场上净化灭菌因子的技术主要有银离子技术、负离子技术、低温等离子技术、光触媒技术和净离子群离子技术等。双重净化式是将被动式净化的技术与主动净化类的技术进行结合，本身既有滤网可以抽进空气将有害物质吸附，又能主动释放净化灭菌因子。

四、产品设计

如何解决室内污染问题呢?我们针对这一研究问题进行思维导图绘制。

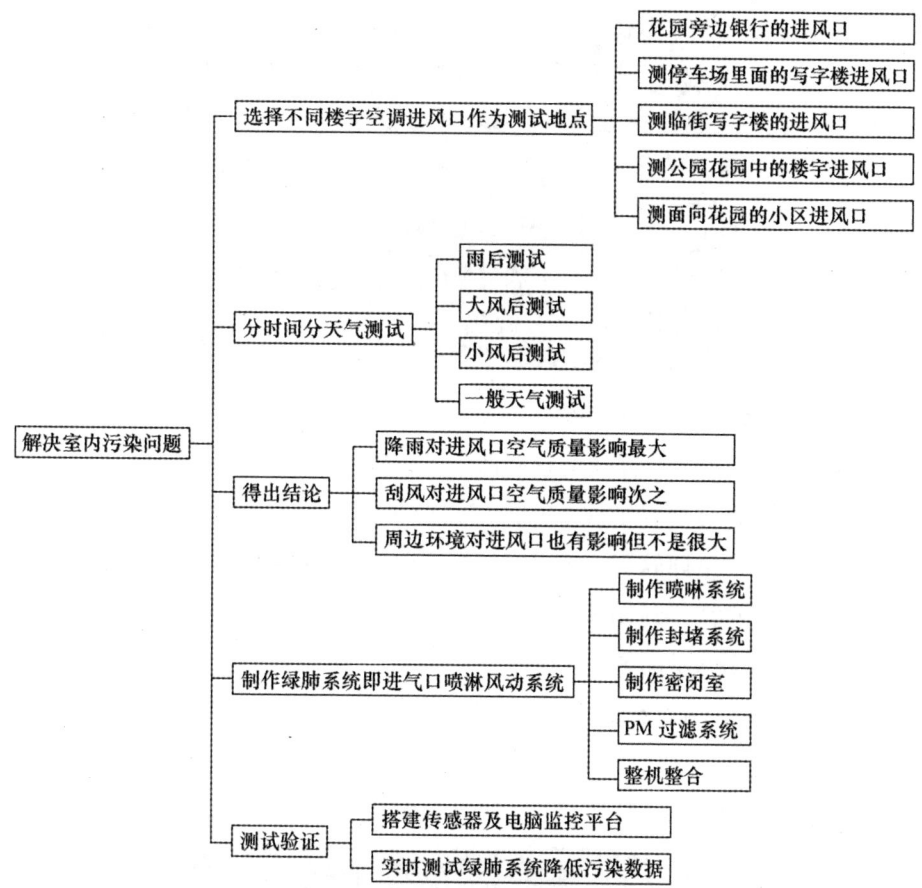

依据产品设想,我们前期还需要掌握雾霾数据跟踪仪表使用的学习、喷淋系统的设计、风扇模型的设计、实践模型的制作。

如下的实践模型就是我们学习大自然的风雨系统,制作出的楼内空气质量调节系统——小小绿肺系统。为了模仿大自然,我们特意的制作了进风口喷淋和风扇模型,并引入电脑实时雾霾数据跟踪仪表及软件,从而做更加精准的评估。

1. 测试模型

如下图所示,这是我们搭建的小小绿肺系统——楼宇进风口自然风雨系统,它可以排除污染引入新鲜空气(氧气)。

图的右部为进风口,然后是顶喷式双路喷淋系统,然后是PM10过滤系统，然后是 PM2.5 过滤系统，然后是出风口，然后是比较封闭的测试室。我们将探测器放入其中，通过电脑连线连到电脑，由电脑软件展示雾霾变化。

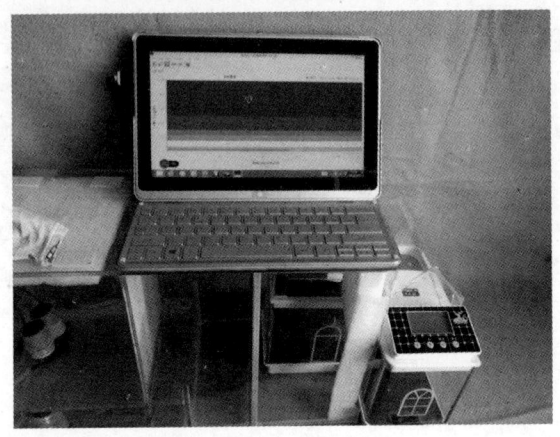

2. 喷淋系统的设计及模型

这是我们实践模仿系统的核心部分风雨模仿系统。

我们从大自然学习了许多的窍门，但是真正要实现人工造雨就比较困难，我们最终用双路软管，多眼喷淋级双汲水发动机的方式解决了问题。

我们特意选用了封闭式循环用水的方式节省了水资源。外加的小小风扇解决了新风引入的问题。

提前剧透一下试验的结果，当雨点密集度达到一定的程度则污染会大大下降。

这是我们的排除污染的核心，喷淋级风扇系统的设计图如下。

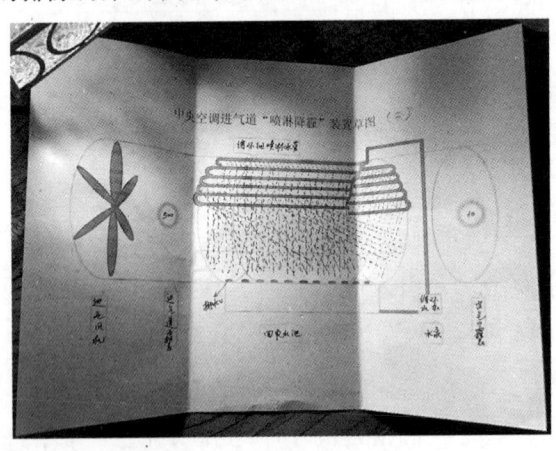

3. 实时测试

系统开始运行，我们按照如下顺序进行测试：

（1）我们在入风口处放入劣质蚊香来模拟雾霾。

（2）我们看到监测雾霾曲线陡然上升。这主要是由于我们小小造霾系统劣质蚊香开始工作了。我们特别注意到因为喷淋系统没有打开，PM10 和 PM2.5 滤栅起的作用不明显。

喷淋系统开始工作：

（3）我们打开喷淋系统和风扇系统，我们注意到经过一段时间雾霾曲线开始显著下降，从爆表 PM2.5 值 999 一直下到 50 左右。

因录像存储太大无法插入我们特用录像连续截图的方式（略）。

五、营销策划

绿肺系统含空气净化器功能及新风系统功能，既可对标单用户中央新风系统，又可以对楼宇整体空调系统进行改造添加净化新风系统功能。

单用户中央新风系统	德国造梦者	松下	空气堡(国产)	ERA Clean	德国帛珑
	10999 元	13999 元	9698 元	8800 元	18800 元

面向消费者报价：

单用户中央新风系统	整体中央空调系统添加	整体中央空调系统添加
5000 元	一次性投入报价 30000 元	每添加一户增加 750 元

定价理由：该定价大大低于目前单户新风系统的整体报价，在能耗方面、滤纸消耗方面也大大低于现有系统，特别是如果结合整体中央空调系统进行改造的话其费用更会大大降低。

六、产品发布

根据展销会要求，我们的展板尺寸为 $1.2m \times 1m$。

在 CFO 娄含之的组织下，确定展台上摆放的物品：电脑、电风扇、建筑物绿肺系统、测试系统。展台完成照片如下。

在展销会中，我们的分工为：刘斯丞负责现场指挥；刘斯丞、娄含之、田天阳、卢沁怡负责产品介绍和解说；赵小菘、田天阳负责机器运行，用电安全，维护及保护；王天逸、陈怡霖负责宣传资料的制作分发及现场的资料保存和环境的清洁。

发布会相关照片：

七、反思复盘

【学生感悟】

　　刘斯丞　参加校园 MAKER 分享会后，我发生了很多改变。我觉得这些巨大的改变离不开校园 MAKER 分享会！参加完这个活动后我明白了如何团结协商与讨论，如何做是对团队营销与利益有好处的。从此我拥有了一定的商业头脑与缜密的判断力。同时我还锻炼了自己的演讲能力！我也咸鱼翻身成为了班上的中队委，不仅学习成为了班里的前几位，而且朋友也多了很多！我很感谢校园 MAKER 分享会！让我进步了这么多，让我成长了很多很多！

【家长感悟】

团结合作是成功的关键

刘斯丞爸爸刘星

　　一个团结合作富有创新精神的集体是项目完成的前提。"创·智汇"活动的细节在学校一经公布立刻得到全班同学们的积极响应。首先成立了以刘斯丞为首的 7 位同学为核心成员的绿色天使项目小组。这些小组成员各有特色，有的善于创新，主意多多；有的善于实践，动手能力强；有的善于组织，能够排兵布将；有的善于宣传，能够吸引听众。有这样一群可爱的孩子是这个项目成功的关键。

1. 创意阶段

接下来绿色天使项目小组开展了创新创意比赛，大家自由发挥各抒己见将各种各样的创新创意摆出来供大家品评。我建议大家从以下几个方面来优选各种项目：技术可行性、创新性、高技术含量、实用性、对社会的意义和贡献等等。我们也请来了家长中的 IT 专家、创新专家和社会活动家来引导同学们从各个角度来分析问题选择创新方向。

我在事后进行总结时发现，这一创新优选的过程正好是我们以前的教育所忽略的。我发现每一个参与项目的同学都非常积极发言把自己心里面甚至梦里面梦到的创想发表出来。通过这个创意的过程每一个同学都拥有强烈的参与欲望，这种欲望是我们这个项目走向成功的关键动力。

2. 引导阶段

这个创新创意的过程非常快乐但它不能是无限制的。在关键的时候我们就要开始引导它们了。这个引导的过程也自然会伴随着一些痛苦的扭转。比如我们有的同学希望发明一种在水上行走的鞋子。从创新的角度来讲我们觉得这个主意非常刺激。但是一想到它的实操性，我们就发现不仅仅是我们班就是中国、美国的专家也很难做出来啊。为了六月项目的成功我们必须选择更现实的、更可行的项目！这个项目选择的实践过程让孩子们学会了很多东西，首先就是脚踏实地。要根据我们现有条件根据项目的时间做出一个最好的选择。

其次在项目选择的过程中，我们家长专家们为孩子们介绍了许多崭新的知识——机器人、大数据、雾霾的激光检测，这真是一次科学的盛宴。孩子在实践过程忘情地吸收和学习。我们发现在实践中学来的知识特别的牢固。孩子们还经常的举一反三。能够通过一系列的实践活动把不同学科的知识点串在一起让孩子们吸收让孩子们融会贯通。这也是我第一次尝试且结果异常的出色。这当然要感谢学生家长中的创新专家对孩子们的指导。

经过几次的讨论，孩子们的社会责任感也在慢慢地提高。孩子们逐渐把目光集中到了当下社会最关心的问题：雾霾问题。我们能够为环境的改善做点什么吗？根据斯丞同学前一阶段的科学考察，他发现雨和风能够大大地改善空气质量。于是大家开始探讨我们能不能人工的制造雨和风来改善我们室内的空气。最后大家拍版定稿就做楼宇喷淋绿肺系统！

3. 项目的设计

这个绿肺系统是由一个相对封闭的隔离室构成，在隔离室内部署喷淋系统和风扇系统。这个喷淋系统必须是循环的系统否则会造成水的浪费。这个隔离系统必须拥有进风口和出风口，进来的空气经过水和风的洗涤会变得干净无害。

这个系统如果放在楼宇整体空调的入风口就会大大地提高效率节约成本，所谓一台绿肺系统造福千百家。

这个项目的设计是有科学依据和可行性的：

（1）雾霾为微小固体颗粒，所以当喷水的密度和力度达到一定值以后，固体微颗粒会被冲走。

（2）相对密闭的隔离室保证了除霾过程中和过程后不会出现二次污染。

（3）选择楼宇的入风口部署起到了四两拨千斤的作用。

（4）水喷淋系统我们还是可以做出来的。

4. 系统的合成

虽说项目可行性高但是真要做起来也是困难重重：零部件的选择、不同系统的组装、水泵动力不足、系统漏水、如何模拟雾霾，如何联调等等。孩子硬是从一次又一次的失败中走了出来，最后打造出了一套完整的喷淋绿肺系统。

5. 展现

有了系统但是不知如何展现是不完美的。斯丞同学想办法用电脑程序展现了雾霾检测的变化曲线。这一下子整个绿肺系统就活了。无论是同学来参观还是老师来指导我们都可以让绿肺系统除霾的实时曲线一下子展现在他们面前。

每当经过喷淋系统清洗的空气雾霾指数抛物线下降的时候，都能迎来老师的滋滋赞赏和同学的鼓掌叫好。这个完美的系统和它所描绘的雾霾下降抛物线一路把我们的绿色天使送进了创·智汇的前十名。

可喜可贺的是同学们在创造出心爱的绿肺系统后，也都成了小小的演说家。他们自己编撰宣传材料自己演说。我最欣慰的是这种连续的实践活动还潜移默化地提高了同学们的综合能力。

6. 成就

在这个活动之后。绿色天使的 CEO 刘斯丞同学参加了由东城区教委举办的金鹏科技竞赛，北京市少年科学院举办的小院士评选和中国少年科学院举办的全国小院士评选。

刘斯丞同学获得了东城区金鹏科技竞赛三等奖，2017 年北京市小院士称号，2017 年中国预备小院士称号，外加他 2016 年获得的中国小院士称号共四个奖项。

绿色天使的 CTO 田天阳同学也获得了 2017 年北京市小院士称号和 2017 年中国预备小院士称号。

7. 项目总结

这次创新实践活动融合了多门学科：语文、数学、物理，融合了科学考察、科技新知，结合了动手创作，以及商业实践。使孩子们参与了创新创作、研究分析、实验实践等等。是一次全新的尝试。我们尝试用 STEAM 的办法让学生们自主的实践大大地提高了学生的参与热情，提升学生面对变化的能力，提高了学生克服困难的能力。

我们在实践中也创造出了一套独特的由学校、老师、家长、学生四方共同参与的教学实践方法。

附件

管理文件

承 诺 书

  本人＿＿＿＿＿＿＿＿（　年级　　班）参加 2018 年史家教育集团"创·智汇校园 MAKER 分享会",申请开办＿＿＿＿＿＿＿公司,并参加"Bizworld 商业世界"网络课程的学习。学校将作为投资方为我的网络课程付费。作为被投资方,我郑重承诺:

1. 珍惜投资方的投资和学习机会。
2. 自开课之日起,每周按时参加网络课程的学习。
3. 上课期间认真听讲,积极参与课堂讨论。
4. 课后按要求完成作业,在规定的时间内上传作业至网站。
5. 配合学校完成"学业成长评估"。

如果我不能遵守承诺,我愿用以下方式弥补投资方的损失:

请你自己拟定弥补投资方损失的方式,并写在此表格中。
备注:投资方不接受金钱方面的弥补方式。

承诺人:
时　间:

监护人承诺

  作为＿＿＿＿＿＿的监护人,我郑重承诺会监督孩子践行自己的承诺。

承诺人:
时　间:

个人分析

史家小学班级：　　　　　　　　　　　　　　　姓名：

SWOT 分析

1. 2.	1. 2.
S 优势	**W** 劣势
O 机会	**T** 威胁
1. 2.	1. 2.

希望获得的职位	理　　由

创设想

在生活中发现的问题	设想解决问题的产品	产品的主要功能

公司基本信息

公司编号：　　　　　填表人：　　　　　班级：　　　　　职务：

公司名称				指导教师或家长	
成　员	职　务	班　级	姓　名	职责（具体分工）	
1					
任职理由					
2					
任职理由					
3					
任职理由					
4					
任职理由					
5					
任职理由					
6					
任职理由					
7					
任职理由					
8					
任职理由					
9					
任职理由					
10					
任职理由					
11					
任职理由					
12					
任职理由					

续表

启动资金数额		启动资金来源	
根据公司特色,请为公司设计团队口号			
根据公司特色,请为公司设计属于自己的 LOGO			
	请阐述 LOGO 含义或设计理念		
请制定本公司的规章制度,例如股权分配、奖惩措施等。写在下格中			
公司是否计划借助了外部资源的力量?例如原材料供应、产品加工等。如果有,请填写在下格中			
序号	外部资源名称	外部资源使用方法	

计划日程表

公司编号：　　　　　填表人：　　　　　班级：　　　　　职务：

日　期	计划完成内容	负责人	注意事项

产品确认

公司编号：　　　　　填表人：　　　　　班级：　　　　　职务：

最初，公司成员想生产哪些产品？请用思维导图/表格/列举形式呈现

在这些产品中，哪些具有可行性？哪些不具有可行性？请阐明原因	
可行性产品	原　因
不可行性产品	原　因

在这些可行性产品中，你们如何确定本公司销售的产品？请详细介绍
例如：投票方式，＊＊%人投了＊＊，理由＊＊＊；＊＊%人没有投，理由＊＊＊

方　　式	
具体实施	

最终，公司确定的产品是什么？请阐述选择此产品的理由

产品信息

公司编号：　　　　填表人：　　　　班级：　　　　职务：

产品名称	
产品初代设计图 （可以插入照片或图片）	
你期望产品具有哪些功能？	
你期望产品具有哪些特色？包括创新点、价值	
在实现这些功能和特色时，你计划运用哪些创新的手段和技能？	
在实现这些功能和特色时，你计划学习哪些新的知识和技能？	

会议研发记录

公司编号：   填表人：   班级：   职务：

时　　间	
地　　点	
参加人员	
主要议题或研发主题	
会议流程或研发过程	
形成决议或研发结果	
照　　片	

注：1. 3、4、5月每月至少上交1次会议或研发记录表；

    2. 可根据具体的情况增加页数；

    3. 如有纸质版会议记录可直接拍成照片插入"会议流程或研发过程"一栏，"照片"栏插入当时的照片记录。

实施日程表

公司编号：　　　　　填表人：　　　　　班级：　　　　　职务：

日　期	完成内容	核心成员

感　想	

日　期	完成内容	核心成员

感　想	

日　期	完成内容	核心成员

感　想	

日　期	完成内容	核心成员

感　想	

日　期	完成内容	核心成员

产品迭代表

公司编号：　　　　　填表人：　　　　　班级：　　　　　职务：

产品名称	
版本2.0 设计图 （可以插入照片或图片）	

新一代产品改变/增加/减少了哪些功能？

新一代产品具有哪些特色？包括创新点、价值，即产品更新的原因

在这次更新迭代中，你运用了哪些新的手段和技能？

为了实现这些功能和特色，你学习了哪些新的知识和技能？

备注：如有更多迭代版本，可复制此表继续填写。

市场调研

公司编号：　　　　　填表人：　　　　　班级：　　　　　职务：

产品名称及版本	
调研方式	1. 下发问卷　2. 口述笔录　3. 线上投票　4. 其他_____．
我们想通过市场调研知道什么问题？	
我们准备找什么人来做调研？	
根据产品需要，设计一个市场调研表	
备注：可附纸	
根据调研结果，我们需要对产品做出怎样的调整	
填表日期	

销售策划

公司编号：　　　　　填表人：　　　　　班级：　　　　　职务：

哪些消费者会对该产品感兴趣	
该产品可以满足这些消费者的哪些需求	
产品销售方式	1. 网店销售　2. 实体销售　3. 其他_____.
产品价格	
宣传语	
在哪里使用这些宣传语	
除了使用宣传语，你还有什么其他的方式来吸引消费者？	
预计销量	
预计成本（包括原材料、租金、员工工资和宣传等费用）	
填表日期	

展板及展台布置方案

公司编号： 　　　填表人： 　　　班级： 　　　职务：

我预期的展板样式
宣传展板必需的信息：公司名称、产品名称、公司LOGO、广告词 　宣传展板还可以有：产品功能、研发过程、产品价格…… 　宣传展板要求：本表格中可电脑制图，也可手绘后拍照插入照片；参赛的展板必须为手工制作，不能整体打印。 　展板尺寸：宽1.2米、高1米　　　　　　　　　　　注意装饰美观、布局合理哦！
我们预期的展台布置
展台尺寸：长1.2米、宽0.6米 展台上的物品及数量：
填表日期：

版权授权书

授权方：

领权方：

鉴于：授权方是_____产品完整知识产权的合法权利人。兹确认：领权方在公司组建、经营、展销发布过程中可以使用本产品。特此授权。

授权期限：

授权公司：

授权代表：

年　月　日

破产申请书

申请人	
被申请人	北京市东城区史家胡同小学
请求事项	申请　　　　　　公司宣布破产
破产理由	
人　员	
产　品	
资　金	
其　他	
破产感受	

职　务	破产感受	签　名